走进安徽 ·········

走进
安徽

Zoujin

Zoujin Anhui

2024版

《走进安徽》编委会 编

全国百佳图书出版单位

APTIME 时代出版传媒股份有限公司

安徽人民出版社

图书在版编目（CIP）数据

走进安徽：2024 版 /《走进安徽》编委会编 . 合肥：安徽人民出版社，2024. 12. --
ISBN 978-7-212-11750-4

Ⅰ. K925.4

中国国家版本馆 CIP 数据核字第 2024KK9484 号

走进安徽 2024 版

《走进安徽》编委会　编

责任编辑：汪双琴　卢昌杰　　　　　　　　　　封面设计：许润泽
责任印制：董　亮

出版发行：安徽人民出版社 http://www.ahpeople.com
地　　址：合肥市蜀山区翡翠路 1118 号出版传媒广场 8 楼
邮　　编：230071
电　　话：0551-63533259
印　　刷：安徽新华印刷股份有限公司

开本：710 mm×1010 mm　1/16　　　印张：27　　　字数：380 千
版次：2024 年 12 月第 1 版　　　2025 年 2 月第 2 次印刷

ISBN 978-7-212-11750-4　　　　　　　　　　定价：86.00 元

前　言

安徽的"徽"，上下是山水，左右是人文。诚如斯名，安徽山川与文脉齐秀，地灵与人杰竞辉，造化之美与人文之盛相得益彰。《走进安徽》一书，内容详实、图文并茂，一幅锦绣安徽、人文安徽、魅力安徽的全景画卷跃然纸上。

安徽物华天宝、人杰地灵，是好山好水的生态胜地、"左右逢源"的通衢要地、创新创业创造的养人福地，是一个富有魅力和充满希望的地方。安徽人文历史厚重，是中华文明重要发祥地和中华文化重要传承复兴地，先秦道家学说、建安文学、徽学、桐城文派在这里孕育发展，老子、庄子、曹操、华佗、包拯、朱元璋、李鸿章、陈独秀、邓稼先、杨振宁等名人辈出。安徽资源禀赋良好，黄山、九华山、天柱山等大山雄奇，长江、淮河、新安江等大河壮丽，巢湖、太平湖、平天湖等大湖平阔，构成了安徽秀美的山水版图。

煤、铁、铜、钼等矿产储量全国前十，茶叶、中药材等特色产品闻名于世。安徽区位条件优越，居中靠东、连南接北、拥江达海，处在链接沪苏浙、辐射中西部的关键节点。安徽交通四通八达，县县通高速、市市通高铁，"米"字形高铁网辐射全国，高铁里程、内河水路货运量居全国前列，江淮运河成为平行于京杭大运河的中国第二条南北水运大通道。安徽多重战略叠加，是长三角一体化发展、长江经济带发展、中部地区崛起等国家发展战略交汇省份，特别是借上长三角的"东风"、搭上一体化的"快车"，安徽集聚资源要素能力显著提升，发展空间大大拓展。安徽科创能力活跃，拥有国家实验室、综合性国家科学中心、大科学装置等"国之重器"，量子信息、聚变能源、深空探测三大科创引领高地加快建设，区域创新能力稳居全国第一方阵。安徽产业特色鲜明，钢铁、有色、水泥等传统优势产业加快转型升级，新能源汽车、先进光伏和新型储能、集成电路、人工智能、新材料、高端装备制造等战略性新兴产业蓬勃发展，量子科技、空天信息等未来产业前瞻布局，新质生产力快速壮大。安徽勇于改革创新，小岗村大包干拉开我国农村改革的序幕，"傻子瓜子"率先冲破计划经济的藩篱，农村税费改革试点催生免征农业税的重大变革，新安江生态补偿、林长制等改革从这里走向全国。安徽红色底蕴深厚，红色文化资源丰富，是著名的革命老区，是有着光荣革命历史的红色热土。安徽人民勤劳朴实，江淮儿女肯吃苦、愿奉献，走天下、遍天下，徽商的"徽骆驼"精神享誉海内外，在新时代展现出超前独到的战略眼光、敢闯敢试的创新精神、干在实处的过硬作风。

潮涌江淮千帆竞，奋楫中流气象新。党的十八大以来，习近平总书记三次亲临考察，为安徽发展擘画蓝图、指引航向。过去十年，安徽经济总量连跨三个万亿级台阶，实现了"总量居中、人均靠后"到"总量靠前、人均居中"的历史性跨越。今天的江淮大地居天时、享地利、拥人和，正在坚定不移沿着习近平总书记指引的方向前进，发挥多重国家发展战略叠加优势，在打造具有重要影响力的科技创新策源地、新兴产业聚集地、改革开放新高地、经济社会发展全面绿色转型区上持续发力，在深度融入新发展格局、推动高质量发展、全面建设美好安徽上取得新的更大进展，奋力谱写中国式现代化安徽篇章。

徽风皖韵，迎客天下。热忱欢迎海内外朋友走进安徽，览山水之美，品人文之韵，乘发展之势，共赴美好未来！

目 录

附 录 /345

习近平总书记考察安徽

中共中央总书记、国家主席、中央军委主席习近平近日在安徽考察时强调，安徽要深入贯彻党的二十大和二十届三中全会精神，全面贯彻新发展理念，发挥多重国家发展战略叠加优势，在打造具有重要影响力的科技创新策源地、新兴产业聚集地、改革开放新高地、经济社会发展全面绿色转型区上持续发力，在深度融入新发展格局、推动高质量发展、全面建设美好安徽上取得新的更大进展，奋力谱写中国式现代化安徽篇章。

10月17日至18日，习近平在安徽省委书记梁言顺和省长王清宪陪同下，先后来到安庆、合肥等地，深入历史文化街区、科技创新园区等考察调研。

17日下午，习近平首先来到安庆桐城市考察。地处城中的六尺巷，因清代大学士张英与邻居吴家互相退让三尺地基而成，是中国邻里和谐礼让的典范。习近平来到这里，了解六尺巷历史及其传承，察看"桐城派"相关文物资料，听取当地传承弘扬中华优秀传统文化、加强精神文明建设等情况介绍。他强调，要加强历史文化保护，坚持创造性转化、创新性发展，在发展社会主义先进文化、弘扬革命文化、传承中华优秀传统文化上协同发力，打牢社会治理的文化根基。

当地居民和游客见到总书记，纷纷围拢上来。习近平亲切地对大家说，人民内部矛盾要用调解的办法解决。六尺巷体现了先人化解矛盾的历史智慧，要作为弘扬中华优秀传统文化的教育场所，发挥好中华民族讲求礼让、以和为贵传统美德的作用，营造安居乐业的和谐社会环境。

随后，习近平来到合肥滨湖科学城，察看安徽省重大科技创新成果集中展示，听取当地推进科技体制机制创新、加快科技成果转化等情况介绍，同现场科研人员和企业负责人亲切交流。他在智能网联汽车、新一代信息技术、新能源、人工智能、生命健康等高新科技产品前一一驻足，仔细察看，不时表达赞赏之意。习近平指出，推进中国式现代化，科学技术要打头阵，科技创新是必由之路。高新技术是讨不来、要不来的，必须加快实现高水平科技自立自强。科研工作者是推进中国式现代化的骨干，要拿出"人生能有几回搏"的劲头，放开手脚创新创造，为建设科技强国奉献才智、写下精彩篇章。

18日上午，习近平听取安徽省委和省政府工作汇报，对安徽各项工作取得的成绩给予肯定，对下一步工作提出明确要求。

习近平指出，要加快科技创新和产业转型升级。高水平建设国家实验室和合肥综合性国家科学中心，有效发挥高能级科创平台作用，加强关键共性技术、前沿引领技术、现代工程技术、颠覆性技术创新，扩大国际科技交流合作，持续提升原始创新能力。构建支持全面创新体制机制，统筹推进教育科技人才体制机制一体改革，完善金融支持科技创新的政策和机制，推动创新链产业链资金链人才链深度融合。守好实体经济这个根基，加快传统产业改造升级，壮大战略性新兴产业，超前布局未来产业，因地制宜发展新质生产力，建设具有国际竞争力的先进制造业集群。协同推进降碳、减污、扩绿、增长，系统推进生态保护修复和生态环境治理，提高防灾减灾救灾能力。

习近平强调，要推进深层次改革和高水平开放。勇于开展首创性、差异化改革，打造内陆改革开放新高地。坚持和落实"两个毫不动摇"，充分激发各类经营主体活力。深化要素市场化改革，营造市场化、法治化、国际化一流营商环境。全方位扩大对内对外开放，形成陆海内外联动、东西双向互济的全面开放格局。以深入推进长三角一体化发展为牵引，带动省域内区域协调发展，在长江经济带发展、中部地区崛起战略中发挥更大作用。积极参与高质量共建"一带一路"，扎实推进内外贸一体化改革，加大吸引外资、稳定外资力度，加快培育外贸新动能。

习近平指出，要着力构建城乡融合发展新格局。构建现代粮食产业体系、生产体系、经营体系，扎实推进高标准农田建设，建设江淮粮仓，扛牢粮食保供责任。抓好第二轮土地承包到期后再延长三十年试点，完善强农惠农富农支持政策，调动农民种粮积极性。大力发展特色、绿色农产品种植，推动乡村富民产业升级，提高农业综合效益，壮大新型农村集体经济。持续推进农村人居环境整治，建设美丽乡村。加强以县城为重要载体的城镇化建设，壮大县域经济。解决好重点人群就业，完善农村低收入人口常态化帮扶政策，确保不发生规模性返贫致贫。推动教育、医疗、养老、社保和公共文化等服务向农村覆盖。强化党建引领，坚持和发展新时代"枫桥经验"，提升基层治理效能。

习近平强调，要进一步推动文化和旅游融合发展，发展全域旅游，把文化旅游业打造成为支柱产业。深入挖掘和运用好红色文化资源育人功能及旅游价值。加强传统村落、传统建筑保护传承利用，推动优秀传统文化创造性转化、创新性发展。以社会主义核心价值观为引领，广泛开展群众性精神文明创建，推动移风易俗。深化文化体制改革，健全文化产业体系和市场体系，打造更多文化精品。

习近平指出，要毫不放松坚持党的领导、加强党的建设。推进党纪学习教育常态化长效化，引导党员干部真正把纪律规矩转化为政治自觉、思想自觉、行动自觉。认真落实"三个区分开来"，充分调动党员干部干事创业的积极性、主动性、创造性，着力解决干部乱作为、不作为、不敢为、不善为问题。健全防治形式主义、官僚主义制度机制，持续为基层减负。驰而不息正风肃纪反腐，巩固发展良好政治生态。

习近平强调，要抓好第四季度经济工作，认真落实党中央确定的各项政策举措，努力实现全年经济社会发展目标。

何立峰及中央和国家机关有关部门负责同志陪同考察。

——此报道刊发于2024年10月19日《人民日报》第1版，原标题：习近平在安徽考察时强调　发挥多重国家发展战略叠加优势　奋力谱写中国式现代化安徽篇章

安徽

【省情篇】

自然地理

地理位置

安徽位于华东腹地，是我国东部拥江达海的内陆省份，跨长江、淮河中下游，东连江苏、浙江，西接湖北、河南，南邻江西，北靠山东，位于东经 114° 54′ —119° 37′ 与北纬 29° 41′ —34° 38′ 之间。全省东西宽约 450 公里，南北长约 570 公里，总面积 14.01 万平方公里，约占全国总面积的 1.45%，总体呈现"三山一水六分田"的自然地理格局。直观地给安徽一个粗线条的概括，就是"三大名山、三大水系、三大经济板块"。

三大名山：黄山、九华山和天柱山。黄山拥有世界自然和文化遗产、世界地质公园三顶桂冠，是国际旅游胜地；九华山是全国四大佛教名山之一，地藏菩萨道场；天柱山又称皖山，安徽简称"皖"就来源于此。

三大水系：长江、淮河和新安江。长江、淮河穿境而过，分别流经我省长达 416 公里和 418 公里。新安江是徽商发迹的起点，徽商当年就是沿着新安江、富春江、钱塘江到杭州发展起来的。

三大经济板块：长江、淮河把安徽分为大体相当、各具特色的三大经济板块。江南主要是旅游目的地；江淮是安徽的工业脊梁，马钢、奇瑞、铜陵有色、海螺等一批大型骨干企业都集中在这里；皖北是立体宝库，地上产粮，地下出煤，既是我省的大粮仓，也是我省的能源资源富集区。

◎ 省树——黄山松

◎ 八百里皖江

◎ 淮河之韵

气候特征

安徽地处中纬度地带，属暖温带向亚热带过渡型气候，以淮河为分界线，淮河以北属温带半湿润季风气候，淮河以南属亚热带湿润季风气候。主要的气候特点是：季风明显、四季分明，气候温和、夏雨集中，资源丰富、雨热同季。

季风明显，四季分明：全省是冬冷夏热的季风气候。冬季，常有冷空气侵袭，天气寒冷，偏北风较多，雨雪较少。夏季，盛行偏南气流，天气炎热，雨水充沛。春季天气多变，温度变化快，以偏东风居多。秋季，大气层结稳定，秋高气爽。

气候温和，夏雨集中：全省年平均气温在 14.5℃—17.2℃，1 月为全省最冷月，平均气温 2.7℃；7 月为最热月，平均气温 28.0℃。气温年较差在 23.0℃—26.8℃。全年降水量季节分布特征明显，夏雨最多、春雨多于秋雨、冬雨最少。夏季降水量占全年降水量的 40%—60%，夏雨集中程度

◎ 绿水青山就是金山银山

◎ 省鸟——灰喜鹊

由南向北递增，淮北在 50% 以上。

梅雨是长江中下游地区特有的气候现象，一般年份的 6—7 月长江中下游地区进入梅雨期，全省淮河以南平均入梅时间为 6 月 16 日，出梅为 7 月 10 日，梅雨期长度平均为 24 天，但入梅时间、梅雨期长度及梅雨量年际变化很大。

资源丰富，雨热同季：淮北东部太阳能资源丰富。全省年太阳辐射总量在 4140—5070 兆焦耳 / 平方米，其中淮北东部全年太阳辐射总量大于 4500 兆焦耳 / 平方米。

沿江西部是全省热量资源最丰富的地区。季风气候形成的雨热同季为农作物生长提供了优越的条件。全省无霜期多年平均值为 200—250 天，北少南多。淮北大部地区在 200—220 天，沿江西部无霜期可达 250 天。

雨量丰沛，但年际差异显著。全省年降水量常年平均为 1178.2 毫米，有南多北少、山区多于平原丘陵的特点。每年 5—9 月是江淮流域的汛期，在此期间暴雨频繁，降水过少或过多会导致旱涝灾害。

地形地貌

安徽地势西南高、东北低，地形地貌南北迥异，复杂多样。长江、淮河横贯省境，形成平原、丘陵、山地相间排列的格局，全省大致可分为 5 个自然区域：（1）淮北平原；（2）江淮丘陵；（3）皖西大别山区；（4）沿江平原；（5）皖南山区。境内主要山脉有黄山、九华山、天柱山、大别山，最高峰黄山莲花峰海拔 1864 米。

资源情况

安徽资源条件优越，土地资源、生物资源、水资源和矿产资源等自然资源丰富。

土地资源：全省耕地面积 8345 万亩。土地肥沃，适宜各种农作物生长。

生物资源：安徽属于我国南方集体林区重点省份之一。根据国土"三调"及 2021 年林草生态综合监测结果，全省林业用地面积 409.15 万公顷，森林面积 393.21 万公顷、森林覆盖率 28.06%，森林蓄积量 2.57 亿立方米。根据全国第二次湿地资源调查，安徽省湿地面积 104.18 万公顷、占省土地总面积的 7.47%，是全国湿地资源丰富的省份之一。全省拥有皖南、皖西两大重点林区，牯牛降、天马等 41 处省级以上自然保护区，其中国家级 8 处、省级 33 处；黄山、九华山等 41 处风景名胜区，其中国家级 12 处、省级 29 处；上窑、徽州等 80 处森林公园，其中国家级 35 处、省级 45 处；升金湖国际重要湿地 1 处，巢湖、南漪湖等 59 处省级重要湿地，太平湖、焦岗湖等 57 处省级以上湿地公园，其中国家级 29 处、省级 28 处；大别山（六安）、磬云山等 16 处地质公园，其中国家级 14 处、省级 2 处；以及 100 个国有林场、51 个国有苗圃。全省森林植被水平地带性分布规律明显，自北向南依次为暖温带落叶阔叶林，北亚热带落叶、常绿阔叶混交林，中亚热带常绿阔叶林。淮河以北多以杨树、柏类等为主，江淮之间包括大别山北坡多以栎类、马尾松、国外松等为主，长江以南及大别山南坡多以杉木、马尾松、黄山松、毛竹等为主。全省野生动植物资源丰富、种类繁多。据不完全统计，我省现有脊椎动物共 44 目 125 科 730 种，其中国家一级保护陆生野生动物 35 种，国家二级保护陆生野生动物 90 种，世界特有的野生动物扬子鳄就产在安徽

◎ 省花——皖杜鹃

011

长江流域。全省经济林产品丰富，盛产油茶、薄壳山核桃、山核桃、香榧等木本油料，板栗、银杏等干果，梨、桃等水果，石斛、灵芝、黄精、丹皮、木瓜、山茱萸、辛夷、杜仲等森林药材以及香椿、笋、香菇、木耳等森林食品，其中砀山酥梨、太和香椿、淮北石榴、宁国山核桃、金寨板栗、宣州木瓜、泾县青檀等经济林产品和霍山石斛、九华黄精、云乐灵芝等森林药材闻名遐迩。

水资源：2023年，全省水资源总量692.81亿立方米，其中地表水资源量614.28亿立方米，地下水资源量187.14亿立方米，地表水与地下水资源不重复量78.53亿立方米，人均水资源量1131.86立方米。

矿产资源：安徽是矿产资源大省，矿产种类较全，资源储量较丰富，截至2023年底，已发现矿产资源128种，查明资源储量上表统计的114种，其中能源矿产3种、金属矿产27种、非金属矿产82种、水气矿产2种。煤、铁、铜、钼、硫铁矿、方解石、水泥用石灰岩、玻璃用石英岩、石膏等为我省优势矿种。

交通运输

安徽居中靠东、沿江通海，是华东纵深腹地，是长三角地区的重要成员，交通条件十分优越。

公路：截至2023年底，全省公路总里程23.91万公里，其中高速公路总里程突破5804公里，"县县通"高速全面实现，"县城通"行动任务完成过半，"五纵十横"主骨架加速形成；国省干线公路网络进一步优化，

◎高速公路大动脉

◎ 合肥南站南广场

一级公路里程突破 7000 公里大关,二级及以上公路里程 2.71 万公里,省会到市、市到所辖县一级公路网基本建成,市与县、相邻县之间基本实现二级及以上公路连接;100% 的建制村、99.7% 的较大规模自然村(20 户以上)实现了通硬化路。

铁路:截至 2024 年 8 月底,全省铁路运营里程 5626 公里,其中高速铁路 2662 公里、居全国第 3 位。干线铁路覆盖全省 16 市 48 县,其中高速铁路覆盖 16 市 35 县,是全国第二个"市市通高铁"的省份。全省以合肥为中心、以高速铁路为骨架、以普速铁路为基础的现代铁路网布局基本形成。合肥逐步形成 13 个方向高速铁路、4 个方向普速铁路的大型放射状铁路综合枢纽,已开通合肥至 24 个省会城市和 140 多个地级市的直达高铁动车。"十四五"期间,全省加快构建高速铁路、城际铁路、市域市郊铁路、城市轨道交通多网融合的高效路网体系,畅通普通铁路"最后一公里",持续提升铁路运输服务能力和技术装备水平,建设现代铁路综合枢纽,加快构筑"轨道上的安徽"。到 2025 年,全省铁路总里程达到 6000 公里左右,其中高铁 3000 公里左右。到 2027 年,全省铁路总里程超过 6600 公里、通达全部设区的市和 54 个县,其中高速铁路 3600 公里以上、通达全部设区的市

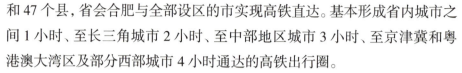

◎ 合肥新桥国际机场

和 47 个县，省会合肥与全部设区的市实现高铁直达。基本形成省内城市之间 1 小时、至长三角城市 2 小时、至中部地区城市 3 小时、至京津冀和粤港澳大湾区及部分西部城市 4 小时通达的高铁出行圈。

水运：截至 2023 年底，长江"黄金水道"芜湖至南京段、安庆至芜湖段维护水深分别为 9—10.5 米和 6—8 米。内河航道总里程达 6621 公里，通航里程达 5811 公里，其中四级及以上高等级航道里程 2202 公里，"一纵两横五干二十线"的航道布局初步形成。全省拥有营运船舶 24310 艘，净载重吨约 5766 万吨，平均净载重吨约 2371 吨。全省现有生产性泊位 879 个，其中千吨级及以上泊位 467 个。2023 年 9 月 16 日，江淮运河全线试运行，其中江淮沟通段于 8 月 16 日试运行，菜子湖线航道于 9 月 16 日试运行；裕溪一线船闸改建工程 10 月 16 日建成试运行；全年完成港口吞吐量约 6.7 亿吨，集装箱吞吐量 247 万标箱。

航空：现有合肥、黄山、阜阳、池州、芜宣、安庆等 6 个民用运输机场、安庆市军民合用机场和合肥施湾、肥东白龙、宁国市青龙湾等 5 个通用机场，已开通航线 200 余条，覆盖国内外 100 多个大中城市，形成以合肥新桥机场为中心的"一枢五支多点"机场发展格局。2023 年，阜阳机场新航站楼建成投用，合肥、池州机场改扩建和新建亳州、蚌埠机场加快建设。砀山、金安、界首通用机场主体工程完工，旌德、明光、泗县等通用机场建设持续推进。合肥机场恢复"合肥—曼谷""合肥—芽庄""合肥—新加坡""合肥—大阪""合肥—香港""合肥—澳门"等6条国际地区客运航线；新开通"合肥—达拉斯""合肥—纽约""合肥—郑州""合肥—鄂州"等4条全货机航线，2023年全省运输机场完成旅客吞吐量1489.3万人次、同比增长110.6%，货邮吞吐量14.1万吨、同比增长65.5%。大力推进低空基础设施建设，累计已发布54个空域、43条航线，保障低空飞行活动有序开展。建成和运营A类飞行服务站，为省内绝大部分低空空域及航线飞行，提供空中无线电通信服务，引导地市按需建设B类飞行服务站。2023年通用航空飞行9678.8小时、同比增长23.96%。

邮政：2023年，全省邮政行业寄递业务量累计完成57亿件，同比增长14.32%；邮政行业业务收入（不包括邮政储蓄银行直接营业收入）累计完成399.5亿元，同比增长11.08%。全省快递业务量（不包含邮政公司包裹业务）累计完成41.04亿件，同比增长16.18%；快递业务收入累计完成266.35亿元，同比增长12.16%。

区划人口

行政区划

安徽省会合肥市。全省下辖16个市，104个县（市、区），其中9个县级市，45个市辖区，50个县。

人口情况

截至2023年底，全省常住人口6121万人，常住人口城镇化率61.51%。

安徽省行政区划示意图

安徽行政区划一览表

单位：个

市　名	县(市)	市辖区	县(市、区)名称
合肥市	5	4	肥东县、肥西县、长丰县、庐江县、巢湖市、瑶海区、庐阳区、蜀山区、包河区
淮北市	1	3	濉溪县、相山区、杜集区、烈山区
亳州市	3	1	蒙城县、涡阳县、利辛县、谯城区
宿州市	4	1	砀山县、萧县、灵璧县、泗县、埇桥区
蚌埠市	3	4	怀远县、五河县、固镇县、龙子湖区、蚌山区、禹会区、淮上区
阜阳市	5	3	颍上县、界首市、临泉县、阜南县、太和县、颍州区、颍泉区、颍东区
淮南市	2	5	寿县、凤台县、大通区、田家庵区、谢家集区、八公山区、潘集区
滁州市	6	2	天长市、明光市、全椒县、来安县、凤阳县、定远县、琅琊区、南谯区
六安市	4	3	霍山县、霍邱县、金寨县、舒城县、金安区、裕安区、叶集区
马鞍山市	3	3	含山县、和县、当涂县、花山区、雨山区、博望区
芜湖市	2	5	无为市、南陵县、镜湖区、弋江区、鸠江区、湾沚区、繁昌区
宣城市	6	1	郎溪县、广德市、宁国市、泾县、绩溪县、旌德县、宣州区
铜陵市	1	3	枞阳县、铜官区、义安区、郊区
池州市	3	1	东至县、石台县、青阳县、贵池区
安庆市	7	3	桐城市、潜山市、怀宁县、太湖县、望江县、宿松县、岳西县、迎江区、大观区、宜秀区
黄山市	4	3	歙县、休宁县、黟县、祁门县、屯溪区、黄山区、徽州区
全省	59	45	

(注:淮南市毛集实验区未纳入统计)

民族情况

安徽是少数民族散居省份，少数民族呈"大分散、小聚居"状分布，沿淮淮北多且相对集中，沿江江南少而分散。据第七次全国人口普查数据显示，全省少数民族常住人口为 43.25 万人，比第六次全国人口普查增加 3.69 万人、增长 9.33%，高出全省总人口增速 6.76 个百分点。人口超万的民族有 6 个；人口在 1000—10000 之间的民族有 18 个，另有裕固、赫哲、门巴、塔吉克、塔塔尔、珞巴、乌兹别克 7 个民族不到 10 人。现有 9 个民族乡、1 个民族农场、1 个民族街道、135 个少数民族聚居村。民族乡村零散分布在 13 个省辖市（淮北、铜陵、黄山 3 个市没有民族乡村）。

历史概况

安徽历史悠久，是人类起源和中国史前文明的重要发祥地之一。繁昌人字洞发现了距今约 250 万年的欧亚最早的人类活动遗址，和县龙潭洞发掘出三四十万年前旧石器时代的"和县猿人"遗址，含山县凌家滩遗址是我国考古发现的新石器时代典型代表性遗存之一，被誉为"中华远古文明曙光"。上古时期，安徽属九州中的徐州、扬州和豫州。春秋战国时期，分属吴、楚等国，因而史称吴头楚尾。秦始皇统一中国后，以郡县制划分天下，安徽境内设 25 个县，分属九江、会稽、泗水、砀郡和陈郡等。后历经各个朝代，政区不断变化。安徽清初属江南省，康熙六年（1667 年），析江南省为江苏、安徽两省而正式建省，取当时安庆、徽州两府首字得名。境内有皖山、皖水，即现今的天柱山和皖河，春秋时（前 722 年—前 481 年）曾被封为伯国，称为皖国，故安徽简称"皖"。

玉鹰　　　　　　　　　　　玉龟

立姿玉人　　　　　　　　　坐姿玉人

　　安徽自然条件得天独厚,是中国经济开发较早的地区。据大量考古资料证明,早在四五千年前安徽地区就已经种植水稻、小麦;商周时期已经开采铜矿炼铜,铸造青铜器。春秋战国时期,安徽地属楚国,楚令尹孙叔敖在寿春修建了芍陂,开挖河渠;楚国发行货币和发放鄂君启节(商业运输通行证);楚国迁都寿春后,寿春成为当时重要的商业城镇。安徽产生的老庄道家学派,与儒家学派、佛教形成了中国传统文化思想的三大体系。

　　秦始皇统一中国后,将浙东部分越人迁至皖南沿江一带,安徽地区经济有所发展。秦二世元年(前209年),在蕲县(今宿州东南)大泽乡爆发了陈胜、吴广领导的农民起义。楚汉战争时，刘邦最终率汉军在垓下（今固镇县）围歼了楚军，项羽逃至乌江（今和县东北）自刎。

汉朝尤其是汉武帝时期重视江淮地区的农业开发，几次从浙江南部等地移民江淮地区。东汉时期，牛耕传入江淮地区并迅速得到推广，促进了农业生产发展。同时，手工业、商业、矿业等也有了发展。文化方面异彩纷呈，特别是桓谭所著的《新论》，在中国哲学史上产生了较大影响；淮南王刘安组织撰写了《淮南子》，倡导黄老道家学说；汉末诞生了中国第一篇长篇叙事诗《孔雀东南飞》；华佗医术精湛，为中国一代名医。

三国时期，魏、吴两国在江淮之间争战几十年，江淮地区人口锐减，经济衰退。两国为了解决军粮问题，曹操在北方屯田，兴修水利；东吴在江南和江淮之间屯田，农业生产稍有发展。东晋时期，大量北方人南徙，被安置在江淮之间和江南地区，后实行侨民入籍当地的"土断"政策，促进了安徽地区经济发展。南北朝时期，因战乱大量北方人迁入安徽地区，带来了中原文化和农业生产技术，加速了安徽地区的农业开发进程。三国时期建安文学成为主流，形成了"建安风骨"，代表人物是曹操及其子曹丕、曹植。此外，"竹林七贤"之一的嵇康在哲学、文学、音乐等方面均颇有建树；东吴名将周瑜、东晋时期的桓伊，不仅是军事家，而且在音乐方面造诣颇深。

隋朝统一中国后，开通了大运河，沟通了东南与中原地区的水运。大运河流经淮北地区，促进了安徽地区农业和商业的发展。

唐至北宋中期，中国封建社会进入鼎盛时期，安徽地区的经济有了较大发展。尤其在唐代，江淮地区已成为全国经济发达的地区之一，因而朝廷视江淮地区为重要的财赋来源，认为"天下以江淮为国命"。宣纸、宣笔、徽墨、歙砚在北宋时已名闻天下。南宋以后，安徽南部地区因移民大量迁入，农业、手工业、商业得以发展。唐代是中国诗歌创作最为繁盛的时期，安徽地区的诗歌创作活动也较为活跃，著名诗人张籍、李绅和杜荀鹤创作的不少诗歌作品，具有较强的思想性和艺术性。宋代，安徽地区著名诗人梅尧臣、吕本中及著名词人张孝祥，创作了大量诗词作品。哲学家、教育家朱熹，不仅集理学之大成，而且创作了大量诗歌，《朱文公文集》收录

走进安徽

2024版

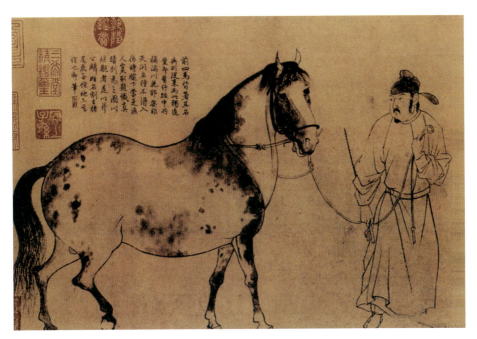

◎ 李公麟《五马图》局部

其诗 1100 多首。李公麟的国画被推为宋画第一。

从元朝到清朝中期，安徽地区经济发展较快。尤其是明代中期以后，徽商崛起，促进了安徽商品经济发展。鸦片战争爆发后，安徽经济开始衰退。光绪二年（1876 年）中英签订《烟台条约》，翌年芜湖开埠，安徽经济社会开始了半殖民地化过程。在遭受帝国主义侵略的同时，清政府残酷镇压太平军和捻军，战争长达十多年，安徽人口锐减，农村大量土地抛荒，农业生产受到很大破坏。19 世纪 60 年代后，在李鸿章等人倡导的洋务运动的影响和推动下，安徽兴办了工矿企业，但所办的企业以矿业为多，加工业少，规模小，技术水平低。

明清时期，安徽文化、教育、医学、科技较为繁荣。戏曲方面，如郑之珍、汪道昆、阮大铖、方成培等创作的一批戏曲作品，在中国戏曲史上占有重要地位；散文方面，桐城文派的代表人物方苞、刘大櫆、姚鼐不仅在理论上有所创新，而且有大量佳作问世；吴敬梓创作的小说《儒林外史》，被称为中国文学史上的第一部讽刺之作；国画创作，形成了以渐江为首

◎《新青年》杂志

的新安画派，绘画艺术达到了新的高度。皖派朴学集大成者戴震，为一代考据大师。桐城文派、新安画派、皖派朴学、新安医学的兴起与发展，在当时乃至后世都产生了很大影响。

民国初年，安徽兴办了不少工矿企业。到1918年全省共办工厂424家、矿业企业几十家，但因技术落后等多种原因，常常大起大落。1927年省政府成立后，各地兴办了不少工厂，但总的来看，工业发展仍然非常缓慢。1937年全民族抗日战争爆发后，安徽大部分地区沦陷，工业生产受到严重破坏。抗战胜利后，国民党发动内战，因受战事影响，大量企业纷纷倒闭，安徽满目疮痍，贫穷落后。

五四运动前后，新文化运动和新文学运动兴起，陈独秀和胡适是这场运动的倡导者和代表人物。20世纪20年代中期，一批皖籍作家、诗人积极投入革命文学创作活动中，如著名作家蒋光慈、张恨水、阿英（钱杏邨），著名诗人汪静之、田间等，在中国现代文学史上占有重要地位。教育方面，1927年以后，中小学校不断增加，师范教育逐步展开。抗日战争爆发后，教育受到严重破坏，抗战胜利后有所恢复。卫生方面，民国时期各地陆续开设了不少医院、卫生院及诊所，西医在安徽有了较大发展。

安徽是个富有光荣革命传统的地方。历史上曾爆发过多次农民起义。近代，太平军、捻军金戈铁马，鏖战江淮。五四运动前后，安徽人民积极参加反帝反封建斗争。特别是中国共产党成立后，在党的领导下，安徽人民积极参加革命斗争，勇敢战斗，前仆后继，为中国革命作出了重大贡献。土地革命战争时期，各地革命斗争风起云涌，以星火燎原之势燃遍江淮大地，全省先后爆发了60多次武装起义和农民暴动，推动了鄂豫皖革命根据地的形成，建立了各级苏维埃政权，组建了中国工农红军。抗日战争时期，广大军民积极开展抗日斗争，开辟了淮北、淮南、皖江抗日革命根据地，新四军战斗在大江南北、淮河两岸。解放战争时期，安徽人民奋勇参战，100 多万民兵和民工积极支前。在渡江战役中，广大民工为解放军筹集了 1 万多只木船，运送人民解放军胜利渡江，为"打过长江去，解放全中国"作出了重大贡献。2020 年 8 月 19 日，习近平总书记在安徽考察参观渡江战役纪念馆时指出，"淮海战役的胜利是靠老百姓用小车推出来的，渡江战役的胜利是靠老百姓用小船划出来的"。

2023 年以来安徽经济社会发展情况

全省上下坚持以习近平新时代中国特色社会主义思想为指导，全面贯彻党的二十大和二十届二中、三中全会精神，认真学习贯彻习近平总书记考察安徽重要讲话精神，锚定打造具有重要影响力的"三地一区"战略定位，发挥多重国家发展战略叠加优势，统筹发展和安全、发展和生态、发展和民生，因地制宜发展新质生产力，主要经济指标争先进位、增速快于全国，经济实力、科技实力、综合实力不断增强，高质量发展取得新成就。

一、经济运行回升向好

坚持稳中求进工作总基调，完整准确全面贯彻新发展理念，全省经济实现质的有效提升和量的合理增长。2023 年，全省地区生产总值 4.7 万亿元，增长 5.8%，比全国高 0.6 个百分点。人均地区生产总值 76830 元，增长 5.7%。三次产业增加值分别增长 3.9%、6.1% 和 5.8%，占经济总量比重由 2022 年的 7.9：40.2：51.9 调整为 7.4：40.1：52.5，对经济增长贡献率为 5.7%、42.5% 和 51.8%。2024 年前三季度，全省地区生产总值 3.7 万亿元，增长 5.4%，比全国高 0.6 个百分点。

二、创新能力稳居前列

坚定不移下好创新先手棋，深化高水平创新型省份建设，推动科技创新和产业创新深度融合，区域创新能力稳居全国第 7 位，连续 12 年居全国第一方阵。2023 年研发经费投入 1264.7 亿元，增长 9.7%，其中企业研发经费投入 1027.6 亿元，增长 10.1%，首次突破千亿元。全社会研发投入强度由 2.56% 提高到 2.69%、高于全国 0.05 个百分点，连续两年高于全国且领先幅度不断扩大。电气机械和器材制造业、电子信息制造业、汽车制造业研发投入居前三，合计占全部规上企业研发投入的 48.8%。发明专利授权量由 2.6 万件增加至 3.1 万件，每万人有效发明专利拥有量由 23.7 件

◎ 中国第三代自主超导量子计算机"本源悟空"

增加至 28.2 件。企业主体地位不断强化,高新技术企业超 1.9 万家、居全国第 8 位,科技型中小企业超 2.7 万家、居全国第 7 位,国家级专精特新"小巨人"企业 599 家、居全国第 8 位。

三、产业结构不断优化

推动传统产业转型升级、新兴产业培育壮大、未来产业前瞻布局,建设具有国际竞争力的先进制造业集群,加快构建体现安徽特色的现代化产业体系。2023 年,规模以上工业增加值增长 7.5%,比全国高 2.9 个百分点,居全国第 6 位、长三角第 2 位、中部第 1 位。规模以上工业企业营业收入突破 5 万亿元,居全国第 7 位、中西部第 1 位。汽车产业链营业收入突破万亿元大关,汽车制造业增加值增长 33.9%,为规上工业增长贡献 26.4%。规上民营企业增加值增长 9.7%,比全部规上工业高 2.2 个百分点。2024 年前三季度,规模以上工业增加值增长 8.8%、居全国第 4 位、长三

◎ 安徽省以深空探测实验室为抓手,建设深空探测科创高地,推动空天信息产业与本地优势产业加速融合。图为安徽星河动力装备科技有限公司整装下线的"智神星一号"液体运载火箭

角和中部第 1 位。规上民营工业企业增加值增长 11.3%，比全部规上工业高 2.5 个百分点。

四、有效需求持续扩大

守好实体经济这个根基，坚持大抓项目、抓大项目、抓高质量项目，切实发挥投资的关键性作用和消费的基础性作用。2023 年，固定资产投资增长 4%、比全国高 1 个百分点，其中项目投资（不含房地产）增长 13.6%。制造业投资增长 20%，占投资比重 31.1%。大项目支撑有力，亿元以上建设项目（不含房地产开发项目）10107 个，占全部项目 40.5%；完成投资增长 21.8%，增速比全部项目投资高 8.2 个百分点。社会消费品零售总额 2.3 万亿元，增长 6.9%。实物商品网上零售额增长 12%，占社会消费品零售总额的比重 14.8%、比 2022 年提高 0.8 个百分点。2024 年前三季度，社会消费品零售总额 1.8 万亿元，增长 4.3%、比全国高 1 个百分点。固定资产投资增长 4.2%，比全国高 0.8 个百分点。制造业投资增长 14.9%，连续 45 个月保持两位数增长。亿元以上建设项目（不含房地产开发项目）9457 个、比去年同期增加 432 个，完成投资增长 12.2%。

◎ 建设中的 G3 铜陵长江公铁大桥。该桥建成后，对完善国家和省高速公路网，促进长三角互联互通等具有重要意义

◎ 阜南县蒙洼，田间地头一片金黄，与庄台道路构成一幅美丽的丰收画卷

五、城乡区域更趋协调

　　坚持城乡"一盘棋"，强化乡村振兴和新型城镇化有机结合，着力构建城乡融合发展新格局。2023 年末，全省城镇常住人口达 3765 万人，比 2022 年末增加 79 万人；常住人口城镇化率达 61.5%，提高 1.4 个百分点。城乡居民人均收入倍差为 2.24，比全国低 0.15，比 2022 年降低 0.1。长三角一体化发展深度融入，2023 年沪苏浙在皖投资在建亿元以上项目 3789 个，实际到位资金占全省比重 60.1%。沪苏浙城市结对帮扶皖北 8 市，"7+3"结对合作园区全部挂牌。扎实推进乡村全面振兴各项重点工作，全省脱贫村村均集体经济收入 78.8 万元，增长 32%。2023 年，全省农林牧渔业总产值 6247.9 亿元，增长 4.4%，增速居中部第 1 位。全省粮食总产量 830.16 亿斤、增长 1.2%，总产居全国第 5、中部第 2 位，实现"二十连丰"。2024 年前三季度，全省农林牧渔业总产值增长 3%。粮食总产量 371.9 亿斤、增长 0.9%。

◎ 合肥骆岗公园由骆岗机场改建而来，占地面积 12.7 平方公里，第十四届中国（合肥）国际园林博览会在此举行

六、绿色发展底色厚植

坚持生态优先、绿色发展，协同推进降碳、减污、扩绿、增长，切实把好山好水保护好。2023 年，全省 PM2.5 年均浓度 34.8 微克／立方米、下降 0.3%；空气质量平均优良天数比例 82.9%，比 2022 年上升 1.1 个百分点，改善幅度居全国第 7 位。国考断面水质优良比例 90.7%、比 2022 年提高 3.6 个百分点，改善幅度居全国第 3 位。全省公众生态环境满意率 93.1%，连续 4 年超过 90%。能源生产结构优化，2023 年全省规模以上可再生能源发电量 409.7 亿千瓦时，占规模以上工业全部发电量的 12.3%，比 2022 年提高 0.3 个百分点。节能降耗成效突出，2023 年单位 GDP 能耗、规模以上工业单位增加值能耗分别下降 1.1% 和 2%。2024 年前三季度，全省规模

以上工业单位增加值能耗下降3.8%，PM2.5平均浓度为33.1微克/立方米，空气质量平均优良天数比率为80%，国考断面水质优良比例87.1%。全省公众生态环境满意率93.7%，创统计调查以来新高。

七、对外开放成效明显

发挥链接东中西部战略枢纽作用，打造世界制造业大会等开放平台，实施中国（安徽）自贸试验区提升战略行动，全方位扩大对内对外开放。2023年，全省进出口总额8052.2亿元，居全国第10位、比2022年前移3位，增长7.8%、居全国第8位。其中，"新三样"产品出口增长11.6%。截至2023年底，92家境外世界500强在安徽投资设立192家企业。新批外商直接投资项目602个、增长26.7%，实际使用外资145.4亿元、增长4.3%。新批境外企业（机构）168家，比2022年增加53家；实际对外投资23.2

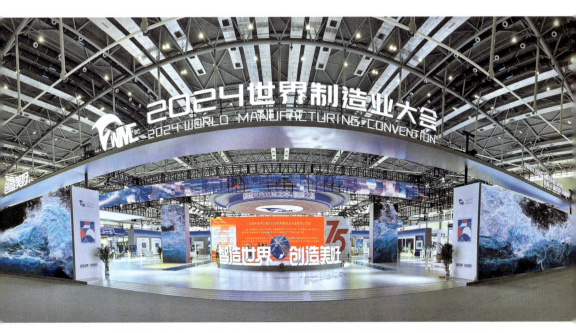

◎2024世界制造业大会以"智造世界·创造美好"为主题，共促成合作项目718个、总投资3692亿元

◎ 在皖投资世界 500 强企业

亿美元，增长 35.9%。与"一带一路"共建国家和 RCEP 成员国进出口占比分别达 51% 和 25%。中国（安徽）自由贸易试验区以不到全省千分之一的面积，贡献全省约 25% 的进出口、38% 的外商直接投资。2024 年前三季度，全省进出口总额 6282.7 亿元，增长 6.3%，比全国高 1 个百分点。"新三样"产品出口增长 20.5%。

八、居民生活水平逐步提高

坚持以人民为中心的发展思想，用心用情用力办好解民忧、暖民心、惠民生的实事，不断增进人民群众获得感幸福感安全感。2023 年，城镇新增就业 72.2 万人，增长 4.6%，完成年度目标任务 106.2%；年末城镇调查失业率 5%，居中部地区最低。城镇常住居民人均可支配收入 47446 元，增长 5.1%、居全国第 13 位；农村常住居民人均可支配收入 21144 元，增长 8%、居全国第 9 位。全省居民恩格尔系数由 34.1% 下降到 33.5%。2024 年前三季度，全省城镇新增就业 70.4 万人，增长 7.9%，完成年度目标任务的 103.5%；城镇调查失业率均值为 5.2%，低于年度控制目标。城镇居民人均可支配收入 37793 元，增长 4.2%；农村居民人均可支配收入 17139 元，增长 6.5%。

安徽

【市县篇】

合肥市

　　合肥，安徽省省会，居皖之中，怀抱巢湖，因东淝河与南淝河发源于此而得名。现辖4个县、1个县级市、4个区和4个开发区，面积1.14万平方公里、常住人口985.3万。

　　历史文化悠久。巢湖流域是古人类最早发源地之一，别称"庐州"，自秦置县，有3000多年的建城史以及2100多年的县治和1400多年的府治历史，是"江淮首郡、吴楚要冲、三国故地、淮军摇篮"。历代名人辈出，有范增、周瑜、包拯、李鸿章、丁汝昌、刘铭传、冯玉祥、张治中、李克农等。

　　区位交通优越。承东启西、连南接北，是全国性综合交通枢纽。"米"字形高铁网络基本建成，通车里程居长三角城市首位。"大外环"高速加速"闭环"，城市轨道交通线网运营里程突破200公里，新桥国际机场二

◎ 合肥市政务文化新区规划面积12.67平方公里，集行政办公、文教体育、金融商贸、旅游度假、居住休闲功能为一体，荣获"中国人居环境范例奖"

走进安徽 2024版

◎ 图为聚变堆主机关键系统综合研究设施园区

期改扩建加快推进。引江济淮一期工程通水通航，合肥港江海联运更加便捷。

创新特色鲜明。综合性国家科学中心全国第二个获建，国家实验室首批首个挂牌，深空探测全国重点实验室、国际先进技术应用推进中心落户运行，科大硅谷和未来大科学城加快建设。已有、在建和预研大科学装置13个，现有中国科大、合工大、安大等高校60所，中科院合肥物质科学研究院等中央驻肥科研机构8家，与大学大院大所大企共建新型研发机构54个。人造太阳、稳态磁场、热核聚变、悟空探秘、墨子传信、墨子巡天、九章计算、本源司南、讯飞星火认知大模型等重大成果在这里诞生。

新兴产业集聚。拥有新能源汽车、光伏储能、新型显示、智能家电、高端装备、人工智能等6个千亿级产业链，集成电路、新型显示、人工智能入选首批国家级战略性新兴产业集群、数量居全国城市第四位，智能语音入选国家先进制造业集群。量子信息、聚变能源、深空探测三大科创引领高地加快打造，空天信息、生物制造、低空经济、人形机器人等新赛道有力布局。现有国家级科技型中小企业1145户、国家级高新技术企业8467户、国家级专精特新"小巨人"企业248户、上市企业90户、"灯塔

◎ 合肥汽车产业发展势头强劲，拥有整车厂 6 家，集聚上下游企业 500 多家，2023 年新能源汽车产量 74 万辆、居全国第五，汽车总产量 134 万辆。图为蔚来第 50 万辆量产车下线

工厂"5 户。

开放活力强劲。是"一带一路"和长江经济带双节点城市、长三角世界级城市群副中心城市、合肥都市圈核心城市。拥有自贸试验区、服务贸易试点市、跨境电商综合试验区、进口贸易示范区等 4 个国家级开放品牌，同 220 多个国家和地区建立经贸往来，56 家境外世界 500 强企业在肥投资，中欧班列（合肥）累计发运超 4400 列、发运量位居全国前十。

生态环境优美。是国家园林城市、国家森林城市、国际湿地城市。巢湖"最好的名片"正在精彩呈现，100 平方公里环湖十大湿地全面建成，巢湖流域山水林田湖草沙一体化保护和修复工程——十八联圩湿地修复三期工程成功入选"联合国生态系统恢复十年"行动案例并向全球展示。12.7 平方公里的骆岗公园建成并免费开放，成功举办第十四届中国（合肥）国际园林博览会。

2023 年，实现地区生产总值 12673.8 亿元，增长 5.8%；一般公共预算收入 929.6 亿元，增长 2.2%；规模以上工业增加值增长 10.6%；固定资产投资增长 3%；社会消费品零售总额 5270.8 亿元，增长 5%；城镇居民人均可支配收入 59609 元，增长 6.1%；农村居民人均可支配收入 31140 元，增长 8.4%。2024 年前三季度，实现地区生产总值 9697 亿元，增长 5.4%；一般公共预算收入 729.3 亿元，增长 0.1%；规模以上工业增加值增长 15.2%；固定资产投资增长 3.5%；社会消费品零售总额 4199.6 亿元，增长 3.7%；城镇居民人均可支配收入 48029 元，增长 4.6%；农村居民人均可支配收入 22392 元，增长 6.6%。

肥东县

肥东地处江淮腹地，素有"吴楚要冲，包公故里"之称。辖 18 个乡镇、251 个村（社区）和 1 个省级开发区，面积 2182 平方公里，常住人口 90.9 万。

人文厚重。集江淮之灵秀、融南北之风情，是"中国散文之乡""安徽诗词之县"，拥有"渡江精神""包公文化""巢湖文旅"三张名片，有渡江战役总前委旧址、合肥党史馆、合肥团史展陈中心、蔡永祥纪念馆、黄疃庙战役纪念馆等多个红色教育基地，六家畈被誉为"江淮第一侨乡"，元代余阙、明代吴复、清代李鸿章、当代张劲夫等都是肥东的杰出人物。

承东启西。是合肥"东向发展"的桥头堡，长三角西向延伸的"必经地"。合宁、合芜、合徐、合六叶高速贯穿全境，合周、合滁等合肥外环高速快速构建，明巢高速正式通车，已建、在建高速道口 20 个，高速里程数位居全省前列。京福、合宁、合新、商合杭、沪渝蓉高铁通达全国，合肥东站、长临河站、八斗岭站三座高铁站棋布南北。裕溪路高架、包公大道高架、桥头集路高架成 U 字型环抱市区，地铁 2 号线东延线建成通车，地铁 6 号线加快建设。全省 A1 类旗舰通用白龙机场建成通航。

钟灵毓秀。坐拥巢湖 19.8 公里的黄金湖岸线，十八联圩生态湿地是全球第二大、亚洲最大的近自然人工湿地，三期工程先后入选首批"中国

◎ 渡江战役总前委旧址位于肥东县瑶岗村，是全国第四批重点文物保护单位之一。1949 年 3—4 月，邓小平、刘伯承、陈毅、粟裕、谭震林组成的总前委在此指挥渡江战役

山水工程典型案例""联合国生态系统恢复十年行动"优秀案例。管湾湿地获批国家级湿地公园。岱山湖、长临古街是国家 4A 级旅游景区，长临河镇、桥头集镇获批"安徽省首批特色旅游名镇"，研学游、观光游、采摘游、露营游、民宿游蓬勃发展，正在成为省会千万人口近郊游"微度假"首选地。

实力强劲。综合实力居全国百强县第 69 位，科技创新指数位列全省县域第 8 位，工业经济突破千亿，招商引资连续 3 年获得"全市优秀等次"。新质生产力发展基础较好，"新三样"产业规模达 500 亿元，百亿产值企业达到 3 家，上市企业、国家级独角兽企业实现"零"的突破，战新产业产值占规模以上工业比重提高到 60.5%，8 家企业入围"2023 安徽省百强企业榜单"、创历史新高。

2023 年，实现地区生产总值 902 亿元，增长 5.8%；一般公共预算收入 63.9 亿元，增长 6.3%；规模以上工业增加值增长 29.7%；固定资产投资增长 -11.9%；社会消费品零售总额 326 亿元，增长 1.7%；城镇居民人均可支配收入 50511 元，增长 6.1%；农村居民人均可支配收入 32749 元，增长 8.5%。2024 年前三季度，实现地区生产总值 646.3 亿元，增长 3.5%；一般公共预算收入 43.2 亿元，增长 -13.4%；规模以上工业增加值增长 5.1%；固定资产投资增长 -19.3%；社会消费品零售总额 266.9 亿元，增长 6.1%；城镇居民人均可支配收入 41020 元，增长 4.7%；农村居民人均可支配收入 22467 元，增长 6.7%。

肥西县

肥西地处合肥西南、巢湖之滨，素有"淮军故里、花木之乡、工业新都、巢湖明珠"之美誉。现辖 2 乡 10 镇，面积 1695 平方公里，常住人口 100.5 万，是安徽省首个千亿县，先后荣获国家生态文明建设示范区、国家园林县城、国家知识产权强县示范县、国家卫生县城等称号，县域综合实力位居长三角第 27 位。

区位优势明显。处于合肥都市圈和皖江示范区的核心地带，合安高铁，合九、宁西、合武铁路，合宁、合界、合叶、济祁高速和 206、312、330 国道穿境而过，轨道 3 号线、4 号线直达肥西主城区，引江济淮派河航道经巢湖可通江达海，4E 级合肥新桥国际机场坐落肥西北面，构筑了现代化立体交通网络。

产业特色鲜明。全力打造新能源汽车、高端智能制造、"产学研"一体化大健康三大战新产业集群，江汽华为、福耀玻璃、华晟新能源、长信光伏等一批标志性项目落户肥西，"汽车 + 光储"产业名片不断擦亮，战略性新兴产业产值占规模以上工业比重达 54%。

城乡靓丽多姿。群英湖、紫云湖、中派三大新片区快速建设，老城更新有力推进，全国现象级文旅品牌"这有山"落户肥西，派河水质稳定达标，江淮运河景观带全面建成。"千万工程"深入实施，累计建成省市级美丽乡村中心村 119 个，获评"全省美丽乡村建设先进县"。

自然环境优美。东依全国五大淡水名湖——巢湖，南拥千年水乡古镇、国家 5A 级旅游景区——三河镇，西揽国家 4A 级旅游景区、全省唯一国家生态公园——官亭林海，中有国家森林公园、"庐州第一名山"、国家 4A 级旅游景区——紫蓬山，江淮运河穿城而过，是一座宜商宜居的现代化滨水花园城市。

文化积淀厚重。境内有清代淮军将领庄园圩堡群等重要遗址，是台湾首任巡抚刘铭传、两广总督张树声的故乡和世界著名物理学家杨振宁的客居地，位于铭传乡境内的"刘铭传故居"是安徽省首个海峡两岸交流基地，山南镇小井庄是中国农村"包产到户"发源地。

2023 年，实现地区生产总值 1153.8 亿元，增长 7.7%；一般公共预算收入 73.7 亿元，增长 15.4%；规模以上工业增加值增长 0.1%；固定资产投资增长 24.9%；社会消费品零售总额 284.1 亿元，增长 8.3%；城镇居民人均可支配收入 53275 元，增长 6.2%；农村居民人均可支配收入 33479 元，增长 8.4%。2024 年前三季度，实现地区生产总值 923 亿元，增长 10.5%；一般公共预算收入 65.9 亿元，增长 10.7%；规模以上工业增加值增长 27.9%；固定资产投资增长 13.3%；社会消费品零售总额 238.8

◎ 肥西县围绕新能源汽车产业链，大力开展产业链头部企业招引，形成了高端整车引领、零配件组团龙头汇聚、后端服务市场具备国际级检测能力的全产业链发展格局。图为正在建设中的江淮高端新能源汽车基地项目

亿元,增长 6.8%;城镇居民人均可支配收入 43125 元,增长 5%;农村居民人均可支配收入 22796 元,增长 6.5%。

长丰县

长丰取"长治久安、人寿年丰"之意而得名。1965 年建县,2012 年实现脱贫摘帽,2016 年跻身全国百强县,2023 年位列全国百强县第 60 位、全国科技创新百强县第 33 位,连续五年获评全省民营经济发展先进县,连续六年获评全省制造业发展十强县、十快县。辖 14 个乡镇和 1 个省级开发区,面积 1841 平方公里,常住人口 83 万。

"百亿项目"到"千亿强县"。实施"千百"工程,培育规模以上工业企业 392 家、国家级高新技术企业 410 家、国家级专精特新"小巨人"企业 17 家、主板上市公司 5 家、百亿企业 4 家,比亚迪、中创新航、优信汽车等百亿项目建设投产。形成"新能源汽车及智能网联汽车、智能家居家电、高效节能环保""新一代信息技术、生物健康、现代高端服务""三主三新"产业体系,发展合成生物、氢能、AI 大模型等未来产业。全县新能源汽车产业链产值超 700 亿元,整车产量超 70 万辆,稳居全国县域第一。

"一点独亮"到"全局皆红"。化"镇区"为"片区","北部产教、中部智造、东部文旅、西部临港、南部都市"五大片区协调联动、一体发展,"县城、北城、下塘汽车城、岗集未来大科学城"四城辉映、辐射全域,合肥智慧农业谷、宇桥生态科技园、合肥菌物谷等"四梁八柱"科创平台布局,创建双凤国家级经济开发区,238 个村居集体经济强村全覆盖,三次产业比例 9.1:53.7:37.2,实现三次产业高质量协同发展。

"先天不足"到"岭上明珠"。地形狭长,南北相距 70 公里,江淮分水岭横跨其中,"一河两湖三渠百库"绿水如带,草莓小镇、杜集鸟岛风景如画,中共北乡支部、刘云峰纪念馆红色文化深植厚培,负"江淮要冲、吴王故里"之盛名。拥有 21 万亩草莓、33 万亩稻虾、8 万亩碧根果,吴山贡鹅、下塘烧饼、庄墓圆子等"百县名小吃"名声在外,享"草莓之都、贡鹅之乡"

◎ 比亚迪合肥基地项目位于长丰县下塘镇，目前主要生产秦、元等畅销车型，2023年下线整车48.6万辆、实现产值623亿元

之美誉。

2023年，实现地区生产总值946.4亿元，增长14.3%；一般公共预算收入60.6亿元，增长10.5%；规模以上工业增加值增长45.5%；固定资产投资增长-5.7%；社会消费品零售总额354.4亿元，增长3.9%；城镇居民人均可支配收入48272元，增长6.3%；农村居民人均可支配收入29910元，增长8.4%。2024年前三季度，实现地区生产总值686.3亿元，增长9.3%；一般公共预算收入44.2亿元，增长-10.7%；规模以上工业增加值增长28.6%；固定资产投资增长-0.6%；社会消费品零售总额282.8亿元，增长2%；城镇居民人均可支配收入40445元，增长4.8%；农村居民人均可支配收入22055元，增长6.8%。

庐江县

庐江地处皖中，北濒巢湖，南近长江，西依大别山脉。辖17个乡镇、3个街道、1个省级高新区、1个省级化工园区、1个国家级台湾农民创业园，总面积2348平方公里，常住人口89.1万，是合肥南向发展的桥头堡、宜居宜业的南部副中心。

人文荟萃，周瑜故里。自汉武帝元狩二年（前121年）建县以来，2100多年的深厚历史孕育了治理都江堰第一人西汉文翁、三国名将周瑜、清朝海军提督丁汝昌、抗法名将刘秉璋、援朝统帅吴长庆和抗日名将孙立人等一大批历史文化名人和爱国将领。庐江兴学之风源远流长，历代共出进士 49 名，现有吴福元、李建刚、俞书宏 3 位"两院"院士。

资源丰富，温泉之乡。庐江素有"地下聚宝盆"之称，已探明矿藏 33 种，其中铅、锌矿储量居全省首位，明矾石储量居全国第 2 位。被中矿联授予"中国温泉之乡"，其中汤池温泉涌量、水温、化学成分稳定，被赞誉为"华东第一泉"。

山川秀美，旅游大县。庐江东有 27 平方公里的省级湿地自然保护区黄陂湖，生态原味；南有群山环抱的青山湖，碧波荡漾；西有合肥最高峰牛王寨、金孔雀度假村，风景如画；北有八百里巢湖、国家级森林公园冶父山，湖光山色绝佳。

近年来，庐江县大力实施"工业强县、农旅富民、大美庐江"三大战略，全县经济社会发展呈现出良好态势，经济总量由 2010 年的全省第 22 位跃升至 2023 年的全省第 6 位。初步形成以稻虾（渔）综合种养、名优茶、品牌粮食、特色经果林、绿色蔬菜为代表的现代农业"510"产业，以新能

◎ 庐江县民宿产业蓬勃发展，建成柯坦镇虎丘欢乐茶谷、万山镇南山君柠等精品民宿 30 家，在建民宿 34 家。图为云里安凹民宿

市县篇

源电池材料、磁性材料、装备制造、电子信息等为代表的先进制造业，以商贸、民宿、乡村旅游等为代表的现代服务业。先后荣获中国美丽乡村建设示范县、中国最美乡村休闲旅游名县、全国农业科技现代化先行县、全国营商环境百强县、长三角百强县、安徽省全域旅游示范区等殊荣，连续七年荣膺全国投资潜力百强县。

2023年，实现地区生产总值633.5亿元，增长5.9%；一般公共预算收入32.5亿元，增长24.1%；规模以上工业增加值增长5%；固定资产投资增长1.1%；社会消费品零售总额237.8亿元，增长8%；城镇居民人均可支配收入45106元，增长6%；农村居民人均可支配收入29018元，增长8.3%。2024年前三季度，实现地区生产总值468.4亿元，增长5.6%；一般公共预算收入26.9亿元，增长19.6%；规模以上工业增加值增长9.4%；固定资产投资增长-4.3%；社会消费品零售总额191.8亿元，增长4.9%；城镇居民人均可支配收入39481元，增长4.8%；农村居民人均可支配收入22224元，增长6.6%。

巢湖市

巢湖以湖得名，古称南巢、居巢，秦时设居巢县，唐朝设巢县，1984年1月撤巢县设县级巢湖市，1999年7月撤市设居巢区，2011年8月撤区设县级巢湖市。辖18个乡镇（街道），市域面积2046平方公里，常住人口73万（含安巢经开区），是全国文明城市、国家园林城市、中国宜居生态示范城市、国家首批创新型县（市）和全国农村社区治理实验区。

历史悠久，人杰地灵。堪称古人类的起源地、古文明的发祥地、古战场的必争地。银山智人遗址表明，距今30万年以前人类祖先已在此繁衍生息；作为人类原始巢居的发明者、巢居文明的开拓者——有巢氏，是中华第一人文始祖；自古就有"奠淮右，阻江南"之说，孕育了内涵丰富的水师文化、淮军文化；范增、李克农、张治中、冯玉祥，都是从巢湖走出去的历史名人。

◎ 巢湖市认真贯彻习近平总书记"让巢湖成为合肥最好的名片"的重要指示，加强流域系统治理，全湖水质保持Ⅳ类。图为巢湖姥山岛

区位独特，交通便捷。是皖江开发开放的中心地带、合肥东向发展的前沿阵地，处在上海、南京、苏州等城市4小时经济圈内；京福高铁、商合杭高铁和合宁、合巢芜、明巢高速等20多条交通干线贯通全境，巢马城际、S18宁合高速合肥段等工程扎实推进；合肥港裕溪河港区及环湖港区通航能力为3000吨，经裕溪河可通江达海。

湖光山色，生态优美。800里巢湖是国家级风景名胜区和安徽省重点旅游开发区。85公里滨湖旅游观光大道临湖蜿蜒，巢湖半岛、柘皋河、槐林"三大"湿地公园景色宜人，半汤温泉、郁金香高地盛名在外，姥山岛、银屏山、紫微洞均为国家4A级旅游景区，湖光、奇花、温泉、溶洞并称"巢湖四绝"。

资源富集，优势明显。银鱼、白米虾、大闸蟹被誉为"巢湖三珍"，富有23种矿产资源。境内高校院所集聚，有巢湖学院、安徽建筑大学城建学院、合肥师范学院等多所高校。已形成由安徽居巢经开区"一区多园"为支撑，新能源汽车零部件、新一代信息技术、新型功能材料、高性能轻合金等优势产业为主攻方向的高质量发展新格局。获评全国绿色发展百强县市、投资潜力百强县市、科技创新百强县市。

2023年，实现地区生产总值571.5亿元，增长6.1%；一般公共预算收入27.7亿元，增长5.7%；规模以上工业增加值增长10.9%；固定资产投资增长1.9%；社会消费品零售总额228.3亿元，增长0.3%；城镇居民人均可支配收入48206元，增长6.1%；农村居民人均可支配收入30543元，增长8.2%。2024年前三季度，实现地区生产总值468.9亿元，增长5.2%；一般公共预算收入22.3亿元，增长4.6%；规模以上工业增加值增长16.4%；固定资产投资增长-0.7%；社会消费品零售总额184.2亿元，增长2.9%；城镇居民人均可支配收入39818元，增长4.9%；农村居民人均可支配收入22415元，增长6.6%。

淮北市

淮北地处苏鲁豫皖四省交界，1960年建市，现辖相山、杜集、烈山3个区和濉溪县，拥有5个省级开发区，面积2741平方公里，常住人口194.4万。

历史悠久、人文荟萃。4000多年前，商汤十一世祖相土建城于相山南麓，此后历代王朝在此设郡置县。嵇叔、桓谭、嵇康、刘伶等先贤圣哲，现代雕塑大师刘开渠，皆生于斯或长于斯。中国十大古曲淮北独占《高山流水》《广陵散》《梅花三弄》三席，临涣古城墙、汉画像石、隋唐运河柳孜码头遗址、淮海战役总前委旧址等，展示着厚重文化和辉煌历史。

交通便捷、开放迎宾。距徐州观音机场50公里、连云港港口260公里，是安徽省离出海口最近的城市。京台、连霍、泗许、济祁高速环城四周，京沪、陇海、符夹铁路交会于此，淮宿蚌、淮阜城际铁路和淮北西站、双堆集高铁站等项目加快推进，全市将拥有4座高铁站，东联西引、连南接北的

◎ 淮北市积极破解采煤沉陷区治理难题，建设绿金湖、南湖、碳谷湖等生态公园，全市湿地保护率达 56.7%。图为以"深改湖"模式打造集生态修复、资源保护、科学研究、旅游休闲为一体的城市中央公园

区位优势更加凸显。主动融入长三角一体化发展，深化与徐州战略合作，建设段园省际毗邻地区新型功能区，加快安徽自贸区淮北联动创新区建设，"放管服"改革成效显著，开放型经济长足发展。

产业转型、结构优化。截至 2024 年 9 月，三次产业结构比例为 5.5∶4.2∶52.5，经济增长由工业主导转向服务业、工业共同主导的新格局。工业体系较为完善，产业基础较好，口子酒业、恒源煤电、淮北矿业、华孚时尚、绿金股份等 5 家企业在主板市场上市，淮北矿业稳居中国企业 500 强，煤电、装备制造、纺织服装等传统产业加速高端化智能化绿色化升级。陶铝新材料、平山电厂 135 万千瓦发电机组等多项技术世界领先，陶铝和铝基高端金属材料产业等 5 个产业集群、先进高分子结构材料等 10 条产业链加快布局，中清智慧光伏等一批投资超百亿元的重大项目在淮落地，2023 年，新材料和精细化工、高端装备制造、绿色食品和生命健康三大主导产业累计增加值增长 25.2%、全省第一。

文明和谐、生态宜居。连续两次获评全国文明城市，180 位市民入选中国好人榜、百万人口占比稳居全国第一，被誉为"好人之城"。截至 2023 年底，常住人口城镇化率 65.6%，居安徽第五、皖北第一。东部新城、高铁西站等片区加快建设，由"依山建城"转向"拥湖发展""跨湖发展"，420 平方公里规划区内山水生态达 200 平方公里，有相山公园、四季榴园、长寿南山等众多景区，有交汇贯通的南湖、绿金湖及圆梦岛等城区中心湖带景观，"一带双城三青山、六湖九河十八湾"城市特色风貌更加彰显，

◎ 淮北矿业集团年产 60 万吨乙醇生产装置项目位于安徽（淮北）新型煤化工合成材料基地，总投资额超 30 亿元，是目前全球单体规模最大的乙醇工业生产装置

荣获中华环境优秀奖和国家森林城市、全国绿化模范城市称号。

2023 年，实现地区生产总值 1365.5 亿元，增长 5.3%；一般公共预算收入 104.8 亿元，增长 8%；规模以上工业增加值增长 6.6%；固定资产投资增长 3%；社会消费品零售总额 524.6 亿元，增长 6%；城镇居民人均可支配收入 43786 元，增长 5%；农村居民人均可支配收入 18807 元，增长 7.5%。2024 年前三季度，实现地区生产总值 1073 亿元，增长 4.1%；一般公共预算收入 87.6 亿元，增长 1.9%；规模以上工业增加值增长 4.3%；固定资产投资增长 0.5%；社会消费品零售总额 412.9 亿元，增长 3.2%；城镇居民人均可支配收入 34288 元，增长 3.9%；农村居民人均可支配收入 16785 元，增长 6.2%。

濉溪县

濉溪，因古濉河和溪河在此交汇而得名，是淮北市唯一下辖县，面积 1987 平方公里，常住人口 91.5 万，下辖 11 个镇、1 个省级经济开发区。

濉溪是一座底蕴深厚的人文之城。素有"红色热土、运河故里、嵇康故里、琴韵酒乡"之美誉，红色基因赓续传承，淮海战役主战场荡气回肠，总前委旧址文昌宫静默矗立，留下了邓小平、刘伯承、陈毅运筹帷幄的身影。多元文化融合碰撞，千年大运河通济流淌、千年茶俗镇人来人往、千年口子窖开坛飘香，《高山流水》《梅花三弄》《广陵散》等古琴曲源远流长。历史名人灿若星河，春秋华元、秦相蹇叔、东汉桓谭、竹林七贤之首嵇康等风流人物名传千古。

濉溪是一座实力强劲的工业之城。秉持"工业立县、产业强县"战略不动摇，主导产业协同成链，初步形成金属新材料、装备制造、化工、煤电及矿产采选等产业集群，工业增加值占二次产业比重达87.5%。重点企业建圈成群，截至2023年底有302家规模以上工业企业、118家高新技术企业、57家专精特新企业、2家上市企业、4家产值超50亿元企业、1家超100亿元企业。园区平台积势成能，深度融入长三角一体化发展，2023年承接长三角地区亿元以上项目24个，濉溪经济开发区先后荣获国家火炬特色基地、首批省际产业合作园区等称号。

濉溪是一座区位独特的通达之城。高铁路网纵横交错，淮宿蚌、淮阜高速铁路加快建设，淮北西站、双堆集高铁站坐落境内，长三角主要地区2.5小时高铁交通圈基本形成，覆盖人口2.3亿。高速公路贯通南北，国道、省道四通八达，连霍、京台等五条高速穿境而过，高速直达徐州观音机场仅60公里。内河航运通江达海，拥有皖北内河最优质航道，全县港口货物年吞吐量达1500万吨。

濉溪是一座宜居宜业的生态之城。始终践行"绿水青山就是金山银山"的发展理念，湖泊涟漪、河畅水清，乾隆湖荣获"淮河流域幸福河湖"，萧濉新河荣获"安徽省幸福河湖"。举目是绿、移步皆景，见缝插"绿"，见空补"绿"，2023年完成造林1576亩，创建省级森林城镇2个、森林村庄10个。街头游园、休闲娱乐，翡翠城和顺达公园等口袋公园顺利建成，老城闸、酒之歌雕塑等一个个时光印记相继启封。

2023年，实现地区生产总值603.6亿元，增长7.3%；一般公共预算

◎淮海战役双堆集歼灭战纪念馆位于双堆集烈士陵园内，1988年建成，2013年重建，馆名由张爱萍将军亲笔题写，馆存历史照片、文物全面反映了双堆集歼灭战历史

收入33.6亿元，增长18.4%；规模以上工业增加值增长11.2%；固定资产投资增长19.2%；社会消费品零售总额165.8亿元，增长7%；城镇居民人均可支配收入39797元，增长5.1%；农村居民人均可支配收入18661元，增长7.4%。2024年前三季度，实现地区生产总值441.9亿元，增长5.9%；一般公共预算收入28.1亿元，增长6.5%；规模以上工业增加值增长12.6%；固定资产投资增长1.7%；社会消费品零售总额125.6亿元，增长3.4%；城镇居民人均可支配收入31828元，增长3.6%；农村居民人均可支配收入16880元，增长6.3%。

亳州市

亳州位于安徽省西北部，地处华北平原南端，2000年5月经国务院批准设立地级市，现辖涡阳县、蒙城县、利辛县3个县和谯城区，面积8521平方公里，常住人口496万。

历史悠久，文化厚重。3700年前商成汤灭夏建立商朝，在亳立都190年。千百年来孕育出老子、庄子、曹操、华佗、陈抟等彪炳史册的先哲名流，欧阳修、曾巩、晏殊等文坛巨子相继在亳为官。道家文化、曹魏文化、中医药文化、酒文化等享誉海内外，是国家历史文化名城、首批中国优秀旅游城市、中国康养旅游城市、中国长寿之乡和中国五禽戏之乡。现有各级文物保护单位227处，其中花戏楼、曹操运兵道、南京巷钱庄、薛阁塔等国家级重点文物保护单位8处；各类非物质文化遗产213项，其中华佗五禽戏、二夹弦、西凉掌（亳州晰扬掌）等国家级非物质文化遗产6项。北关历史街区获评国家级旅游休闲街区。

区位优越，交通便利。属平原地带，是省际毗邻区域中心城市，素有"南北通衢、中州锁钥"之称，境内拥有5条国道和18条省道，京九、青阜铁路和济广、宁洛、泗许、济祁高速公路在此交会，商合杭高铁全面通车，

◎ 亳州中药材专业市场占地面积1000亩，入驻药企2760余家，2023年交易额超600亿元，是全球最大、配套最全、管理最规范的中药材专业市场

亳蒙高速一期建成，亳州机场预计 2024 年底通航，涡河航道一体化项目进展顺利，开通至河南省鹿邑县、夏邑县两条跨省公交线路。推进皖北承接产业转移集聚区建设，与沪苏浙 3 个市（区）、26 个园区签订合作共建协议。

资源丰富，特色鲜明。是闻名遐迩的中华药都，中药材种植 400 多个品种 122.4 万亩，有千家药企、十万药商、百万药农，建有全国规模最大的中国·亳州中药材交易市场、全国唯一的国家中药材检测中心，2023 年现代中医药产业规模达 1852.5 亿元，中药配方颗粒在全国率先进入欧盟市场，成功入选 2023 年全国中医药传承创新发展示范试点单位、国家中医药传承创新发展试验区，"北华佗"中医药品牌影响力日益增强。是享有盛誉的华夏酒城和"世界十大烈酒产区"之一，以古井集团为代表的规模以上白酒企业产值 229 亿元，销售收入占全省白酒行业的 56.3%。是全国著名的商品粮、棉、油、用材林生产基地，年粮食总产 103.6 亿斤，连续 4 年超 100 亿斤、连续 10 年居全省第 2 位，建成长三角绿色农产品生产

◎ 花戏楼景区以大关帝庙为主体建筑，由张飞庙、岳飞庙、朱公书院、火神庙和粮坊会馆等组成的古建筑群，是全国重点文物保护单位、国家 4A 级旅游景区

加工供应基地 27 家。已探明煤炭储量 44.4 亿吨，占全省的 17.2%。

2023 年，实现地区生产总值 2215.8 亿元，增长 6.3%；一般公共预算收入 160 亿元，增长 8%；规模以上工业增加值增长 8.1%；固定资产投资增长 10.5%；社会消费品零售总额 1301.6 亿元，增长 9.5%；城镇居民人均可支配收入 41726 元，增长 6%；农村居民人均可支配收入 19391 元，增长 8.5%。2024 年前三季度，实现地区生产总值 1811 亿元，增长 5.6%；一般公共预算收入 131.3 亿元，增长 1.9%；规模以上工业增加值增长 9.7%；固定资产投资增长 6.5%；社会消费品零售总额 1022.2 亿元，增长 5.2%；城镇居民人均可支配收入 32922 元，增长 5%；农村居民人均可支配收入 16187 元，增长 7.2%。

涡阳县

涡阳辖 20 个镇、3 个街道和 1 个省级经济开发区，面积 2110 平方公里，常住人口 116 万，有"老子故里·道源涡阳"之称，是安徽省历史文化名城。

文化底蕴深厚。是伟大的思想家、哲学家、道家学派创始人老子的诞生地，境内留有众多名人印记和历史古迹。抗战时期，刘少奇、彭雪枫、张震、张爱萍等老一辈革命家在此开辟了豫皖苏抗日根据地。这里民风淳朴，累计获评"中国好人""安徽好人""亳州好人"234 人，获评安徽省文明城市称号。

区位交通便捷。位于苏鲁豫皖四省交界处，亳蒙高速联通东西，济祁高速、徐阜铁路通南达北，省道 238、309 和国道 344 交会县城，涡河Ⅳ级航道经淮河通江达海，位于涡阳西郊的亳州机场预计 2024 年底通航，立体交通网络正在加快形成。

生态环境优良。是首批国家级生态示范区、全国绿化模范县、长三角百佳旅游休闲名城。境内涡河等水系发达，道源国家湿地公园鱼虾丰美、水鸟成群。这里是宜居宜业的胜地、健康长寿的福地，全县共有百岁以上老人 190 余位、80 岁以上老人 3.2 万余人。

◎ 涡阳县在挖掘老子文化、推进文旅融合上持续发力，2023年成功举办安徽省第一届老子文化论坛、第五届道文化学术研讨会。图为老子骑青牛铜像

物产资源丰富。是全国粮食生产先进县标兵、全国优质商品粮生产基地、国家级制种大县（小麦）、国家级现代农业示范区。义门苔干、涡阳硬质小麦、涡阳大豆、涡阳槐花获国家地理标志认证，高炉家系列白酒被评为中国驰名商标。糖醋蒜、熏牛肉、粉丝等特色农副产品美名远扬。境内煤炭资源丰富，探明储量32.5亿吨。

产业特色鲜明。坚持工业强县不动摇，奋力推进绿色装配式建筑建材、绿色农产品生产加工供应、绿色能源化工新材料、良种繁育推广"四大基地"建设，绿色装配式建筑产业获批安徽省县域特色产业集群（基地），鸿路钢构涡阳生产基地成为全市首家县域百亿级"链主"企业。县开发区入选国家加工贸易产业园、全省第一批中国（安徽）自由贸易试验区联动创新区。

2023年，实现地区生产总值470.6亿元，增长5.9%；一般公共预算收入22.1亿元，增长5.1%；规模以上工业增加值增长3.6%；固定资产投资增长23.7%；社会消费品零售总额292.7亿元，增长9.1%；城镇居民人均可支配收入36899元，增长5.6%；农村居民人均可支配收入18143元，

走进安徽 2024版

增长 8.2%。2024 年前三季度，实现地区生产总值 369.2 亿元，增长 5.5%；一般公共预算收入 19 亿元，增长 1.2%；规模以上工业增加值增长 7.4%；固定资产投资增长 9%；社会消费品零售总额 238.3 亿元，增长 4.5%；城镇居民人均可支配收入 29445 元，增长 4.5%；农村居民人均可支配收入 15883 元，增长 7.6%。

蒙城县

蒙城辖 14 个乡镇、3 个街道和 1 个省级经济开发区，面积 2091 平方公里，常住人口 109.7 万。

历史悠久，文化底蕴丰厚。始建于殷商，是先哲庄子和孔子"七十二贤"之一陈亢的故里。境内有万佛塔、文庙、庄子祠、九鼎灵山寺等名胜古迹。尉迟寺新石器文化遗址被称为"中华原始第一村"，和北宋古塔万佛塔一起被列为国家级重点文物保护单位。非物质文化遗产丰富，被誉为中国楹联之乡、中国硬笔书法之乡、中国曲艺之乡、中国美食之乡、中国寓言之乡和安徽省六洲棋之乡。

物产丰富，自然条件优越。盛产优质小麦、玉米、大豆等农产品，是全国著名的商品粮生产基地。粮食生产实现"二十连丰"，肉牛养殖等特色产业蓬勃发展，获评 2023 年度安徽省粮食生产十强县、养殖十强县。全县已探明地下优质煤储量 10 亿吨，拥有年产 350 万吨的许疃煤矿。产业集聚发展加快，初步形成了汽车及装备制造、食品制造及农产品加工、新型建材家居三大主导产业，拥有"江淮安驰"汽车、"五洲"牛肉、"东升"食品等一批知名品牌。

交通便捷，区域位置独特。位于皖北 6 个地级市的中心位置，距合肥新桥机场、南京禄口机场 2 小时车程，距阜阳机场、亳州机场（年底通航运营）1 小时车程；距京沪高铁蚌埠南站、宿州东站 1.5 小时车程，距商合杭高铁亳州南站、阜阳西站、凤台南站各 1 小时车程；阜蒙宿铁路、亳蒙高速、五蒙高速加快建设。南洛高速横穿东西，济祁高速贯穿南北。涡河、

◎2023年12月2日，江汽集团星锐迁建项目投产运营暨出口拉美市场千台发车仪式在蒙城经济开发区江淮安驰汽车公司举行

茨淮新河经淮河通江达海，常年通航。

2023年，实现地区生产总值480.2亿元，增长6.1%；一般公共预算收入29.2亿元，增长5.1%；规模以上工业增加值增长10.1%；固定资产投资增长5.2%；社会消费品零售总额275.9亿元，增长8.5%；城镇居民人均可支配收入41776元，增长5.3%；农村居民人均可支配收入19935元，增长8.7%。2024年前三季度，实现地区生产总值391.8亿元，增长5.7%；一般公共预算收入24.2亿元，增长0.7%；规模以上工业增加值增长15.2%；固定资产投资增长0.9%；社会消费品零售总额219亿元，增长4.5%；城镇居民人均可支配收入30440元，增长4.3%；农村居民人均可支配收入16502元，增长7.1%。

利辛县

利辛辖23个乡镇、1个经开区、363个村（居），面积2005平方公里，常住人口117.3万。

历史悠久，底蕴深厚。是春秋时期吴楚争雄要地，境内有伍奢冢、禅阳寺、阴阳城、纪家塔、节孝坊等古遗址。清音戏、拉魂腔、淮北大鼓及展沟九曲黄河灯阵被列为安徽省非物质文化遗产。

资源丰富，物产丰饶。境内煤炭探明储量14.4亿吨，年产300万吨的板集煤矿投产出煤。盛产粮食、油料、药材、蔬菜、生猪、山羊、黄牛等农副产品。率先落实"秸秆变肉"暨肉牛振兴计划，肉牛规模养殖场365家，饲养量12.5万头，获评2023年度安徽省养殖十强县。

环境优美，宜居宜业。西淝河碧水如练，白鹭洲芦蒲柔曳。以"一宗地"开拓城乡发展新局面、"一张网"探索城市管理新格局、"一河水"打造养心利辛新名片、"一头牛"开辟乡村振兴新赛道、"一块布"汇聚轻纺服饰产业新动能、"一家人"共识凝聚磅礴力量，以"好样的"提升工作标杆，首次挺进全省县域经济二十强。先后获评中国新兴纺织产业基地县、全国

◎ 利辛县深入实施"秸秆变肉"暨肉牛振兴计划，2023年新建万头以上肉牛养殖场13家，全县规模肉牛养殖场达365家，肉牛饲养量12.5万头

基层中医药工作示范县、全国投资潜力百强县、全国绿化模范县。

区位优越，交通便利。宁洛高速、济广高速、济祁高速、国道 329 和 9 条省道纵横交织，京九铁路、青阜铁路贯穿南北，淮宿阜城际铁路利辛段开工建设利辛西路开通运营。县城距阜阳机场 45 公里，亳州机场临境而建，3 小时经济圈覆盖南京、合肥、郑州、武汉、徐州等城市。西淝河、阜蒙河、茨淮新河航运通江达海，城乡路网全面覆盖，是全国"四好农村路"示范县。

2023 年，实现地区生产总值 414.9 亿元，增长 7.4%；一般公共预算收入 20.6 亿元，增长 7.6%；规模以上工业增加值增长 13.8%；固定资产投资增长 21.8%；社会消费品零售总额 273.5 亿元，增长 9.5%；城镇居民人均可支配收入 40690 元，增长 6.1%，农村居民人均可支配收入 18000 元，增长 8.4%。2024 年前三季度，实现地区生产总值 339.9 亿元，增长 5.5%；一般公共预算收入 16 亿元，增长 0.1%；规模以上工业增加值增长 12.4%；固定资产投资增长 5.5%；社会消费品零售总额 226.7 亿元，增长 4.7%；城镇居民人均可支配收入 31639 元，增长 5.1%；农村居民人均可支配收入 15469 元，增长 7%。

宿州市

宿州市地处皖苏鲁豫四省交会区，是安徽省融入长三角一体化的"北桥头堡"。1999 年撤地建市，辖砀山、萧县、灵璧、泗县、埇桥区，拥有 7 个省级开发区，面积 9939 平方公里，常住人口 526.3 万。

宿州是人杰地灵的文化胜地。809 年始置宿州，千余年来一直是历代州府治所，是著名的中国书画艺术之乡、曲艺之乡、民间艺术（钟馗画）之乡、文学之乡，被苏轼称为"此去淮南第一州"。这里发生过大泽乡起义、垓下之战、淮海战役等重要历史事件，留下了李白、白居易、苏轼、赛珍珠等文化巨匠的历史遗迹。老一辈无产阶级革命家邓小平、刘伯承、陈毅、粟裕、彭雪枫、张爱萍、张震等都曾在这里战斗过。

宿州是交通便捷的枢纽要地。素有"九州通衢、中原门户"之称，京沪、陇海、宿淮铁路，京沪、郑徐高铁，连霍、京台、盐洛、德上、徐明高速公路纵横贯穿，形成了"两纵三横"的铁路网和"三纵两横"的高速公路网，1小时可到南京、2小时可抵上海、3小时可达北京，至连云港码头200公里；宿州机场获中国民用航空局选址批复，淮宿蚌城际铁路、合新铁路、阜淮城际铁路和砀山县、泗县通用机场正在加快建设，是华东地区重要的水陆空综合交通枢纽。

宿州是蕴藏丰富的资源宝地。地上是"果海粮仓"，盛产小麦、玉米、棉花、油料、水果，砀山酥梨、萧县葡萄、符离集烧鸡、夹沟香稻米等名优特产久负盛名，萧砀百里黄河故道为全国最大的连片水果产区，是中国著名的粮食产区、华东地区著名的"菜篮子""果盘子""肉铺子"。灵璧石位居"中国四大名石"之首。地下是"乌金煤海"，探明具有一定储量规模的矿产18种，煤层气探明储量31.6亿立方米，煤炭探明储量41.3亿吨，年发电量188.3亿千瓦时。

宿州是宜居宜业的和美福地。深度融入长三角，与杭州市全面结对

◎ 三角洲生态公园是集自然、生态、休闲、旅游等功能为一体的综合性公园，成为宿州市民休闲健身的好去处

◎ 近年来，宿州市全力打造"中国云都"，建成淮海智算、算力互联、汴水之畔三大算力中心，现有云计算、大数据及相关企业1600余家。图为汴水之畔超级计算机系统

合作，泗县泉为太阳能光伏二期、宿马园区泰盛特种纸、灵璧欣然铝型材二期等项目开工建设，获评中国预制菜创新发展示范基地、国家骨干冷链物流基地，入选安徽省三大智算中心城市，拥有华东地区单体规模最大的云计算数据中心，是全国5家量子通信节点城市之一。荣获全国文明城市、国家园林城市、国家森林城市、中国领军智慧城市等称号。

2023年，实现地区生产总值2291.5亿元，增长5.8%；一般公共预算收入161.8亿元，增长4.1%；规模以上工业增加值增长4.4%；固定资产投资增长8%；社会消费品零售总额1312.4亿元，增长7.2%；城镇居民人均可支配收入40895元，增长5.1%；农村居民人均可支配收入18282元，增长8.2%。2024年前三季度，实现地区生产总值1864亿元，增长4.5%；一般公共预算收入117.9亿元，增长-3.2%；规模以上工业增加值增长2.2%；固定资产投资增长5.8%；社会消费品零售总额1031亿元，增长5.2%；城镇居民人均可支配收入31626元，增长4.2%；农村居民人均可支配收入15815元，增长6.5%。

砀山县

砀山县位于皖苏鲁豫四省七县（市）交界处，素有"世界梨都、水果之乡"之称。辖13个镇、3个园区，面积1193平方公里，常住人口75.6万。

砀山是人文重地。秦设三十六郡，砀郡居其一。隋朝开皇十八年（598年）始置砀山县。这里是五代梁王朱温故里、近代画坛宗师齐白石祖籍，有明代大将薛显墓，有留下唐代"诗仙"李白足迹的宴嬉台，有远近闻名的清真寺。

砀山是交通要冲。陇海铁路、310国道、237国道、德上高速、郑徐高铁等穿境而过，"六纵六横"路网框架拉开。距徐州观音机场1小时车程，距最近出海口连云港2小时车程。砀山梨园机场加快建设，公路、铁路、航空为一体的立体化交通格局初步形成。

砀山是水果之乡。拥有近百万亩连片生态果园，是"砀山酥梨"原产地，是世界最大连片果园产区。年产各类水果总量约30亿斤，水果加工能力达120万吨，入选国家农业绿色发展先行区创建名单，是安徽省农业特色

◎ 砀山古城集文化体验、地域民俗、休闲游憩、时尚娱乐、购物消费、人文宜居于一体，串联风情老街、休闲商业、生态居住三大分区，成为砀山新型文旅集散地、对外展示新地标

产业十强县。

砀山是电商大县。现有电商企业 3500 余家，网店和微商 6 万余家，带动 18 万余人就业创业，2023 年全县电商交易额 70.93 亿元，增长 6.5%。入选国家电子商务进农村综合示范县，获评首批全国县域商业"领跑县"、全国邮政产业强县。

砀山是生态名县。境内有"梨树王""百年老梨树群"、黄河故道生态旅游观光带等景观，是全国首批 33 个国家级生态示范区。大力发展"生态旅游+"，梨花节荣获"中国节事卓越品牌奖"，魏寨民宿入选"安徽省乡村旅游后备箱基地"。

砀山是产业新城。围绕生命健康、绿色食品、高端装备三大主导产业，抢抓长三角一体化发展等战略机遇，强力"双招双引"，迈瑞医疗科技产业园建成投产，祥隆药业加快建设，锦波生物、爱美客、创建医疗等一批大项目、好项目签约落地，新兴产业体系雏形显现。

2023 年，实现地区生产总值 272 亿元，增长 6%；一般公共预算收入 15.2 亿元，增长 4.7%；规模以上工业增加值增长 3.9%；固定资产投资增长 12.9%；社会消费品零售总额 213.2 亿元，增长 9.2%；城镇居民人均可支配收入 39381 元，增长 5.1%；农村居民人均可支配收入 18655 元，增长 8%。2024 年前三季度，实现地区生产总值 229.6 亿元，增长 5.1%；一般公共预算收入 11 亿元，增长 17.8%；规模以上工业增加值增长 9.4%；固定资产投资增长 11%；社会消费品零售总额 172.7 亿元，增长 6.4%；城镇居民人均可支配收入 30288 元，增长 4.2%；农村居民人均可支配收入 15200 元，增长 6.4%。

萧　县

萧县地处安徽省北部，辖 26 个乡镇（街道）、277 个村居和 1 个省级经济开发区，面积 1885 平方公里，常住人口 102.8 万。

文化底蕴深厚。春秋为萧国，秦时置县，有 6000 多年的文明史和

3100 多年的建城史，是汉文化、孝善文化发祥地。"花甲寺文化""金寨文化"遗址远溯新石器时代，有皇藏峪国家森林公园和淮海战役总前委会议暨华东野战军指挥部蔡洼旧址等优质旅游资源。素有"文献之邦"美誉，是中国书画艺术之乡、中国民间文化艺术之乡、安徽省文物大县，是陶瓷文化、伏羊文化等重要发祥地，伏羊宴习俗入选第五批省级非物质文化遗产名录。

交通出行便利。位于皖苏鲁豫四省交界处，具有"四省通衢、淮海中心、徐州近邻"的独特区位优势，是国家实施长三角一体化发展、淮海经济区协同发展等全局性战略和区域协调发展战略以及安徽省实施"东向发展""皖北振兴"等区域战略的重要节点。境内公路、铁路交织成网，是京沪线和陇海线的交会点，县城距徐州观音机场 70 公里、距连云港港口 220 公里。

发展势头强劲。实施"工业立县、产业强县、生态兴县"发展战略，沪皖合作共建张江萧县高科技园列入全省首批省际产业合作园区。连续 6 年跻身全国县域经济投资潜力百强，连续 3 年上榜县域发展潜力百强、中部县域经济百强、高质量发展百强。获评全省"亩均论英雄"改革工作先进单位。

2023 年，实现地区生产总值 443.9 亿元，增长 5.7%；一般公共预算收入 22.2 亿元，增长 7.9%；规模以上工业增加值增长 4.7%；固定资产投资增长 11.4%；社会消费品零售总额 217.1 亿元，增长 10.1%；城镇居民人均可支配收入 38820 元，增长 5.1%；农村居民人均可支配收入 18136 元，增

◎ 张江萧县高科技园是上海张江在全国合作建立的唯一县级示范基地，是首批安徽省际产业合作园区，累计引入新材料、智能制造、现代服务业等企业 174 家，2023 年获评全省扎实推进长三角一体化发展优秀创新案例

长 8.2%。2024 年前三季度，实现地区生产总值 359 亿元，增长 5.6%；一般公共预算收入 13.5 亿元，增长 –26.9%；规模以上工业增加值增长 8.9%；固定资产投资增长 9.5%；社会消费品零售总额 174.8 亿元，增长 6%；城镇居民人均可支配收入 30055 元，增长 4.4%；农村居民人均可支配收入 16457 元，增长 6.3%。

灵璧县

灵璧县地处黄淮平原腹地，辖 19 个镇和 1 个省级经济开发区，面积 2125 平方公里，常住人口 96.3 万。

历史悠久。始建于宋元祐元年（1086 年），是闻名遐迩的千年古县，"山川灵秀，有石如璧"，故名"灵璧"。这里是奇石之乡、钟馗故里、垓下之战古战场，素有"奇石虞姬钟馗画，一奇一美一神，灵璧三宝甲天下"之美誉，是中国观赏石之乡、中国民间艺术（钟馗画）之乡，灵璧石被乾隆皇帝御封为"天下第一石"。

区位优越。104、343 国道和 223、224、302、303 等 10 条省道贯穿境内，距京沪高铁 20 公里、观音机场 60 公里，新汴河横贯东西，距离连云港、南京港两大港口 200 公里；京台高速、徐明高速纵贯南北，泗许高速、宿淮铁路贯通东西，自古就有苏鲁豫皖"四省通衢之称"。

资源丰富。拥有耕地 222.5 万亩，盛产小麦、玉米、花生、大豆等，是全国重要的商品粮基地、粮食生产百强县、全省畜牧十强县，入选国家级农业现代化示范区创建名录。矿产资源遍布全境，皖螺矿、墨玉矿、石灰石矿储量丰富。人力资源充裕，在外务工人数 40 余万，是首批全国劳务输出工作示范县。

生态优良。境内拥有大运河遗址、垓下古战场等历史资源，奇石文化园、虞姬文化园、钟馗文化园、磬云山国家地质公园、现代农业博览园等国家 3A 级、4A 级旅游景区交相辉映，鸬鹚捕鱼民俗文化节入选第一批全国"一县一品"特色文化艺术典型案例，是全国休闲农业和乡村旅游示范

◎ 灵璧石质地细腻温润、滑如凝脂，石纹肌理缜密，石表沟壑交错，造型气韵苍古，美学内涵丰富，观赏收藏价值极高。图为奇石文化园镇园之宝——九龙壁

县、安徽省森林城市、安徽省文明城市。

砥砺奋进。地处长三角一体化发展、淮海经济区协同发展等战略叠加区域，是全国县城新型城镇化建设示范县、安徽省机械制造特色产业集群（基地），已形成以高端装备暨智能制造、新能源及新能源汽车零部件、预制菜为主导，轴承产业为特色，轻纺服装、建材及家居、医疗器械和康养用品为主体的"3133"产业格局。

2023年，实现地区生产总值333.4亿元，增长5.9%；一般公共预算收入17.4亿元，增长22%；规模以上工业增加值增长6.9%；固定资产投资增长17.9%；社会消费品零售总额187.1亿元，增长2%；城镇居民人均可支配收入36861元，增长4.9%；农村居民人均可支配收入18383元，增长8.4%。2024年前三季度，实现地区生产总值264.4亿元，增长5.1%；一般公共预算收入11.3亿元，增长-18.5%；规模以上工业增加值增长9.8%；固定资产投资增长2.9%；社会消费品零售总额147.8亿元，增长

6.8%；城镇居民人均可支配收入28821元，增长4%；农村居民人均可支配收入15796元，增长6.7%。

泗　县

泗县位于安徽省东北部，地处长三角一体化发展、淮河生态经济带、淮海经济区协同发展三大国家战略叠加区。辖15个镇、3个街道、1个省级经济开发区，面积1856平方公里，常住人口74.6万。

历史悠久，文化底蕴丰厚。早在夏朝即始建制，原为泗州府所在地，古称虹县、泗州，1912年废州设县。拥有独特的世界文化遗产隋唐大运河"唯一"活态遗址、国家级首批非物质文化遗产泗州戏、中国山芋之乡、中国金丝绞瓜之乡、石龙湖国家湿地公园、中国药物布鞋、皖东北革命根据地"七大名片"。

区位优越，交通出行便捷。是安徽省距离出海口最近的城市，徐洪河港口通江达海。343、104国道和303、329省道穿境而过，泗许高速、徐明高速全线贯通，宿淮铁路客货运开通运营，合新高铁主体结构封顶，通用机场加快建设，距京沪高铁宿州东站52公里，形成覆盖北京、上海、郑州、合肥等大中城市的3小时经济圈。

资源丰富，发展势头强劲。坚持"工业强县"战略，聚焦汽车零部件、先进光伏、绿色食品产业，深耕细作、集群成势，投资131亿元的泉为绿能异质结光伏电池片及组件项目一期投产达规，投资56.8亿元的莱卡织造智能产业基地加快建设，投资15亿元的索力德普、投资10亿元的中科摩通签约落地。

2023年，实现地区生产总值301.7亿元，增长6.2%；一般公共预算收入16.2亿元，增长7.8%；规模以上工业增加值增长5.7%；固定资产投资增长13.2%；社会消费品零售总额165.7亿元，增长8.6%；城镇居民人均可支配收入37104元，增长5.2%；农村居民人均可支配收入17508元，增长8.1%。2024年前三季度，实现地区生产总值243.5亿元，增长5.7%；

◎ 泗州戏起源于古泗州，距今已有近 300 年历史，与徽剧、黄梅戏、庐剧并列称为安徽四大优秀剧种。2006 年 5 月，泗州戏被列入第一批国家级非物质文化遗产名录

一般公共预算收入 11.9 亿元，增长 –12.7%；规模以上工业增加值增长 9.4%；固定资产投资增长 10.1%；社会消费品零售总额 138.1 亿元，增长 6.1%；城镇居民人均可支配收入 28711 元，增长 4.3%；农村居民人均可支配收入 15174 元，增长 6.6%。

蚌埠市

　　蚌埠市地处淮河与京沪铁路交会处，因古代盛产河蚌而得名，又称"珠城"，是安徽省第一个设市的城市，素有"文化摇篮、歌舞之乡、山水城市、创新高地"美誉,是全国文明城市、国家园林城市、全国双拥模范城市、平安中国建设示范市、全国法治政府建设示范市、全国市域社会治理现代化试点合格城市。辖3个县、4个区、2个功能区,面积5951平方公里,常住人口326.2万。

历史源远流长,文化底蕴深厚。是淮河文化和华夏文明发祥地,距今7300年前双墩文化遗址出土的刻画符号,被确认为我国文字的重要起源之一;5500年前的垓下史前城址,拥有淮河流域"大汶口文化第一城"美誉;4200年前大禹在此劈山导淮、召会诸侯,留下"三过家门而不入"的动人传说;2200年前奠定大汉基业的垓下之战,演绎了"十面埋伏""霸王别姬"的千古绝唱;700多年前,大明王朝在此发端;1912年津浦铁路全线贯通,蚌埠正式开埠。被周恩来总理誉为"东方芭蕾"的花鼓灯,列入国家首批非物质文化遗产名录。

区位条件优越,交通便捷高效。是全国性综合交通枢纽、国家生产型物流枢纽承载城市、国家骨干冷链物流基地,京台、宁洛高速和京沪、京福高铁在此交会,蚌埠南站是京沪线七大中心枢纽站之一,蚌埠港是千里淮河第一大港。"蚌西欧"班列直达"一带一路"沿线45个国家和地区,蚌埠民航机场和淮宿蚌、合蚌新高铁加快建设,公铁水空无缝衔接的综合交通运输体系加速成型。

◎ "靓淮河"工程总投资53.48亿元,打造"堤固、水清、岸绿、景美、人和"的城市中心公园,推动城市从"跨河发展"向"拥河发展"转变

◎0.12毫米超薄浮法电子触控玻璃，创造了浮法技术工业化生产的世界最薄玻璃记录，产品在国内20余家主流面板企业批量应用，为下游产业降低成本约860亿元。图为工作人员展示该玻璃

工业基础雄厚，产业特色鲜明。是全国26个老工业基地城市之一，入选全国老工业基地联系点城市。培育壮大硅基生物基新材料、高端装备制造等六大新兴主导产业，全力攻坚新能源、新型显示、智能传感器等五大产业集群，聚力发展中国玻璃谷、中国传感谷、商业航天产业园、皖北低碳新材料产业园"两谷两园"。是国家粮食主产区、长三角重要的菜篮子生产供应基地，建有亚洲单体规模最大的奶牛养殖基地、华东最大的湖羊养殖基地，获批国家级沿淮糯稻产业集群。

科教资源丰富，创新优势显著。汇聚中国电科40所、中国电科41所、蚌埠玻璃工业设计研究院等7所国家级研究院所，安徽财经大学、蚌埠医科大学等6所驻蚌高校和17所中等职业教育学校。拥有国家级高新技术产业基地2个、国家重点（工程）实验室21个、院士工作站12家，是国家科技进步先进市、国家知识产权试点城市，获批建设国家创新型城市、合芜蚌国家科技成果转移转化示范区。

城市拥河环湖，风光优美怡人。是省内唯一一座被淮河穿城而过的城市，拥有 5 个国家 4A 级旅游景区。总投资 53.48 亿元的"靓淮河"工程深入推进，被生态环境部作为全国首个推进生态环境重大工程实施典型示范案例，获评全省扎实推进长三角一体化发展"十佳"创新案例。

2023 年，实现地区生产总值 2015.9 亿元，增长 5.6%；一般公共预算收入 179.7 亿元，增长 3.3%；规模以上工业增加值增长 5.4%；固定资产投资增长 7.2%；社会消费品零售总额 1347.6 亿元，增长 7.3%；城镇居民人均可支配收入 46796 元，增长 4.8%；农村居民人均可支配收入 22334 元，增长 8%。2024 年前三季度，实现地区生产总值 1746 亿元，增长 4.7%；一般公共预算收入 138.8 亿元，增长 1.9%；规模以上工业增加值增长 6%；固定资产投资增长 1%；社会消费品零售总额 1062.2 亿元，增长 4.7%；城镇居民人均可支配收入 36070 元，增长 4%；农村居民人均可支配收入 17645 元，增长 6%。

怀远县

怀远县地处皖北，居淮河中游，素有"淮上明珠"之美誉。始建于 1291 年，辖 18 个乡镇、3 个街道、367 个村（居），拥有 1 个省级经济开发区、1 个国家级农业科技示范园区，面积 2192 平方公里，常住人口 92.5 万。获评全国产粮百强县，是全国最大的糯米生产基地、全国无公害蔬菜生产基地、全国四大石榴产区之一、中国龟鳖产业十强县。

历史悠久，古韵深厚。古为大禹治水、召会诸侯之地，元朝至元二十八年（1291 年）改怀远军为怀远县，一直沿革至今。拥有天下第七泉——白乳泉、卞和洞、望淮楼和皖北地区规模较大的明清古建筑群等名胜古迹，柳宗元、欧阳修、苏东坡等历代文学大家在此均留下不朽诗篇。怀远花鼓灯艺术有"东方芭蕾"美誉，被列入首批国家非物质文化遗产保护名录。

资源丰富，物产富饶。全县常用耕地面积 220 万亩，常年小麦种植面积 180 万亩、糯稻种植面积 90 万亩、蔬菜种植面积 35 万亩，粮食总产量在粮食主产县中居全国前 20 位、全省前 5 位。储量矿产资源有石灰岩、花

◎ 蚌埠花鼓灯源于宋代，融技艺性、表演性和艺人职业化于一身，是汉民族中集舞蹈、灯歌、锣鼓音乐、情节性的双（三）人舞和情绪性集体舞结合于一体的民间舞种

岗岩、煤、铁等 10 余种。盛产优质糯稻、小麦、蔬菜、畜禽、水产品等，"白莲坡贡米"为国家"质量之光——年度地标产品"，"怀远石榴"为国家地理标志保护产品，五岔烧全鸡等产品备受市场青睐。

区位独特，优势明显。位于长三角经济圈腹地和南京经济圈外围，辐射华东、华中和华北，距京沪高铁七大中心枢纽站之一的蚌埠南站仅 27 公里，距千里淮河第一大港的蚌埠港仅 15 公里。206、329 国道和 225 省道穿境而过，京台、宁洛高速在境内设有 3 个出入口，五蒙高速加快建设。境内有 9 条河流，其中淮河、涡河、茨淮新河常年通航。

2023 年，实现地区生产总值 379 亿元，增长 7.8%；一般公共预算收入 28.1 亿元，增长 6.4%；规模以上工业增加值增长 16.1%；固定资产投资增长 15.5%；社会消费品零售总额 227 亿元，增长 7.2%；城镇居民人均可支配收入 41446 元，增长 4.9%；农村居民人均可支配收入 22623 元，增长 8.2%。2024 年前三季度，实现地区生产总值 317.7 亿元，增长 4.9%；一般公共预算收入 20.7 亿元，增长 3.3%；规模以上工业增加值增长 12%；固定资产投资增长 1.1%；社会消费品零售总额 166.3 亿元，增长 4.1%；城镇居民人均可支配收入 32124 元，增长 4.4%；农村居民人均可支配收入 17238 元，增长 5.9%。

五河县

五河县地处皖东北淮河中下游，因境内淮、浍、漴、潼、沱五水汇聚而得名。辖 14 个乡镇、217 个村（社区），拥有 1 个省级经济开发区、1 个省级自然保护区、1 个省级森林公园，面积 1428.6 平方公里，常住人口 52.1 万。

历史悠久。唐代名为古虹，宋朝始称五河。曾出土全国最完整淮河古菱齿象化石，严氏墓为国家级重点文物保护单位，以《摘石榴》为代表的五河民歌被列入国家非物质文化遗产名录，顺河老街被评为安徽省历史文化名街区。

◎ 沱湖是皖北地区最大的淡水湖，湖中有滩、滩中有水、水天相连，一派田水相依、世外桃源的景象

区位优越。境内 104 国道纵贯南北，313 省道横贯东西，344 国道、311 省道与怀洪新河并行。是蚌埠市唯一毗邻江苏省的县，徐明高速在县城设有出入口，蚌五高速建成通车，五蒙高速加快建设，合新高铁五河段正在建设，在境内设有站点。

物产丰饶。盛产小麦、大豆、水稻等农产品，是全国商品粮生产基地、全国粮食生产先进县。中国十大名蟹之一的沱湖螃蟹出产于此，天井湖银鱼曾为历史贡品，是安徽省水产大县。拥有 5 个省级长三角绿色农产品生产加工供应基地，年产鲜奶 22.4 万吨、肉制品 6.7 万吨、食用菌 4.8 万吨等。

风光秀美。拥有一山、三湖、五条河，是国家园林县城、安徽省十佳绿色生态县，素有"皖北最美水乡"之称。境内大巩山省级森林公园群山环绕，空气清新、绿意盎然。以沱湖省级自然保护区为核心的生态湿地，鱼蟹竞游、鸟类翩飞。

未来可期。已形成纺织服装、绿色食品、装备制造三大主导产业，正围绕新能源新材料产业加速布局。是全国文明城市提名城市、全国最具投资潜力百强县、全国国土资源节约集约模范县、国家电子商务进农村综合示范县和全省科技创新先进县、全省法治政府建设示范县、全省"千村引领、万村升级"工程重点县以及全省唯一开展国家农村综合性改革试点试验县。

2023 年，五河县实现地区生产总值 292.7 亿元，增长 7.7%；一般公共预算收入 17.5 亿元，增长 8.1%；规模以上工业增加值增长 15%；固定资产投资增长 3.3%；社会消费品零售总额 167.7 亿元，增长 8%；城镇居民人均可支配收入 40945 元，增长 4.5%；农村居民人均可支配收入 22486 元，增长 8%。2024 年前三季度，实现地区生产总值 235.9 亿元，增长 6.7%；一般公共预算收入 12.4 亿元，增长 6.2%；规模以上工业增加值增长 19%；固定资产投资增长 –3.3%；社会消费品零售总额 131.8 亿元，增长 6.3%；城镇居民人均可支配收入 31441 元，增长 3.9%；农村居民人均可支配收入 18313 元，增长 6.2%。

固镇县

固镇县位于淮河中游北岸，1965 年 7 月建县，辖 11 个乡镇、228 个村（居），面积 1363 平方公里，常住人口 49.4 万。县城规划面积 38.5 平方公里，建成区面积 19.7 平方公里，城区人口约 18 万。

历史文化悠久。考古发现距今 4500 多年前的大汶口文化晚期城址，填补了安徽省无史前城址的空白，荣膺 2009 年度全国十大考古新发现；著名的垓下之战发生在此，开创了 400 余年汉朝基业，垓下遗址入选全国重点文物保护单位；经学家、文字学家许慎曾在这里任洨长，所著《说文解字》开启中国字典之先河。

发展态势良好。列入省"大新专"项目 107 个，总投资 921.9 亿元；累计新入库项目 156 个，入库总投资 220 亿元。完成科技型中小企业入库 146 家、申报推荐国家高新技术企业 45 家，获评省级创新型县。全国首条生物基碳酸酯生产线、农作物秸秆高效制糖联产黄腐酸项目建成投用，20 个亿元以上工业项目竣工投产。

农业资源丰富。大力发展肉类高端绿色食品产业集群，全省首个

◎ 垓下遗址是距今 4500 多年前的大汶口时期城址，填补了淮河流域和安徽省无史前城址的空白，被誉为"大汶口文化第一城"，相传这里是楚汉垓下之战中楚霸王项羽的大本营

1000头安格斯肉牛良种繁育基地落地建成，3个千头以上标准化肉牛养殖示范场投用，"王庄花生""石湖西瓜""仲兴羊肉"成功注册国家地理标志证明商标。被评为国家商品粮基地县、全国生猪调出大县、全省油料第一大县、全省畜牧十强县、全省蔬菜产业化十强县、全省首批农产品质量安全县、全省农业产业化重点培育二十强县区、全省"一县一业（特）"肉鸡全产业链示范县、省级农村电商示范县等，成功创建省级长三角绿色农产品生产加工供应基地8家。

交通便捷通畅。北顾徐州，南临蚌埠，位于上海、南京等城市经济辐射圈内，京沪高铁、101省道纵贯全境，宁洛高速、京台高速傍依而过，水运经会河可入长江，蚌固高速建成通车，宿固高速、五固怀高速通道等项目加速建设，立体通畅的交通体系逐步形成。

2023年，实现地区生产总值305.1亿元，增长6.5%；一般公共预算收入17亿元，增长2.2%；规模以上工业增加值增长6.7%；固定资产投资增长23.3%；社会消费品零售总额139.6亿元，增长8.2%；城镇常住居民人均可支配收入41512元，增长3.8%；农村居民人均可支配收入22588元，增长7.8%。2024年前三季度，实现地区生产总值248.8亿元，增长6.3%；一般公共预算收入14亿元，增长7.6%；规模以上工业增加值增长14.1%；固定资产投资增长-6.8%；社会消费品零售总额112.8亿元，增长6.4%；城镇居民人均可支配收入31238元，增长3.7%；农村居民人均可支配收入18076元，增长6.3%。

阜阳市

阜阳地处安徽省西北部，辖颍州、颍泉、颍东3个区和临泉、太和、阜南、颍上4个县以及界首1个市，面积10118平方公里，常住人口808.4万，是全国人口超千万的地级城市之一，是全国文明城市、长三角一体化和中部地区崛起区域重点城市、淮河生态经济带中西部区域中心城市、中原城市群皖豫省际区域性中心城市。

历史悠久，人文荟萃。历称汝阴、顺昌、颍州，是姜子牙、管仲、伍子胥、吕蒙的故里，欧阳修、苏轼、晏殊曾在此为官，管鲍之交的诚信合作成为后世典范，欧苏会颍的忘年交契传为文坛佳话，北宋名相苏颂曾盛赞"颍为善郡"。阜阳剪纸、颍上花鼓灯、界首彩陶等10项入选国家非遗名录，出土的商代青铜器龙虎尊被列为十大国宝青铜器之一，台家寺遗址入选全国文物保护单位。颍州西湖历史上与杭州西湖齐名，苏轼曾有"大千起灭一尘里，未觉杭颍谁雌雄"的赞誉。

区位优越，交通便捷。地处郑州、武汉、合肥、南京、徐州围空区，以100公里为半径辐射周边人口约3000万。拥有"铁公机水"立体交通优势，7个方向普铁和规划建设8个方向高铁呈双"米"字型贯穿全境，高铁实现市域全覆盖，正在依托亚洲最大的阜阳北铁路编组站、日编组4.6万辆

◎ 阜阳市扎实推进现代化"滨淮拥湖"Ⅰ型大城市建设，加快构建"支撑阜阳、带动皖北、呼应合肥"的"铁公机水""四位一体"现代综合交通物流体系和对外开放平台。图为阜阳西关机场

◎ 阜阳市深入实施项目谋划提质、项目建设提速、"双招双引"提效行动，比亚迪、赛拉弗、昊源化工等7个百亿级制造业项目加快建设。图为总投资119亿元的昊源化工可降解塑料及尼龙66新材料项目

车厢能力，与国铁上海局联合投资60亿元建设安徽（阜阳）铁路国际物流港，加快打造铁路物流枢纽；23个高速出入口遍布全市；4C级阜阳机场已开通27条航线通达31个城市；阜阳港是皖北唯一千吨级集装箱码头，正加快建设"双核四极"多式联运体系。

资源丰富，物华天宝。耕地面积943.9万亩，建成高标准农田814万亩，粮食产量常年稳定在百亿斤以上、全省第一，生猪、肉牛饲养量均居全省第一，是百亿江淮粮仓和国家大型优质商品粮、油、肉生产基地。境内煤炭蕴藏量100多亿吨，可采储量80多亿吨，皆为5700大卡左右的优质煤炭，是安徽四大煤化工基地之一。

潜力巨大，前景广阔。人口、区位、交通、政策、农业资源"五大优势"日益凸显，长三角一体化发展、中部地区崛起、中原城市群和淮河生态经济带建设等四大国家战略交汇叠加，新能源和节能环保、绿色食品、新能源汽车和高端装备制造等十大特色产业加速集聚集群集成发展，新质生产力加快培育。

2023 年，实现地区生产总值 3323.7 亿元，增长 5.8%；一般公共预算收入 194.7 亿元，增长 5.4%；规模以上工业增加值增长 7.5%；固定资产投资增长 -14.3%；社会消费品零售总额 2502.1 亿元，增长 9%；城镇居民人均可支配收入 41359 元，增长 5.4%；农村居民人均可支配收入 18232 元，增长 8.1%。2024 年前三季度，实现地区生产总值 2672 亿元，增长 5.4%；一般公共预算收入 144.9 亿元，增长 -7.2%；规模以上工业增加值增长 8.1%；固定资产投资增长 0.8%；社会消费品零售总额 1931.2 亿元，增长 5.9%；城镇居民人均可支配收 31611 元，增长 4.4%；农村居民人均可支配收入 15188 元，增长 7.1%。

颍上县

颍上位于淮河、颍河交汇处，辖 30 个乡镇、349 个村（居），有 1 个省级经济开发区，面积 1978 平方公里，常住人口 118.7 万。

颍上是一片人文蔚盛的多彩热土。3000 多年前建立邑治，周为"慎邑"，秦置"慎县"，隋大业二年（606 年）改称"颍上"，至今已有 1400 多年历史。春秋时期的管仲、鲍叔牙，战国时期的甘茂、甘罗，当代著名学者常任侠，作家戴厚英，"双百"英模王克勤，两院院士陈国良、郑守仁等皆为颍上杰出代表。是花鼓灯艺术和推剧的发源地，有"东方芭蕾"之称的颍上花鼓灯及颍上推剧是国家级、省级非物质文化遗产。是著名的鱼米之乡，盛产有机米、有机鱼、有机蔬果等特色农产品，粮食产量连续多年突破 100 万吨。境内矿产资源丰富，已探明铁矿储量上亿吨，煤炭储量 100 多亿吨，拥有谢桥、刘庄两座年产 1000 万吨的特大型现代化煤矿。

颍上是一片生态优良的绿色热土。襟淮带颍的水资源优势、承东接西的地理环境、四季鲜明的气候特征孕育了颍上优良的生态环境。小张庄、八里河分别获生态环保全球"500 佳"，八里河风景区是皖北唯一的国家 5A 级旅游景区，尤家花园·五里湖生态湿地、迪沟生态湿地、明清苑为国

◎ 管仲老街承接展现"古颍上"的传统文化，每年正月初一至初七，传统舞龙舞狮点亮颍上。图为管仲老街舞龙灯

家 4A 级旅游景区。颍河、八里河、保丰河、五里湖构成环颍城 100 公里生态景观带，颍城是阜阳市唯一的千年古县城。

颍上是一片担当进取的希望热土。连续两年获评中部百强县。先后荣获全国粮食生产先进县、全国水利建设先进县、全国绿化模范示范县、国家园林县城、全国生态休闲农业示范县等称号，入选全国县域旅游发展潜力百佳县。正在全力争创全国县级文明城市、国家全域旅游示范区、全国文明旅游示范区。

2023 年，实现地区生产总值 510.8 亿元，增长 4.9%；一般公共预算收入 32.4 亿元，增长 4%；规模以上工业增加值增长 7.5%；固定资产投资增长 -0.8%；社会消费品零售总额 265 亿元，增长 7.9%；城镇居民人均可支配收入 40926 元，增长 5.3%；农村居民人均可支配收入 18403 元，增长 8.1%。2024 年前三季度，实现地区生产总值 404.2 亿元，增长 5.4%；一般公共预算收入 20.9 亿元，增长 -18.8%；规模以上工业增加值增长 8.8%；固定资产投资增长 0.1%；社会消费品零售总额 196 亿元，增长 4.6%；

城镇居民人均可支配收 31749 元，增长 4.4%；农村居民人均可支配收入 15611 元，增长 7%。

界首市

界首地处皖西北边陲、豫皖两省交界处，辖 15 个乡镇、3 个街道和 1 个正在创建的国家级高新区、5 个科技园、9 个双创园，面积 667.3 平方公里，常住人口 63 万。

历史悠久。东汉时期王莽、刘秀逐鹿于此，留下了全国唯一以皇帝帝号命名的城镇——光武镇；南宋名将刘锜大败金兀术，在此划沟为界，始称"界沟驿"；抗战期间，人口剧增，商贾云集，城区常住人口达 20 万，成为名噪全国的"小上海"。"界首彩陶""苗湖书会"被列入国家级非物质文化遗产名录。

交通便捷。宁洛、大广、济广高速公路和省道 255 线、308 线、237 线、328 线、102 线在此交会，漯阜铁路穿境而过。沙颍河横贯东西，可常年通

◎ 两湾湿地 2020 年获评国家级湿地公园，集生态系统保护与恢复、生态服务功能构建、优美景观和科普为一体，绘就人与自然和谐共生的美丽画卷

航 1500 吨级拖船。市区距阜阳机场 60 公里，距新郑机场 220 公里。郑阜、商合杭高铁已通车，通用机场即将开通。

产业突出。是安徽省优质粮、油、棉、肉主产区，拥有华东地区最大的优质马铃薯生产基地，吕长明牛肉、淮山羊肉、宏亮熏鸡、清真牛肉干等农副产品久负盛名。田营科技园是全国最大的再生铅回收加工基地，获批全国循环经济试点区、全国首批 7 个"城市矿产"示范基地之一、国家级绿色园区。光武科技园是全国重要的再生塑料集散地、华东地区重要的再生塑料制品生产基地。西城科技园是皖北最大、华东重要的再生铝加工利用基地。

发展迅速。2017—2021 年连续 5 年入选全国投资潜力十强县（市），3 次上榜中国创新百强县，荣获国家级荣誉 12 个、省级荣誉 50 个、市级荣誉 103 个。创新氛围浓厚，入选首批国家知识产权强县建设试点、国家级创新型县（市），获批阜阳市唯一国家级科技企业孵化器，累计建成院士工作站 9 家、博士后工作站 19 家，万人有效发明拥有量 34.78 件、居全省县域前列。

2023 年，实现地区生产总值 419.9 亿元，增长 7.3%；一般公共预算收入 21.4 亿元，增长 5.4%；规模以上工业增加值增长 7.5%；固定资产投资增长 -1%；社会消费品零售总额 234.2 亿元，增长 9.9%；城镇居民人均可支配收入 43307 元，增长 5.5%；农村居民人均可支配收入 19933 元，增长 8.3%。2024 年前三季度，实现地区生产总值 350.8 亿元，增长 6.7%；一般公共预算收入 16 亿元，增长 -4.3%；规模以上工业增加值增长 10.9%；固定资产投资增长 10.3%；社会消费品零售总额 175.1 亿元，增长 5%；城镇居民人均可支配收 33243 元，增长 4.6%；农村居民人均可支配收入 16929 元，增长 7.4%。

临泉县

临泉地处安徽省西北部，与皖豫两省 9 个县（市、区）接壤，辖 23 个

◎ 临泉县粮食总产量连续七年超过 100 万吨，"中原牧场"品牌荣登中国区域农业形象品牌影响力指数百强榜，获批创建国家农业科技园区。图为临泉县丰收景象

乡镇、5 个街道、406 个村（居）及 1 个省级经济开发区、1 个省级南北共建产业园，面积 1839 平方公里，常住人口 164.3 万。

历史悠久。古称沈子国，是周文王第十子聃季载的封地，距今已有 3000 多年历史，孕育了百家宗师姜子牙、百步穿杨养由基等名人，刘邓大军千里跃进大别山后方指挥部曾设在临泉，"肘阁""抬阁"、杂技列入国家级非物质文化遗产名录，被评为"中国民间文化艺术之乡"。

交通便捷。距阜阳机场 1 个小时车程，G106、G220、G345 等 13 条国、省干线穿境而过，现有 1 个高铁站、4 个高速出口和泉河段最大码头，区位优势日益凸显。

物产丰富。是国家重要的粮食生产基地和畜牧养殖重地，每年粮食产量约占全国的 1/600、全省的 1/40，有虎头姜、领头羊、芥菜、谭笔、贡文王等"临泉五宝"，获评第一批全国农业生产全程机械化示范县、安徽省养殖十强县。

产业突出。形成绿色食品、电子信息、化工医药、纺织皮革服装、绿色建筑建材、休闲旅游等产业体系，获评全国肉牛肉羊全产业链典型县、全省制造业发展增速十快县，获批国家农业科技园区、国家骨干冷链物流基地。

宜居宜业。城市建成区面积扩大至 49 平方公里，16—59 岁的劳动年龄人口 140 万余人，创建 4A 级旅游景区 1 个、3A 级 5 个，获评省级园林县城、省级卫生县城，跻身长三角百强县。

2023 年，实现地区生产总值 489.1 亿元，增长 7.6%；一般公共预算收入 17.9 亿元，增长 -3.9%；规模以上工业增加值增长 8%；固定资产投资增长 -5.7%；社会消费品零售总额 351.5 亿元，增长 11.3%；城镇居民人均可支配收入 38108 元，增长 5.6%；农村居民人均可支配收入 17640 元，增长 8.2%。2024 年前三季度，实现地区生产总值 378.6 亿元，增长 4.4%；一般公共预算收入 10.8 亿元，增长 -25.1%；规模以上工业增加值增长 10.9%；固定资产投资增长 1.3%；社会消费品零售总额 271.3 亿元，增长 6.4%；城镇居民人均可支配收 28997 元，增长 4.1%；农村居民人均可支配收入 13884 元，增长 7.3%。

阜南县

阜南位于淮河中上游结合部北岸，辖 28 个乡镇、334 个村（居），面积 1801 平方公里，常住人口 116.1 万，是传统的农业大县、人口大县、沿淮防汛重点县，也是中国柳编之都、王家坝精神发源地。

历史文化厚重。早在 5000 年前的新石器时代，已有氏族部落在此定居，境内现存有新石器时代的贺胜台、阮城、七星桥等文物遗址。珍藏于中国国家博物馆的国家一级文物——商代青铜器精品"龙虎尊"，出土于阜南。朱寨台家寺遗址是全省首次发现的商代高等级建筑遗址，具有极其重大的科考价值。

资源禀赋独特。素有"名优特产县""天然资源库"之美誉，是全省林业产业十强县，老观芡实、龙王冬桃、田集萝卜、部台板鸭、王家坝毛豆等农副产品独具特色，新村芦蒿、会龙辣椒获国家地理标志商标认证。柳编技艺被列入国家级非物质文化遗产名录。

抗洪精神感人。千里淮河第一闸"王家坝闸"13个年份16次开闸蓄洪，孕育了阜南人民顾全大局的奉献精神。2020年8月18日，习近平总书记考察安徽首站来到阜南蒙洼蓄洪区，为阜南指明了发展方向、注入了强劲动力。

经济发展迅速。大力发展新能源汽车和装备制造、绿色食品、柳木文化、纺织服装四大主导产业，规模以上企业达188家。比亚迪汽车零部件、三峡风电、富安风电、华祥风电等项目加快建设，三峡能源储能电站首期项目实现全容量并网。获批省级"专精特新"企业12家，市级企业技术中心企业8家。深入实施优质粮食工程"五优联动"，粮食总产18亿斤，实现"二十"连丰。连续两年获评省级农村电商示范县，县域商业体系建设做法入选商务部典型案例。

2023年，实现地区生产总值338.5亿元，增长5.9%；一般公共预算收入15.6亿元，增长0.3%；规模以上工业增加值增长6.7%；固定资产投资增长-6.3%；社会消费品零售总额250.9亿元，增长8.4%；城镇居民人均可支配收入37913元，增长5.3%；农村居民人均可支配收入17373元，增长8.2%。2024年前三季度，实现地区生产总值266.5亿元，增长5.6%；

◎ 蒙洼蓄洪区王家坝闸位于淮河中上游分界处，有着千里淮河"第一闸"之称，目前已有13个年份16次开闸蓄洪，累计蓄洪75亿立方米一般公共预算收入 11.5 亿元, 增长 1%; 规模以上工业增加值增长 8.9%; 固定资产投资增长 2.2%; 社会消费品零售总额 199.5 亿元, 增长 5.7%; 城镇居民人均可支配收 29242 元, 增长 4.5%; 农村居民人均可支配收入 14245 元, 增长 7.2%。

太和县

太和地处安徽省西北部, 辖 31 个乡镇、1 个省级经济开发区, 面积 1867 平方公里, 常住人口 135.8 万。

历史人文悠久。自秦朝置县, 迄今已有 2000 多年历史, 元大德八年（1304 年）改太和县, 寓意太平祥和。境内有七处故城遗址、五处古文化遗址和元代文庙建筑群等古建筑, 历史名人有汉章帝师张酺、东汉清诏使范滂、清朝两广总督徐广缙等。拥有国家级书协、美协会员 65 人, 清音、刺绣等民俗丰富多彩, 是全国书画艺术之乡、全国民间文化艺术之乡、中华诗词之乡。

区位交通优越。位于长三角一体化发展、长江经济带、中原经济区、淮河生态经济带等国家战略交叉辐射区域。105 国道、京九铁路、济广高速纵贯南北, 308 省道、漯阜铁路、南洛高速横跨东西, 境内拥有太和北站、高铁太和东站, 距阜阳 4C 级机场、阜阳火车站、高铁阜阳西站仅 30 分钟车程。

产业特色鲜明。基本形成现代医药、绿色新能源、高端纺织、发艺文化、高端装备制造业 "2+2+1" 的工业发展格局。生物医药产业入选国家 "火炬计划"、安徽省首批战略性新兴产业基地、省级特色产业集群, 是全国著名医药集散中心; 发艺文化获批国家外贸转型升级专业型示范基地, 是全国最大的发制品原料集散地; 成功创建国家级现代农业示范区, 是全国粮食生产先进县, 桔梗入选全国名特优新农产品目录、国家农产品地理标志登记产品和 "十大皖药"。

社会事业昌盛。荣获全国群众体育先进单位、安徽省森林城市、安徽

◎ 中科国际精准医学产业园是集公共服务、创新孵化、展览展示、智慧生产于一体的医药综合体区域，主要开展创新药物、生物工程、中医药等领域研发和成果转化

省体育强县示范县，连续获得两届"全国群众体育运动先进单位"称号。拥有 2 所省级示范高中，县中医院是全国示范中医院、全国首家县级三级甲等中医院，县人民医院是全省唯一县级三级甲等综合医院。

2023 年，实现地区生产总值 530.5 亿元，增长 5%；一般公共预算收入 25.5 亿元，增长 18.4%；规模以上工业增加值增长 2.9%；固定资产投资增长 –37.5%；社会消费品零售总额 470 亿元，增长 10.8%；城镇居民人均可支配收入 41388 元，增长 5.4%；农村居民人均可支配收入 18454 元，增长 7.5%。2024 年前三季度，实现地区生产总值 429.3 亿元，增长 5.6%；一般公共预算收入 18.4 亿元，增长 –11.8%；规模以上工业增加值增长 9.3%；固定资产投资增长 10.4%；社会消费品零售总额 373.3 亿元，增长 5.2%；城镇居民人均可支配收 32121 元，增长 4.7%；农村居民人均可支配收入 16108 元，增长 7.1%。

走进安徽 2024 版

淮南市

淮南市地处淮河中游，是国家新型能源基地、华东工业粮仓、安徽省重要的工业城市和区域中心大城市，素有"楚风汉韵、能源之都"之称。1952年设为省辖市，辖2个县、5个区和1个国家级综合实验区，面积5533平方公里，常住人口301.6万。

历史悠久。夏商之际淮夷人在此立国，创造了淮夷文明，春秋战国为蔡楚之地，西汉初年设淮南国，此后以"淮南"命名的建制直至两宋。拥有名山（八公山）、名水（淮河、芍陂）、名城（寿县）、名人（淮南王刘安）、名篇（《淮南子》）、名战场（淝水之战古战场），"淮南虫"古生物化石群、古寿州窑遗址、茅仙古洞、九龙岗民国时期建筑遗存以及花鼓灯、少儿艺术、八公山豆腐等驰名中外，寿县古城墙、豆腐传统制作技艺、安丰塘正在分别申报或争创世界文化遗产、世界非物质文化遗产和全球重要农业文化遗产。

资源富集。因煤设市，是中国电力工业的摇篮、国家"亿吨级"煤炭基地、"皖电东送"主战场。境内煤炭探明储量168.6亿吨，2023年煤炭产量5924万吨。现有11对大型矿井，6家大型火力发电企业，火电装机容量1530万千瓦，2023年全市累计发电量759.6亿千瓦时。淮河年入境水量多年平均达192.8亿立方米，年平均降水量984毫米。

交通便捷。京福、合淮阜、淮蚌、济祁、滁淮高速经市而过；东连京沪线，西接京九线，京福、商杭高铁途经淮南并分别设站；千里淮河流经淮南105公里，2000吨级淮南港正在建设，引江济淮工程正式通航；主城区距合肥新桥国际机场仅40分钟车程。

宜居宜业。拥有1个国家级开发区、1个国家级高新区和6个省级开

◎ 中安联合煤化工项目是安徽省和中国石化战略合作的重点工程，填补了安徽省大型聚烯烃生产企业的空白，成为淮南市千亿级煤化工产业园区的龙头

发区，重点发展新能源汽车及零部件、现代煤化工、新材料、高端装备制造、绿色食品、数字创意和文化旅游等产业。境内八公山、上窑山、舜耕山三山鼎立，焦岗湖、高塘湖、瓦埠湖三水环绕，拥有3个国家级森林公园、8个国家4A级旅游景区，正在创建寿州古城、八公山和焦岗湖3个5A级旅游景区，是中国优秀旅游城市、国家园林城市。

潜力巨大。是长三角一体化发展、淮河生态经济带、合肥都市圈的重要成员，国家主体功能区规划中的重点开发区域，中部"三基地一枢纽"建设的重点城市，皖江城市带承接产业转移示范区项目支持城市。拥有安徽理工大学等12所高校，深部煤炭安全开采与环境保护全国重点实验室等6个国家级科研平台，中科院淮南新能源研究中心、中科院大气所淮南研究院2个新型研发机构，1个省级大数据战略性新兴产业集聚发展基地，先后8次荣获全国科技进步先进市称号，成功跻身国家首批智慧城市试点。

2023年，实现地区生产总值1601.6亿元，增长5.1%；一般公共预算

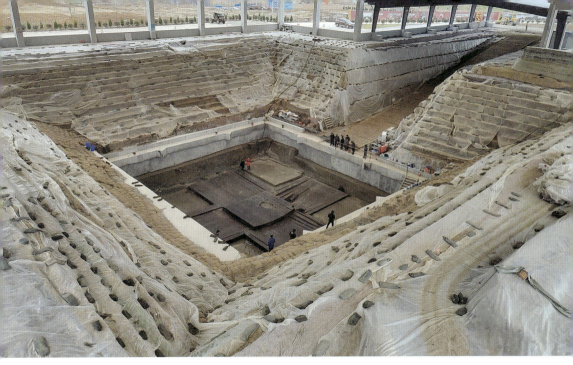

◎ 武王墩墓是经科学发掘的迄今规模最大、等级最高、结构最复杂的大型楚国高等级墓葬，它的考古发掘为我们进一步了解楚文化打开了一扇大门，目前已出土鎏金虎首铜钩、"鄵平君"铭铜虎座等文物超千件

收入 130.5 亿元，增长 8.5%；规模以上工业增加值增长 4%；固定资产投资增长 7.2%；社会消费品零售总额 922.7 亿元，增长 4.5%；城镇居民人均可支配收入 45477 元，增长 4.9%；农村居民人均可支配收入 19105 元，增长 7.8%。2024 年前三季度，实现地区生产总值 1274 亿元，增长 4.4%；一般公共预算收入 106.6 亿元，增长 2.5%；规模以上工业增加值增长 0.1%；固定资产投资增长 6.4%；社会消费品零售总额 699.1 亿元，增长 3.5%；城镇居民人均可支配收入 35646 元，增长 4.3%；农村居民人均可支配收入 15591 元，增长 5.9%。

寿　县

寿县位于淮河中游南岸，辖 25 个乡镇、289 个村（社区），面积 2948 平方公里，常住人口 83.2 万。寿县历史悠久，文化灿烂，集名城、名山、名水、名人、名战于一体，享誉海内外。

有名城。是国家历史文化名城、楚文化的故乡、豆腐的发祥地，历史上 5 次为都、10 次为郡。这里有全国唯一一座保存完整的宋代古城墙，它因战争而修建，因防洪而保存，因"国保"而扬名，与始建于春秋时期的"天下第一塘"安丰塘、古寿春城遗址、汉淮南王刘安家族墓地、明清寿州孔庙及寿县清真寺等同为国家级文物保护单位。寿春楚文化博物馆珍藏国家一级文物 230 余件，二、三级文物近 2000 件。拥有 2 个国家 4A 级旅游景区，是安徽省 7 个重点旅游城市之一。

有名山。八公山方圆 128 平方公里，峰峦叠翠，清泉密布，是淮河岸边的一颗绿色明珠。2000 多年前，淮南王刘安在这里招贤纳士，讲经论道，编撰了流传千古的名著《淮南子》，第一次完整地记录了二十四节气，并发明了享誉于世的美食豆腐，演绎出"一人得道，鸡犬升天"的神话故事。

有名水。千里淮河在八公山脚下回旋西流，千年古塘安丰塘烟波浩渺，珍珠泉、玛瑙泉景色秀美，瓦埠湖上碧波荡漾，水质优良，物产丰富，造就鱼米之乡。东淝河环绕八公山周围、护城河簇拥着寿县古城，寿县是个"望得见山、看得见水、记得住乡愁"的地方。

◎ 寿县古城墙构筑于北宋熙宁年间，为全国重点文物保护单位，被列入申报世界文化遗产预备名单。通淝门（南门）仿照楚制进行修复，东边辅门有"门里人"石刻，为"寿州内八景"之一

有名人。地灵人杰，精英荟萃。楚国名相孙叔敖、苏沪开山鼻祖春申君黄歇被人奉为神灵，"一门三相"的吕氏三公、"一代帝师"孙家鼐、"五四"先驱高语罕、"民国英杰"柏文蔚、北伐先烈曹渊、抗日名将方振武的故事传为美谈，大公无私的孙大光、狂草大师司徒越、著名作家张锲等人青史留名，令人敬仰。

有名战。地处南北冲要，自古为兵家必争。历史上战争频发，1600年前，这里发生了以少胜多、以弱胜强的世界著名战役"淝水之战"，留下了"风声鹤唳、草木皆兵"的千古佳话。

2023年，实现地区生产总值273.2亿元，增长7.2%；一般公共预算收入19.9亿元，增长3.6%；规模以上工业增加值增长13.3%；固定资产投资增长14.2%；社会消费品零售总额175.1亿元，增长6.6%；城镇居民人均可支配收入34897元，增长4.9%；农村居民人均可支配收入16371元，增长8%。2024年前三季度，实现地区生产总值210.7亿元，增长7%；一般公共预算收入15.8亿元，增长-3.8%；规模以上工业增加值增长18.4%；固定资产投资增长8.2%；社会消费品零售总额134.5亿元，增长5.4%；城镇居民人均可支配收入27864元，增长4.8%；农村居民人均可支配收入13512元，增长6.2%。

凤台县

凤台县位于淮河中游，淮北平原南缘，辖16个乡镇、250个村（社区）和1个省级经济开发区，面积894平方公里（不含毛集、焦岗、夏集三镇），常住人口62.7万。

历史悠久，人文荟萃。在西周时期称州来，后谓下蔡，是战国时期秦国丞相甘茂、少年上卿甘罗、三国大将周泰和北宋丞相吕夷简、吕公著的故里，素称"中州咽喉、江南屏障"。《清一统志》记载："县有凤凰台，相传曾有凤凰至，因名凤台。"清雍正十年（1732年）置县，沿革至今。

环境秀美，文化厚重。拥有3A级国家历史名胜旅游景区——茅仙洞风景区,八一林牧场被评为国家级水利风景。凤台花鼓灯和"火老虎"入选国家非物质文化遗产名录。先后被授予全国科技进步先进县、全国科普示范县、全国青少年普法教育示范区、全国粮食生产先进县、全国水稻机械化生产先行县、全国农作物病虫害专业化统防统治创建示范县、全国文明县城、全国园林县城、全国水稻机插秧先行县等。

资源丰富,优势鲜明。是淮河流域粮食生产主体功能区之一,是优质粮和鲜活农产品的主产区,素有"淮上明珠""不是江南,胜似江南"等美誉。凤台地处两淮煤田的中心地带,拥有丰富的煤炭资源,探明储量120亿吨,可开采储量100亿吨。拥有5对国家级大型矿井和2座火电厂,煤炭年产量3200万吨左右,年发电量160亿千瓦时,是我国重要的煤炭大县和火电大县。

交通便利,四通八达。203、102、308省道和淮阜铁路横贯境内,淮河、西淝河、永幸河、茨淮新河穿境而过,济祁高速、淮河二桥、商杭高铁相继建成通车。随着新港码头的加快建设,凤台的交通体系将更加完善。

政通人和,百业俱兴。主动融入长三角一体化发展,搭建"一区三园"

◎ 凤台县体育文化中心占地210亩,包括体育场、体育馆和绿化景观工程,其中体育馆内设有羽毛球馆、乒乓球馆、健身房、国民体质监测站等,体育场可容纳观众14000人

优质招商平台，持续优化营商环境，加快推进煤系固废循环经济产业园、中环低碳新能源光伏产业基地、国晟异质结双碳产业园、坤泰混动汽车变速器生产基地等重点项目建设，积极推动经济转型，经济社会发展态势稳中有进、稳中向好。

2023 年，实现地区生产总值 355.5 亿元，增长 3.7%；一般公共预算收入 30.9 亿元，增长 7.1%；规模以上工业增加值增长 2.8%；固定资产投资增长 1.2%；社会消费品零售总额 129.3 亿元，增长 3.3%；城镇居民人均可支配收入 44106 元，增长 4.6%；农村居民人均可支配收入 21218 元，增长 7.4%。2024 年前三季度，实现地区生产总值 284.4 亿元，增长 5%；一般公共预算收入 28 亿元，增长 –4.1%；规模以上工业增加值增长 0.8%；固定资产投资增长 3.8%；社会消费品零售总额 90.1 亿元，增长 5.9%；城镇居民人均可支配收入 37348 元，增长 4.6%；农村居民人均可支配收入 17283 元，增长 5.9%。

滁州市

滁州市位于安徽省东部，辖 2 市 2 区 4 县，拥有 1 个国家级经济技术开发区、1 个国家级高新区和 1 个省级高新区，面积 1.35 万平方公里，常住人口 405.5 万。

历史悠久，是帝王之乡。自隋开皇三年（583 年）设州至今已 1400 多年，为六朝京畿之地，有"金陵锁钥、江淮保障"之称、"形兼吴楚、气越淮扬"之誉。秦汉时期，九江郡郡治设在定远县东城；西晋末年，琅琊王司马睿由此东渡，建立东晋；五代时期，北宋开国皇帝赵匡胤在此击败南唐主力，奠定帝业；元朝末年，一代农民皇帝朱元璋在凤阳揭竿而起，开创大明王朝。

区位优越，是皖东门户。地处合肥、南京之间，是合肥都市圈和南京都市圈重要成员。京沪高铁、京沪铁路、沪汉蓉铁路等贯通境内，全国首条跨省城际铁路滁宁城际滁州段建成运营，沪宁合、合新、宁淮等铁路在建，12条高速公路穿境而过，乘高铁到南京仅需18分钟、到上海1.5小时、到北京3.5小时，距南京禄口机场、合肥新桥机场1.5小时左右车程。

底蕴深厚，是文化名城。是鲁肃、徐达、戚继光、吴敬梓等诸多历史文化名人故里。唐宋年间，李德裕、韦应物、王禹偁、欧阳修、辛弃疾等文学家、政治家先后治滁，留下德政遗风，千古名篇《醉翁亭记》、讽刺小说《儒林外史》享誉中外。明朝中期，一代心学宗师王阳明任太仆寺少卿讲学滁州，"儒风之盛、夙贯淮东"。

生态优美，是江淮明珠。南临长江、北枕淮河，山水林田湖草兼备。"滁"字即为山水城之意，国家5A级旅游景区琅琊山蔚然深秀，四大名亭之首醉翁亭古朴典雅，明皇陵和中都城气势恢宏，735万亩森林郁郁葱葱，千里淮河流金淌银，上千座水库星罗棋布、景冠江淮，是全国文明城市、国家森林城市、国家园林城市、平安中国建设示范市。

敢为人先，是改革源头。抗日战争时期，滁州是全国19个抗日根据地之一，刘少奇、罗炳辉、方毅、张云逸等老一辈革命家在滁留下光辉足迹。1978年，凤阳小岗村18户农民首创农业"大包干"，揭开了中国农村改革

◎2023年6月28日，穿城而过的滁宁城际铁路滁州段开通运营，这是全国首条跨省城际铁路

◎ 滁州琅琊阁，原名会峰亭、会峰阁，始建于明朝，是琅琊山风景名胜区的最高建筑物。2017年，琅琊山风景区管委会在原址重建了琅琊阁，重建后阁高24米，共七层，地下两层、地上五层

的序幕，被习近平总书记称为"我国改革开放的一声春雷"。近年来，滁州成功获批国家农村综合改革试验区，争取了农村宅基地制度改革、农村集体产权制度改革、农村产权流转交易规范化等整市试点。

海纳百川，是开放高地。中新苏滁高新区是中新合作的苏州工业园区走出江苏省的首个园区。2023年，全市新签约亿元项目513个、新开工510个、新竣工320个、新投产350个。"新三样"产业发展迅猛，先进光伏及新型储能产业产值1362亿元、增长56%，动力电池产业集聚了比亚迪、国轩、力神、天合等一批头部企业，新能源汽车产业规模以上企业483家、居全省第3位。一批高层次人才在滁创新创业，连续两年荣获"全国最佳引才城市"。

2023年，实现地区生产总值3782亿元，增长6.4%；一般公共预算收入298.2亿元，增长7.3%；规模以上工业增加值增长9%；固定资产投资增长9.5%；社会消费品零售总额1694.4亿元，增长8.9%；城镇居民人均可支配收入43423元，增长5.8%；农村居民人均可支配收入20176元，增长 8.3%。2024 年前三季度，实现地区生产总值 3024 亿元，增长 4.7%；一般公共预算收入 231.7 亿元，增长 1%；规模以上工业增加值增长 7.4%；固定资产投资增长 6.4%；社会消费品零售总额 1294.1 亿元，增长 3.3%；城镇居民人均可支配收入 34809 元，增长 3.5%；农村居民人均可支配收入 17330 元，增长 6.5%。

天长市

天长市素有"安徽东大门"之称，除一面与本省来安县接壤外，其余三面皆被江苏省五县（市、区）环抱。辖 14 个镇、2 个街道、1 个国家级高新技术产业开发区，面积 1770 平方公里，常住人口 61.3 万。是长三角经济圈成员城市、南京都市圈重要卫星城市，也是安徽东向发展战略的桥头堡和主阵地、长三角经济区重要的配套加工业生产基地。

历史悠久。开元十七年（729 年），为纪念唐玄宗李隆基生日，将每年的八月五日定为千秋节，并于天宝元年（742 年）"割江都、六合、高邮三县地置千秋县"。天宝七年，改千秋节为天长节，千秋县随之易名天长县。为纪念已故新四军罗炳辉将军曾两度更名为"炳辉县"。1993 年，经国务院批准撤县设市。

自然资源丰富。中国第六大淡水湖——高邮湖在天长境内水域 70 多平方公里。盛产粮、油、棉、水产品，1983 年被列为国家首批商品粮、商品油基地县，连续多年被评为全国粮食生产先进县。这里有金牛湖、红草湖、白塔河、川桥河等众多水系，有甘露饼、秦栏卤鹅、龙岗芡实、湖滨鱼圆等地方美食。

人文荟萃。涌现出史载"二十四孝"之一——北宋朱寿昌、清代状元戴兰芬、晚清作家宣鼎等文化名人。世界名曲、中国民歌《好一朵茉莉花》源于天长金集一带民间传唱的《鲜花调》，由天长籍军旅作曲家何仿采风整理而成。

工业较强，全民创业。全市现有市场主体 9.2 万家，其中上市公司 2 家、

◎ 天长市国家现代农业产业园规划面积 19.8 万亩，聚焦打造水稻和芡实两大主导产业，配套建设 1000 亩农产品加工物流集聚区，年产值 3.5 亿元，带动就业 1000 人以上

百亿企业 4 家、高新技术企业 305 家、规模以上企业 736 家、国家级专精特新企业 17 家，形成仪表电缆、合金材料、新能源三大主导产业和绿色食品、医药医疗用品及器械、电子信息三大潜力产业"3+3"产业体系。

2023 年，实现地区生产总值 701.4 亿元，增长 3.1%；一般公共预算收入 50.5 亿元，增长 8%；规模以上工业增加值增长 -5.7%；固定资产投资增长 11.9%；社会消费品零售总额 269.1 亿元，增长 10.7%；城镇居民人均可支配收入 46526 元，增长 6%；农村居民人均可支配收入 28232 元，增长 8.8%。

2024 年前三季度，实现地区生产总值 556.8 亿元，增长 6.7%；一般公共预算收入 44 亿元，增长 2.2%；规模以上工业增加值增长 8.4%；固定资产投资增长 15.4%；社会消费品零售总额 212.4 亿元，增长 4.9%；城镇居民人均可支配收入 39398 元，增长 3.7%；农村居民人均可支配收入 26488 元，增长 7.2%。

明光市

　　明光市辖 17 个乡镇（街道）、152 个村（居）和 1 个省级经济开发区，面积 2350 平方公里，常住人口 48.8 万，2023 年度县域综合实力居全省第 18 位。享有"嘉山秀水、生态明光"美誉，是全国科技先进市、全国文化先进市、国家园林城市、省级文明城市、省级卫生城市、省级森林城市、省级生态文明建设示范市。

　　区位优越。明光是南京都市圈、合肥都市圈双圈城市，深处长三角腹地，是南北之间重要通道。京沪铁路和宁洛高速、徐明高速、104 国道、345 国道、309 省道交织成网，淮河流经境内 43.5 公里，水运通江达海。

　　资源丰富。有世界上保存最完好的古火山口女山地质公园，华东地区唯一天然高原草场黄寨牧场，全省著名淡水湖女山湖，国家级森林公园老嘉山，凹土已探明储量 2227 万吨、品质居全国之首。明绿御酒、女山湖大闸蟹、明光梅鱼、明光绿豆、明光艾草等入选国家地理标志保护产品，明绿牌绿豆获全国农业博览会金奖。

◎ 黄寨草原总面积 34 平方公里，繁衍生息野生动物 20 余种、鸟类 100 余种、树木 80 余种。2023 年，黄寨草原·静港营地获评长三角精品体育旅游目的地

产业兴旺。是"绿色涂料之都",集聚了三棵树、嘉宝莉等一批水性涂料企业,获评国家级绿色工业园区。中国凹凸棒产业小镇加快建设,获评国家火炬特色产业基地,全力推动"黄金资源"产出"黄金效益"。光伏产业无中生有,投资 80 亿元的美达伦光伏竣工投产,投资 50 亿元的天铂新能源一期试生产、二期加快建设。实施营商环境提升行动,全力擦亮"亭满意·一嘉亲"品牌。

2023 年,实现地区生产总值 306.5 亿元,增长 6.9%;一般公共预算收入 24.6 亿元,增长 10%;规模以上工业增加值增长 7.9%;固定资产投资增长 5.7%;社会消费品零售总额 194.9 亿元,增长 9.3%;城镇居民人均可支配收入 39714 元,增长 6%;农村居民人均可支配收入 18790 元,增长 8.8%。2024 年前三季度,实现地区生产总值 253 亿元,增长 5.7%;一般公共预算收入 18.1 亿元,增长 2%;规模以上工业增加值增长 18.6%;固定资产投资增长 4.5%;社会消费品零售总额 150.2 亿元,增长 4.6%;城镇居民人均可支配收入 30387 元,增长 3.2%;农村居民人均可支配收入 15265 元,增长 7%。

全椒县

全椒县位于安徽省东部,辖 10 个乡镇和 1 个省级经济开发区,面积 1568 平方公里,常住人口 40.2 万。

这里有历久弥新的人文古韵。西汉置县距今已有 2200 多年历史,孕育了"太平文化""儒林文化",哺育了"开讽刺小说之先河"《儒林外史》作者吴敬梓、明代"四大高僧"之一憨山大师、唐代宰相邢文伟、宋代名相张泊、中国奥运金牌第一人许海峰等乡贤名士。始于东汉的"正月十六走太平"民俗活动为安徽首批非物质文化遗产,以"中国民间文化艺术之乡"享誉海内外。

这里有钟灵毓秀的生态雅韵。由西北至东南呈"三山五丘二分圩"地貌,既有"三山、两河、三湖"等生态风光,也有吴敬梓故居、太平古城等人文景区。森林覆盖率超 40%，空气质量居长三角城市群前列，集全国绿化模范县、全省旅游强县、全省全域旅游示范区、省级园林县城、长三角高铁旅游小城等诸多美誉于一体。

这里有左右逢源的发展气韵。东临南京 48 公里，西接合肥 98 公里，是全国唯一连接两个万亿级省会城市的县，也是京沪高铁、沪汉蓉高铁的唯一交会点，素有"江淮背腹""吴楚冲衢"之称。境内有 1 个港口、3 个高铁站、4 条高速和 6 个高速道口，高铁至南京 18 分钟、至合肥 38 分钟、至上海杭州 90 分钟。

这里有活力涌动的奋进神韵。聚焦新能源电池、先进光伏、新能源汽车配套等，推进高端装备制造、智能家电、新型建材等制造业转型升级，抢占半导体新材料产业赛道。是国家级火炬特色产业基地、全国电子新材料产业示范基地、全省制造业发展综合十强县，节能环保内燃机产业获批全省首批县域特色产业基地。

这里有薪火相传的红色底韵。是皖东地区著名的红色摇篮、中共皖东工委的主要活动地，也是中共苏皖省委成立地，徐海东、张云逸、罗炳辉等老一辈革命家曾在此战斗过。1938 年新四军进驻周家岗，开辟抗日根据地。1939 年 12 月，在刘少奇、徐海东的指挥下，取得津浦路西反"扫荡"胜利，是我军以少胜多经典战例，被誉为"平型关第二"。

2023 年，实现地区生产总值 353.7 亿元，增长 7.5%；一般公共预算

◎ 龙山樱花园，占地 1200 亩，共收集国内外樱花品种 150 个，培育 6 个自主产权的樱花品种，南京林业大学等多家高校、科研院所将这里作为科研基地

收入 27 亿元, 增长 10.1%; 规模以上工业增加值增长 7.6%; 固定资产投资增长 13.6%; 社会消费品零售总额 199.8 亿元, 增长 9.8%; 城镇居民人均可支配收入 41133 元, 增长 6.3%; 农村居民人均可支配收入 20574 元, 增长 8.1%。2024 年前三季度, 实现地区生产总值 279 亿元, 增长 5%; 一般公共预算收入 19.6 亿元, 增长 1%; 规模以上工业增加值增长 10.2%; 固定资产投资增长 12.4%; 社会消费品零售总额 149.6 亿元, 增长 4.2%; 城镇居民人均可支配收入 33085 元, 增长 3.5%; 农村居民人均可支配收入 18155 元, 增长 7.1%。

来安县

来安县位于合肥都市圈和南京都市圈双重叠加区, 是安徽省东向发展的最前沿、长三角一体化发展先行区, 辖 12 个乡镇, 面积 1481 平方公里, 常住人口 42.4 万。

历史悠久。始建于秦始皇二十六年 (前 221 年), 称建阳县, 后几易县名, 至南唐中兴元年 (958 年) 定名来安县, 建县已有 2200 多年历史。相传舜帝曾在来安舜歌山与樵夫对歌, 尊胜禅院至今保存有曹雪芹祖父曹寅撰写的碑刻。

人文荟萃。抗日战争期间, 来安县是淮南抗日民主根据地的中心地区, 刘少奇、张云逸等老一辈无产阶级革命家在此生活、战斗过。是全国著名的 "将军县", 曾任解放军战略支援部队政委刘福连、南部战区司令员王教成都是来安籍人士。

区位独特。地处全国首个跨省都市圈——"南京都市圈" 西北方, 是中国版图上距邻省省会城市最近的县。所辖汊河新区与南京江北新区一河之隔, 距南京地铁三号线林场站 8 公里、离南京长江大桥 16 公里。顶山—汊河省际毗邻地区新型功能区建设上升为国家战略。

交通便捷。境内宁洛、滁马高速和 104、345 国道横贯纵穿, 县城距南京禄口国际机场 110 公里, 离京沪高铁滁州站仅 17 公里, 内河航运直通长江，滁宁城际铁路（滁州段）投入运营，来安步入"城铁时代"。

产业鲜明。经过多年的积累和发展，建成了省级经济技术开发区、"5+X"现代农业示范区，集聚形成了新型化工、健康食品、文具礼品三大传统产业，积极培育新能源、新材料、智能装备制造、电子信息、生物医药五大新兴产业。

品牌众多。农村生活垃圾治理组合收运模式被住建部列为全国三大模式之一，成为"国字号"招牌。先后荣获全国第二批农村集体产权制度改革典型、全国营商环境百佳示范县、省投资环境十佳县等殊荣。

2023年，实现地区生产总值411.9亿元，增长7.4%；一般公共预算收入28亿元，增长10.2%；规模以上工业增加值增长17%；社会消费品零售总额165.6亿元，增长7.9%；城镇居民人均可支配收入45699元，增长6%；农村居民人均可支配收入20204元，增长8.6%。2024年前三季度，实现地区生产总值305.5亿元，增长–3.3%；一般公共预算收入21.1亿元，

◎ 近年来，来安县践行"绿水青山就是金山银山"理念，打造生态空间，让珍稀鸟类从"稀客"变成了"常客"。图为三城镇天涧村的一处水面，野生天鹅在水中游走、觅食、栖息

增长 0.3%；规模以上工业增加值增长 -16.5%；固定资产投资增长 -13.4%；社会消费品零售总额 130.1 亿元，增长 1.2%；城镇居民人均可支配收入 36947 元，增长 3.3%；农村居民人均可支配收入 18963 元，增长 6.3%。

凤阳县

凤阳地处中国南北分界线上，位于淮河中游南岸，辖 15 个乡镇、2 个街道、1 个省级经济开发区，面积 1949.5 平方公里，常住人口 63.9 万。

历史积淀厚重。古为淮夷之地，春秋为钟离子国，诞生了庄周惠施"濠梁观鱼"的历史典故，洋溢着"钓台春涨"的诗情画意，留下了蓝采和"得道成仙"的美丽传说。是大明王朝"龙兴之地"，明洪武二年（1369 年）朱元璋诏以临濠（凤阳）为中都，"命有司建置城池宫阙如京师之制"，在凤阳兴建大明中都城。明洪武七年（1374 年），朱元璋迁凤阳府治于凤凰山之阳，赐名家乡"凤阳"。

改革基因赓续。小岗村是中国农村改革的主要发源地。2018 年庆祝改革开放 40 周年大会上，小岗村"大包干"带头人作为唯一一集体荣获"改革先锋"称号，并在大会上第一个接受习近平总书记亲自颁奖。美丽乡村标准化试点、集体土地确权登记、农村集体资产股份合作、宅基地制度改革等一批改革试点走在全省乃至全国前列。

硅基产业集聚。境内石英岩矿探明储量约 100 亿吨，储量、品位和开采价值均居全国第一，被授予"中国优质石英砂原料基地""中国日用玻璃产业基地"等称号。近三年每年都有百亿项目签约，聚集国内光伏组件出货量 Top10 企业 2 家、光伏玻璃产能 Top5 企业 2 家，全球最大的光伏玻璃生产线、单体最大的高分散白炭黑生产线和浮法玻璃生产线、全国最大的日用玻璃器皿生产企业均坐落于此。

文化魅力独特。是省级园林城市、森林城市、卫生县城。凤阳花鼓和凤阳民歌被列为国家非物质文化遗产，凤画是安徽省首批省级非物质文化遗产。全国重点文物保护单位明中都皇故城成为安徽省第一个国家考

◎ 洪武门以明朝开国皇帝朱元璋的年号命名，始建于洪武七年（1374年），复建完工于2022年8月，与大明门、承天门、午门南北相呼应，再现明中都南北中轴线的绚丽与辉煌

古遗址公园，拥有明皇陵、龙兴寺、鼓楼、钟楼，小岗村国家4A级旅游景区，省级重点文物保护单位钟离城遗址，淮干工程进洪闸"一塔一阁"，凤阳山国家地质公园及国家4A级风景名胜区狼巷迷谷、江北第一洞——韭山洞，形成了独具特色的"金红蓝绿"四色旅游板块，被授予"中国最佳文化休闲旅游县""中国最美生态文化旅游名县"称号。

2023年，实现地区生产总值524.4亿元，增长8.4%；一般公共预算收入45亿元，增长11.1%；规模以上工业增加值增长23.4%；固定资产投资增长10.7%；社会消费品零售总额270.1亿元，增长8.5%；城镇居民人均可支配收入36130元，增长6.4%；农村居民人均可支配收入17811元，增长8.4%。2024年前三季度，实现地区生产总值428.4亿元，增长5.3%；一般公共预算收入34.3亿元，增长9%；规模以上工业增加值增长11.2%；固定资产投资增长16.2%；社会消费品零售总额206.5亿元，增长 3.2%；城镇居民人均可支配收入 25479 元，增长 3.6%；农村居民人均可支配收入 14835 元，增长 6%。

定远县

定远地处我省江淮分水岭北侧，辖 22 个乡镇、2 个园区，面积 3001 平方公里，常住人口 67.6 万。

此地定远：定格历史，探寻人文之悠远。境内侯家寨遗址，距今约 7300 年，首次将安徽有人类历史推到 7000 年前。南北朝梁武帝普通五年（524 年）置定远县，古寓"安定远方"之意。1500 年来，涌现出鲁肃、董槐、李善长、胡惟庸、蓝玉、戚继光等风云人物，自古享有"将相故里"和"怀诗、寿字、定文章"之美誉。抗战时期，刘少奇、张云逸、徐海东等老一辈无产阶级革命家都在此留下光辉战斗足迹。已安葬 1200 余名烈士忠骨的王小庙无名烈士陵园，是迄今为止全国最大的新四军无名烈士墓群；藕塘烈士陵园及中原局第三次会议旧址列入全国红色旅游经典景区。

此地定远：定义融合，不惧空间之遥远。古有"境连八邑，衢通九省"之誉，今有"定始远方、朝发午至"之名。京沪高铁和京台、滁淮、明巢高速以及 328、329 国道穿境而过，与正在建设的合新高铁构成"六纵七横"的综合交通网络，到南京仅 0.5 小时，到上海 2 小时，到北京 4 小时。

此地定远：定位鲜明，必将行稳而致远。是全国商品粮油大县、全国生猪生产大县、全国岩盐资源大县、全国石膏资源大县。已探明有岩盐、石膏等品种 23 个，其中岩盐储量 20 亿吨，安徽独有。依托岩盐资源，建设全省四大新型化工基地之一的盐化工业园，也是省内唯一的盐化工基地，现行土地规划总面积 17.53 平方公里，目前已建成 14.44 平方公里。围绕"虾、猪、鹅、菌、草"等农业特色产业，引进品享牧业、众兴菌业、光明乳业等头部企业。"定有良材"区域公用品牌影响力不断扩大，"袁定大米""定远黑猪""池河梅白鱼"深受全国各地欢迎。

此地定远：定当为民，感悟情怀之深远。民生投入每年保持一般公共

◎ 定远县聚焦绿色低碳转型发展，大力发展光伏发电等绿色清洁能源，实施"生态＋电力"助力碳达峰、碳中和目标实现，带动地方实现经济、生态双丰收

预算支出的 85% 以上。巩固拓展脱贫攻坚成果同乡村振兴有效衔接全面推进，省级成效考核"七年七好"。江巷水库下闸蓄水，驷马山滁河四级站干渠开工建设，共饮长江水指日可待。定远教育蜚声在外，2023 年高考 7 人被清华北大录取。

　　2023 年，实现地区生产总值 393.3 亿元，增长 4.8%；一般公共预算收入 27.3 亿元，增长 5.9%；规模以上工业增加值增长 1%；固定资产投资增长 11.1%；社会消费品零售总额 207.7 亿元，增长 8.2%；城镇居民人均可支配收入 39353 元，增长 6.2%；农村居民人均可支配收入 18733 元，增长 8.2%。2024 年前三季度，实现地区生产总值 301.4 亿元，增长 5.7%；一般公共预算收入 20.9 亿元，增长 0.2%；规模以上工业增加值增长 12.8%；固定资产投资增长 4%；社会消费品零售总额 137.7 亿元，增长 -3%；城镇居民人均可支配收入 30959 元，增长 3.8%；农村居民人均可支配收入 14610 元，增长 6.1%。

走进安徽
2024 版

六安市

六安市位于安徽省西部，大别山北麓，俗称"皖西"，是大别山区域中心城市。2000年3月，省辖六安市成立，现辖4县3区，设六安经济技术开发区，面积15451平方公里，常住人口434万。

六安是一个历史悠久、人文荟萃的文明城市。"上古四圣"之一皋陶后裔分封于此，故六安又称"皋城"。公元前121年，汉武帝取"六地平安"之意，置六安国。古往今来，这块土地人文荟萃。汉初诸侯英布、汉代"开巴蜀教化之风"的文翁、三国名将周瑜、东晋重臣何充、"宋画第一"李公麟、明代我国兽医学鼻祖喻本元喻本亨兄弟、清朝大学士周祖培、民国执政段祺瑞、左翼作家蒋光慈、民主斗士朱蕴山等一大批著名人物均诞生于此。

六安是一个英雄辈出、将星璀璨的红色城市。这里是全国著名的革命老区，中国革命的重要策源地、人民军队的重要发源地，走出了108位开国将军，全国9个将军县中，六安就有两个（金寨县和原六安县）。1929年，相继爆发了立夏节起义和六霍起义，诞生了红十一军第三十二、第三十三师，创建了皖西革命根据地。1947年，刘邓大军千里跃进大别山，成为中国人民解放战争的重大转折点。

六安是一个交通便利、区位优越的枢纽城市。312等8条国道，合九等5条铁路，沪蓉等6条高速公路纵横全境。公路通车里程、普通国省干线公路通车里程均列全省第一。从六安乘高铁，24分钟到合肥，1.5小时到南京、武汉，3小时到上海，5.5小时到北京。距合肥新桥国际机场仅1小时车程，被交通运输部确定为陆路交通运输枢纽城市。

六安是一个资源富集、特色彰显的美丽城市。这里有新中国第一坝佛子岭等六大水库，有世界七大人工灌区之一、我国最大的人工灌区——

◎ 六安是中国革命的重要策源地，是人民军队的重要发源地，从这里走出了108位开国将军，被誉为"将军的故乡"。图为金寨县革命博物馆将星璀璨展厅，展示了59位金寨籍开国将军

淠史杭灌区。矿产资源富饶，有40多种金属矿和非金属矿。其中，霍邱铁矿已探明储量25亿吨以上，居华东第1位、全国第5位；金寨钼矿已探明储量230万吨以上。六安有5A级旅游景区2个、4A级旅游景区26个，南部板块的大别山区千峰竞秀，是国家地质公园所在地之一；中部板块的江淮分水岭千坡相依，是众多名优特精农产品的主产区；北部板块的沿淮平原区千里平畴，是国家重要优质粮油生产基地。

2023年，实现地区生产总值2113.4亿元，增长6.2%；一般公共预算收入173.6亿元，增长7.7%；规模以上工业增加值增长7.8%；固定资产投资增长9%；社会消费品零售总额1283.9亿元，增长8.5%；城镇居民人均可支配收入41279元，增长6.2%；农村居民人均可支配收入18696元，增长8.6%。2024年前三季度，实现地区生产总值1678亿元，增长5.1%；一般公共预算收入140.9亿元，增长2.1%；规模以上工业增加值增长8.4%；固定资产投资增长4.6%；社会消费品零售总额990.9亿元，增长3.6%；

◎ 六安河西环境优势突出，毗邻安徽淠河国家湿地公园，区域内自然生态环境良好，景观资源丰富，正在逐步打造集休闲、商贸、文旅功能于一体的综合性片区

城镇居民人均可支配收入 32571 元，增长 3.6%；农村居民人均可支配收入 15601 元，增长 6.7%。

霍山县

霍山县位于安徽省西部大别山腹地，淮河一级支流淠河源头，现辖 16 个乡镇、1 个进入国家级培育期的省级经济开发区、144 个村（居），面积 2043 平方公里，常住人口 28.1 万，是一个典型的山区、库区、革命老区县。

霍山历史厚重。这里有 4000 多年的城邑发展史，据《史记·夏本纪》记载，霍山城（最早称"英"）在夏朝前夕建立，是文献记载的中华城市四大鼻祖之一。霍山有着光荣的革命传统，在安徽革命史上创下了组织发动

◎霍山县聚焦乡村产业振兴，因地制宜大力发展石斛产业，一体推进石斛种植基地、品牌等建设。图为霍山县朱家畈村石斛种植基地

第一次民团起义——诸佛庵民团起义、组建皖西第一支正规红军——红十一军第三十三师、成立安徽第一个县级苏维埃政府——霍山县苏维埃政府、成为安徽第一个全境赤化县等"四个第一"。

霍山生态优良。这里是天然氧吧，森林覆盖率76%；这里是仙草故里，有生物6500余种，植物类中药材1793种，其中"软黄金"霍山石斛名列"中华九大仙草"之首；这里是神奇绿谷，有千米以上高山31座，海拔1777米的大别山主峰白马尖雄踞境内；这里是"中国好水"优质水源地，"新中国第一坝"巍然耸立，81座大、中型水库共同构成风光旖旎的佛子岭水库群。

霍山发展迅速。这里区位优越，东连合肥都市圈，西靠武汉城市圈。高端装备制造、绿色农产品加工两大主导产业加速集群聚集发展，先后被评为首批国家全域旅游示范区、全国"绿水青山就是金山银山"实践创新基地、国家第六批生态文明建设示范区、全国绿色发展百强县市。

2023年，实现地区生产总值220.1亿元，增长8%；一般公共预算收入18.8亿元，增长11.6%；规模以上工业增加值增长8.5%；固定资产投资增长31.6%；社会消费品零售总额108.4亿元，增长3.1%；城镇居民人均可支配收入 40726 元, 增长 6.5%; 农村居民人均可支配收入 20678 元, 增长 8.3%。2024 年前三季度, 实现地区生产总值 172.3 亿元, 增长 5.5%; 一般公共预算收入 16.2 亿元, 增长 4.2%; 规模以上工业增加值增长 10.4%; 固定资产投资增长 14.5%; 社会消费品零售总额 90.8 亿元, 增长 5%; 城镇居民人均可支配收入 33223 元, 增长 3.9%; 农村居民人均可支配收入 16637 元, 增长 6.6%。

霍邱县

霍邱县位于大别山北麓、淮河中游南岸, 是革命老区县、沿淮行蓄洪区县, 行蓄洪区面积占全省的三分之一, 现辖 30 个乡镇、1 个省级经济开发区, 面积 3239 平方公里, 常住人口 92.8 万。

霍邱是英才辈出的灵秀之地。西周建制始为蓼国, 隋开皇十九年(599年)设县, 距今已有 1400 多年历史。1918 年, 中国共产党的创始人之一陈独秀在这里传播马克思主义, 宣传新文化思想。1926 年建立党组织, 是安徽省建立党组织较早的地区之一。历次革命中有两万多名优秀儿女英勇献身, 是一方红色热土。

霍邱是水草丰美的鱼米之乡。耕地面积 299.76 万亩, 粮食生产全国先进, 总产量连续 4 年全省第一, 是全省粮食生产十强县。不少特色农产品具有"国冠省强"之誉, 稻虾综合种养面积全省第一, 被授予中国生态稻虾第一县、中国小龙虾产业十强县; 是全国最大的鹅肥肝生产加工基地, 产销量占全国的三分之一。拥有"霍邱龙虾""霍邱麻黄鸡""霍邱鹅肥肝""临水酒""霍邱大米""霍邱芡实""霍邱柳编""霍邱土鸡蛋""霍邱虾田米"等国家地理标志证明商标 9 件。

霍邱是城湖相依的滨水之都。头枕大别山, 面朝淮河水, 怀抱东西湖, 坐拥水门塘。是省级文明县城, 正在创建省级文明城市。境内有三大湖泊、四座中型水库、四条淮河支流, 常年水资源总量 10 亿立方米以上。国家4A 级旅游景区临淮岗工程气势恢宏, 千年古塘水门塘被誉为"皖西千岛湖"，李氏庄园是全国重点文物保护单位，城东湖、城西湖是国家级湿地保护区。

霍邱是宜居宜业的魅力之城。铁矿探明储量25亿吨，远景储量35亿吨以上，居全国第5位、华东第1位。六安钢铁集团连续两年跻身中国企业500强、中国制造业企业500强，辐射带动钢铁配套产业和服务业蓬勃发展。105国道、济广高速、阜六铁路纵贯南北，328国道连接东西，合霍阜高速建成通车，跻身合肥1小时交通圈，淮河航运通江达海，临淮岗复线船闸已具备通航条件，周集公用码头项目加快推进，内联外畅、便捷高效、多式联运、立体综合的现代交通网络加快构建。

2023年，实现地区生产总值297.3亿元，增长5.5%；一般公共预算收入26.2亿元，增长4.6%；规模以上工业增加值增长6.5%；固定资产投资增长0.1%；社会消费品零售总额173.3亿元，增长8.2%；城镇居民人均可支配收入36309元，增长6.2%；农村居民人均可支配收入17454元，增长8.3%。2024年前三季度，实现地区生产总值207.3亿元，增长5.3%；一般公共预算收入20.6亿元，增长0.4%；规模以上工业增加值增长2.4%；固定资产投资增长4%；社会消费品零售总额131.8亿元，增长5.2%；城镇居民人均可支配收入28603元，增长3.4%；农村居民人均可支配收入15640元，增长6.8%。

◎ 临淮岗洪水控制工程是中国治淮19项骨干工程之一，大坝总长度76.51公里，是迄今为止淮河上最大的水利枢纽工程，与长江三峡、黄河小浪底工程齐名

金寨县

金寨县地处大别山腹地、鄂豫皖三省结合部，现辖 23 个乡镇、1 个省级经济开发区、232 个村（居），面积 3919 平方公里，常住人口 49 万，是安徽省面积最大、山库区人口最多的县。

金寨是红色奉献的土地。1929 年，境内爆发了立夏节起义和六霍起义，先后组建了 12 支主力红军队伍，是红四方面军的主要发源地和鄂豫皖革命根据地的核心区。抗日战争时期，金寨是全省抗日救亡运动的领导中心，解放战争时期是刘邓大军千里跃进大别山的前方指挥部所在地。革命战争年代，10 万金寨儿女为国捐躯，走出了洪学智、皮定均等 59 位开国将军，被誉为"红军的摇篮、将军的故乡"。

金寨是资源富集的土地。境内有 5A 级旅游景区 1 个、4A 级旅游景区 7 个、3A 级旅游景区 7 个，被评为"国家全域旅游示范区"。全县拥有林地 440 万亩，森林覆盖率 75%，是六安瓜片的原产地和国家出口食品农产品质量安全示范区。蕴藏各类矿藏 20 多种，其中钼矿储量位居世界第二、亚洲第一。

金寨是区位优越的土地。合武高速、和襄高速贯穿全境，沪汉蓉快速铁路、沪渝蓉高铁穿县而过，紧邻宁西铁路、312 国道，东融合肥都市圈，南依皖江城市带承接产业转移示范区，西靠武汉都市圈。

金寨是充满希望的土地。全国人大对口帮扶实施"5+1"项目，省委、省政府作出"抓金寨促全省"扶贫开发战略部署，特别是 2016 年 4 月 24 日至 25 日，习近平总书记亲临金寨考察指导并发表重要讲话，为老区发展指明前进方向，金寨迈入了历史上最好的发展时期。

2023 年，实现地区生产总值 252.1 亿元，增长 7.1%；一般公共预算收入 23.5 亿元，增长 17.6%；规模以上工业增加值增长 18.1%；固定资产投资增长 12.1%；社会消费品零售总额 179.4 亿元，增长 9.1%；城镇居民人均可支配收入 35287 元，增长 5.8%；农村居民人均可支配收入

◎ 金寨县革命烈士纪念塔建于 1964 年，塔身正面镌刻着刘伯承元帅亲笔题写的"燎原星火"四个镀金大字。2016 年 4 月 24 日，习近平总书记考察金寨时，在这里向烈士纪念塔敬献花篮

17672 元，增长 8.9%。2024 年前三季度，实现地区生产总值 199.3 亿元，增长 5.9%；一般公共预算收入 18.7 亿元，增长 0.1%；规模以上工业增加值增长 11.1%；固定资产投资增长 8.6%；社会消费品零售总额 141.1 亿元，增长 5.5%；城镇居民人均可支配收入 28007 元，增长 3.8%；农村居民人均可支配收入 14513 元，增长 7.2%。

舒城县

舒城县地处安徽省中部，大别山东麓，合肥近郊，集山区、库区、老区、巢湖生态屏障及合肥饮用水源保护区于一体，面积 2100 平方公里，常住人口 68.4 万。

舒城历史悠久。汉高祖四年（前203年）置舒县，唐开元二十三年（735年）设舒城县，建县至今已有2200多年。历史名人中古代有公学始祖文翁、三国名将周瑜、宋画宗师李公麟等，近代有中国共产党初期"情报三杰"之一的胡底等。

舒城区位优越。自古即有"淮南羽翼、皖北咽喉、七省通衢、五方要冲"之称。合九铁路、京台高速、206国道、105国道贯穿县境，水路通巢湖达长江，德上高速、和襄高速、合安九高铁过境舒城，是全国"四好农村路"和"交通运输一体化"示范县。县城到新桥国际机场60分钟车程，杭埠开发区离省行政中心驻地仅25分钟车程。

舒城环境优美。境内有5A级旅游景区1个、4A级旅游景区1个、3A级旅游景区4个，有万佛湖、国家地质公园万佛山、三国遗址周瑜城、汤池温泉等丰富旅游资源，全县森林覆盖率48.8%，被誉为"安徽的北戴河，合肥的后花园"。

舒城资源丰富。是全国有名的油茶重点县、板栗生产大县、中国茶业百强县，白霜雾毫、"舒城小兰花"等名优茶品牌多次在国内外获奖，"万佛湖鱼头"获得全国首批国家无公害有机食品认证。境内已探明大理石、萤石矿、黄砂等地下矿藏20多种。

2023年，实现地区生产总值389.2亿元，增长5.5%；一般公共预算

◎ 万佛湖（龙河口水库）始建于1958年，是淠史杭灌区的重要组成部分，以世界地质奇观榴辉岩和千米人工土坝闻名海内外。万佛湖风景区为国家5A级旅游景区，是中国首批国家水利风景区

收入 23.4 亿元, 增长 7.2%; 规模以上工业增加值增长 7.9%; 固定资产投资增长 17.6%; 社会消费品零售总额 189.1 亿元, 增长 8.4%; 城镇居民人均可支配收入 38253 元, 增长 5.8%; 农村居民人均可支配收入 18844 元, 增长 8.8%。2024 年前三季度, 实现地区生产总值 330.2 亿元, 增长 5.6%; 一般公共预算收入 15.5 亿元, 增长 -9.5%; 规模以上工业增加值增长 13.1%; 固定资产投资增长 -1.6%; 社会消费品零售总额 144.4 亿元, 增长 1.3%; 城镇居民人均可支配收入 30736 元, 增长 3.6%; 农村居民人均可支配收入 14633 元, 增长 7%。

马鞍山市

马鞍山地处安徽省最东端, 现辖 3 县 3 区, 拥有 3 个国家级和 6 个省级开发园区, 面积 4044 平方公里, 常住人口 219 万。2020 年 8 月 19 日, 习近平总书记亲临考察, 赋予马鞍山打造安徽的"杭嘉湖"、长三角的"白菜心"新发展定位, 在马鞍山发展史上具有极其重大的里程碑意义。

马鞍山是一座古今辉映的文明之城。马鞍山既古老又年轻。说古老, 是因为历史悠久, 长江文化源远流长, 近 40 万年前, 和县猿人在此繁衍生息; 含山县凌家滩遗址, 距今约 5800—5300 年。诗仙李白在马鞍山写下《望天门山》等 60 余首壮丽诗篇, 《千字文》《陋室铭》等传世佳作均创作于此。说年轻, 是因为马鞍山 1956 年建市, 2009 年获评中部地区首个全国文明城市并蝉联五届。

马鞍山是一座左右逢源的开放之城。区位优势突出, 处于长三角几何中心, 地理位置属于东部城市, 行政区划属于中部城市, 是南京、合肥都市圈的"双圈城市"。区位好成本低, 毗邻南京, 乘高铁到南京仅 17 分钟, 到南京的地铁正在加快建设; 综合商务成本只有南京的 60%。科技创

◎ 2019年马鞍山市开展长江东岸综合整治，将薛家洼区域打造成为市民运动观光休闲胜地。2020年8月19日，习近平总书记亲临薛家洼生态园考察

新能力强，拥有安徽工业大学等6所高校、国家级创新平台21家，连续4年进入中国最具人才吸引力城市百强榜单，是国家创新型城市。营商环境优，亩均效益评价、"标准地"等一批改革经验在安徽推广，营商环境考核居安徽前列，正在加快打造创业城市。开放平台叠加，长江穿城而过，港口实现江海联运，拥有马鞍山综合保税区、国家跨境电商综合试验区、安徽自贸区马鞍山联动创新区等对外开放平台。

马鞍山是一座刚柔并济的产业之城。"刚"是指马鞍山是一座钢铁城市、工业城市。因钢设市，先有马钢，后有马鞍山市，工业门类齐全，产业配套能力较强。"柔"是指新兴产业和现代服务业、现代农业发展势头强劲。打造"1+3+N"产业集群升级版，拥有宝武马钢、吉利汉马、格力、蒙牛、奥克斯等知名企业。

马鞍山是一座山水相间的生态之城。马鞍山城市依山环湖拥江，城镇化率73.6%，建成区绿化覆盖率44.7%；是国家卫生城市、园林城市、森林城市、环保模范城市，获批全国黑臭水体治理示范城市、海绵城市建设示范城市，正在创建国家生态文明建设示范市。

2023年，实现地区生产总值2590.6亿元，增长5.7%；一般公共预算

◎马鞍山以企业智能化改造为主攻方向，推动制造业数字化、网络化、智能化转型，加快打造长三角有影响力的"智"造名城。图为马钢炼铁智控中心内景

收入 208.4 亿元，增长 1.7%；规模以上工业增加值增长 5.7%；固定资产投资增长 7.5%；社会消费品零售总额 1047.7 亿元，增长 9.3%；城镇居民人均可支配收入 62510 元，增长 5.2%；农村居民人均可支配收入 32670 元，增长 7.6%。2024 年前三季度，实现地区生产总值 2113 亿元，增长 5.8%；一般公共预算收入 162.6 亿元，增长 3.5%；规模以上工业增加值增长 5.9%；固定资产投资增长 5%；社会消费品零售总额 813.1 亿元，增长 5.1%；城镇居民人均可支配收入 48740 元，增长 4.7%；农村居民人均可支配收入 23254 元，增长 7%。

含山县

含山县地处南京、合肥两大都市圈的叠加地带，现辖 8 个镇、119 个村（居），面积 1028 平方公里，常住人口 33.9 万，先后荣获平安中国建设示范县、国家生态文明建设示范区、全国信访工作示范县、全国品牌农业示范县、中国最美人文休闲旅游名县等称号。

含山是一座历史悠久、文化灿烂的魅力之城。唐武德六年（623年）置县，因"群山列峙，势若吞含"得名。境内的凌家滩古文化遗址，是实证五千多年文明的圣地，也是中国史前三大玉文化中心之一，被国内考古界称为"中华远古文明的曙光"，2021年入选"全国百年百大考古发现"，凌家滩考古遗址公园成功获批第四批国家考古遗址公园。伍子胥过昭关、王安石作《游褒禅山记》、三国古战场东关等传奇故事家喻户晓。

含山是一座山清水秀、生态优美的绿色之城。具有"山、水、绿、园"的生态特色，全县森林覆盖率35%，城市建成区绿化覆盖率42.5%，全年优良天气率83.6%，拥有太湖山国家森林公园、褒禅山省级地质公园、大渔滩省级湿地公园、裕溪河市级湿地公园，建成省级美丽中心村48个，被纳入国家全域旅游示范区创建单位，正在争创国家"绿水青山就是金山银山"实践创新基地。

含山是一座前景广阔、充满活力的希望之城。位于南京、合肥、马鞍山、芜湖、滁州五市中间地带，距一类口岸郑蒲港仅25公里，裕溪河、滁

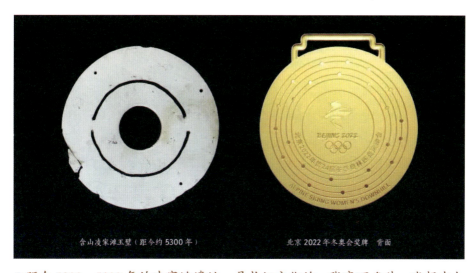

含山凌家滩玉璧（距今约5300年）　　北京2022年冬奥会奖牌　背面

◎ 距今5800—5300年的凌家滩遗址，是长江文化的一张亮丽名片，发掘出大批精美玉礼器、石器、陶器，北京冬奥会奖牌背面设计灵感，即源自凌家滩遗址出土的双连玉璧。图为凌家滩玉璧与北京冬奥会奖牌

河等4条河流直达长江，具有临江近海优势。合芜、合马、北沿江高速，国道346、329，淮南铁路、京福高铁、商合杭高铁和正在建设的巢马城际铁路穿境而过。被誉为"华东铸造之乡"，绿色智能铸造产业集群建设成效连续4年位居全省前列。当前正依托铸造产业基础，瞄准周边整车市场，大力发展新能源汽车零部件首位产业，引进哈金森、爱柯迪、贝斯特、华孚科技等一批世界500强、上市公司。

2023年，实现地区生产总值276.9亿元，增长7.8%；一般公共预算收入17.5亿元，增长6%；规模以上工业增加值增长11%；固定资产投资增长16%；社会消费品零售总额130亿元，增长10%；城镇居民人均可支配收入44615元，增长5.4%；农村居民人均可支配收入28921元，增长7.6%。2024年前三季度，实现地区生产总值219.6亿元，增长7.6%；一般公共预算收入13.8亿元，增长0.6%；规模以上工业增加值增长8.7%；固定资产投资增长16.3%；社会消费品零售总额105.1亿元，增长6.2%；城镇居民人均可支配收入37659元，增长4.5%；农村居民人均可支配收入19999元，增长7.1%。

和　县

和县地处皖东，濒临长江，拥有"青山绿水到江沿，土地一半是良田"的良好自然禀赋，现辖9个镇、1个省级经济开发区、1个台湾农民创业园，面积1319平方公里，常住人口41.1万。

和县是历史文化名城。公元前221年置历阳县，属九江郡；555年，南梁、北齐在此议和，遂改名和州；辛亥革命后，改称和县。距今已有2200多年历史。1996年被省政府批准为第二批安徽省历史文化名城，境内有和县猿人、霸王祠、天门山、陋室等4个历史文化景点入选中小学教科书。

和县是中国蔬菜之乡。全县蔬菜种植面积44万亩，年产各类蔬菜120万吨，产值达30亿元，销往全国100多个大中城市，并远销港澳台地区和日本、韩国、俄罗斯、阿联酋等国家，素有"北寿光、南和县""长江中下游地区最大菜园子"之美誉。拥有台湾农民创业园、现代农业示范园、现代农业科技园、数字农业试点县等四块国字号农业招牌，是全国首批无公害蔬菜生产示范基地县、国家级农产品质量安全县、国家级出口食品农产品质量安全示范区、中国现代农业最具投资价值县，被中国蔬菜流通协会命名为"中国蔬菜之乡"。

和县是滨江产业新城。区位优越，拥有长江岸线46公里，是国家和安徽省主体功能区规划中确定的重点开发区域，也是安徽省融入长三角一体化发展的最前沿。近年来，大力实施工业强县战略，智能制造、精细化工、绿色建材、绿色食品等主导产业集聚逐步成形，成功认定省级化工新材料特色产业集群。

和县是生态休闲胜地。生态环境良好，山水资源丰富，坐拥天门山、鸡笼山、如方山三座历史名山，香泉湖、半月湖、如山湖三个风景名湖，现有鸡笼山—半月湖、香泉2个4A级旅游景区，霸王祠、天门山等6个3A级旅游景区。此外，还有南梁昭明太子萧统沐浴疗疴的"天下第一汤"香泉等众多历史人文景观，是中国最佳温泉度假旅游示范县。

2023年，实现地区生产总值380.9亿元，增长8.5%；一般公共预算收入32亿元，增长7.1%；规模以上工业增加值增长8%；固定资产投资增长12.5%；社会消费品零售总额165.9亿元，增长11.4%；城镇居民

121

◎ 鸡笼山系大别山余脉，有"江北小九华"和道家"第四十二福地"之称，半月湖位于鸡笼山西北麓，因形似半月得名。图为鸡笼山的半月湖美景

人均可支配收入 46203 元，增长 5.8%；农村居民人均可支配收入 29036 元，增长 7.2%。2024 年前三季度，实现地区生产总值 296.8 亿元，增长 7%；一般公共预算收入 26.1 亿元，增长 4.1%；规模以上工业增加值增长 10.3%；固定资产投资增长 8.4%；社会消费品零售总额 133 亿元，增长 5.3%；城镇居民人均可支配收入 37967 元，增长 5.1%；农村居民人均可支配收入 20042 元，增长 7%。

当涂县

当涂县位于安徽东部、长江下游南岸，介于南京和芜湖之间，是安徽省融入长三角一体化发展的桥头堡。现辖 10 个乡镇、1 个省级经济开发区、1 个现代农业示范区、2 个国家 4A 级旅游景区，面积 970 平方公里，常住人口 41.8 万。

当涂历史文化悠久。置县史有 2200 多年，秦代设为丹阳县，隋开皇九年（589 年）定名当涂，是千年古县。当涂是历代文人墨客览胜抒怀的绝佳之地，"诗仙"李白七次游历当涂，留下《望天门山》等 56 首千古绝唱，晚年定居当涂，终老长眠青山。北宋词人李之仪写下了"我住长江头，君住长江尾；日日思君不见君，共饮长江水"这首传颂千年的经典词作。南朝才子周兴嗣，一夜著就中国蒙学经典《千字文》。李白墓和天子坟入选全国重点文物保护单位。

当涂区位交通优越。水、陆、空交通十分便利，拥有长江岸线约 20 公里，巢马高铁、宁马城际、205 国道、314 省道、常合高速和宁芜高速穿境而过，县城 40 公里半径范围内有 2 座机场、80 公里半径范围内有 9 座长江大桥。宁安高铁在当涂设立站点，距南京仅 15 分钟车程。

当涂城乡环境优美。这里"一山四水五分田"，属典型的江南"鱼米之乡"，是"中国生态养蟹第一县"。境内青山绿水，风景宜人，曾获评全国文明城市、全国创新型县、中国乡村振兴百佳示范县市、国家生态文明建设示范县、全国绿化模范县城、国家园林县城、国家新型城镇化建设示

◎ 李白文化园位于当涂县大青山李白文化旅游区内，依山傍水，环境幽静，是中国华侨国际文化交流基地、安徽省爱国主义教育基地，其中李白墓和太白祠是全国重点文物保护单位。图为李白文化园鸟瞰

范县、全国农业现代化示范区等荣誉称号。

当涂产业基础雄厚。坚定不移走制造业高质量发展之路，加快打造智能家电、生命健康、新能源汽车零部件三大产业集群，智能家电产业入选省级微型产业集聚区创建名单，生命健康产业入选国家火炬特色产业基地。全力创建国家乡村振兴示范县，大力发展特色种养、农产品深加工、农文旅休闲三大产业，打造优质粮油种植、生态水产养殖、畜禽规模养殖、绿色蔬菜生产、特色瓜果生产"五大基地"。

2023年，实现地区生产总值605.7亿元，增长7.5%；一般公共预算收入36.9亿元，增长0.9%；规模以上工业增加值增长7.5%；固定资产投资增长10.5%；社会消费品零售总额208.6亿元，增长11.2%；城镇居民人均可支配收入52857元，增长5.4%；农村居民人均可支配收入37351元，增长8.1%。2024年前三季度，实现地区生产总值484.2亿元，增长6.7%；一般公共预算收入28.7亿元，增长7.6%；规模以上工业增加值增长4.4%；

固定资产投资增长 4.2%；社会消费品零售总额 163.6 亿元，增长 6.4%；城镇居民人均可支配收入 42948 元，增长 4.7%；农村居民人均可支配收入 28789 元，增长 7.2%。

芜湖市

芜湖市位于安徽省东南部，现辖 1 市 1 县 5 区，拥有国家级经开区、高新区、自贸试验区和 7 个省级开发区，面积 6009 平方公里，常住人口 376 万。

芜湖历史文化悠久。古称鸠兹，有文字记载的历史已有 2500 多年，公元前 109 年置县，始称芜湖。古代得长江、青弋江两江交汇、舟楫之利，农业、手工业、商业比较发达，南唐时即"楼台森列""烟火万家"，宋代冶炼业走向鼎盛，明代成为全国印染中心，《天工开物》记载"织造尚松江，浆染尚芜湖"。近代是长江中下游工商业发祥地和全国四大米市之一，是安徽第一个开埠城市，素有"长江巨埠、皖之中坚"美誉。

芜湖产业发展迅速。跃居制造业高质量发展全国 50 强城市第 25 位，在 97 个国家创新型城市排名中居第 26 位，2023 年规模工业企业实现营收 7272.5 亿元、增长 17.8%，增速居全省首位。上市公司 28 家，营收超百亿企业 19 家、超千亿企业 3 家。汽车首位产业势头强劲，集聚规模企业 900 多家，2023 年汽车产量达 120.2 万辆、占全省 48.3%，实现营收 3324.3 亿元、增长 37.8%。航空航天（低空经济）、机器人、先进光伏和新型储能等新兴产业快速成长，2023 年战新产业产值增长 16.7%，占规模工业总产值比重达 47.5%。数字经济加速崛起，华为、抖音、阿里、百度、三大运营商等一批头部企业在芜集聚，入围全国数字城市 50 强，全力打造全国算力中心城市和智算中心。现代服务业加快推进，入选国家现代流通

◎ 芜湖市万里长江穿城而过，雕塑公园、神山公园、赭山公园等70多座城市公园星罗棋布，"山水相间、精致繁华"的城市风貌特色充分彰显。图为芜湖市景

战略支点城市，三山综合物流园获批国家级示范物流园，方特旅游区荣膺国家5A级旅游景区，十里江湾、鸠兹古镇、芜湖古城、松鼠小镇等一批旅游景点形成区域吸引力。

芜湖区位交通优越。是长三角中心区城市、皖江城市带承接产业转移示范区核心城市，合芜蚌国家自主创新示范区、合肥都市圈、南京都市圈、G60科创走廊的重要成员。坐拥长江"黄金水道"，芜湖港是溯江而上最后一个万吨级深水良港，是港口型国家物流枢纽和现代流通战略支点城市。沪渝、芜合、宁芜等8条高速和京福、宁安、商合杭3条高铁穿境而过，长江三桥建成通车，芜宣机场直飞北京、广州、深圳等20多座城市，轨道交通1号线和2号线一期顺利通车，"皖江第一隧"加快建设，"空水公铁"立体化综合交通体系日益完善。

芜湖人居环境良好。境内山清水秀，江河密布，湖泊纵横，素有"半城山、半城水"的美誉。长江岸线实现应绿尽绿，10个国控断面水质全部达到或优于Ⅲ类标准。拥有雕塑公园、神山公园、赭山公园等70多座城市公园和120多座"口袋公园"，入选2023年中国人居环境范例奖。悦享书吧、赤铸书院、中江书苑等50多座城市书房建成开放，城市书香味日渐浓厚。规划建设21座集社会福利、文化体育等功能于一体的宜邻中心，

◎ 在 2024 北京国际车展上，奇瑞集团携旗下奇瑞、星途、捷途、iCAR 四大品牌 25 款车型和十余款先进技术展品亮相，充分展示了奇瑞集团在电动化、智能化下的最新技术成果与全面发展路径，诠释了"技术奇瑞 全球热爱"的深刻内涵

构建 5 分钟生活服务圈和 15 分钟综合服务圈。先后荣获全国文明城市、国家森林城市、水生态文明城市，城市公共服务质量排名全国 120 个监测城市第 19 位。

2023 年，实现地区生产总值 4741 亿元，增长 5.7%；一般公共预算收入 414 亿元，增长 6.6%；规模以上工业增加值增长 6.5%；固定资产投资增长 –0.7%；社会消费品零售总额 2092 亿元，增长 4.8%；城镇居民人均可支配收入 54189 元，增长 5.3%；农村居民人均可支配收入 31517 元，增长 7.9%。2024 年前三季度，实现地区生产总值 3769 亿元，增长 5.7%；一般公共预算收入 304.9 亿元，增长 2.2%；规模以上工业增加值增长 8.9%；固定资产投资增长 5.9%；社会消费品零售总额 1600.7 亿元，增长 3.6%；城镇居民人均可支配收入 43663 元，增长 4.5%；农村居民人均可支配收入 22659 元，增长 6.1%。

无为市

无为市地处皖中,临江滨湖,承东启西,现辖 20 个镇、1 个省级经济开发区,面积 2022 平方公里,常住人口 82.7 万。

无为历史悠久,人才荟萃。市名取"思天下安于无事,无为而治"之意,自隋朝始建以来,已有 1400 余年历史。抗日和解放战争时期,是皖江抗日根据地中心区和"渡江第一船"始发地。历史上书画家米芾曾任无为知军三载,诞生了台湾开山之祖陈棱、"父子丞相"王之道和王蔺、哲学家吴廷翰等名仕贤达,近代涌现出抗日民族英雄戴安澜、擂鼓诗人田间等仁人志士,当代有"七一勋章"获得者"渡江英雄"马毛姐和人民音乐家吕其明,以及位列胡润富豪榜的王传福、姜纯等商界精英。

无为区位优越,优势明显。位于皖江城市带承接产业转移示范区"长江轴"之上、长三角城市群及"芜湖核"之内,处在南京都市圈、合肥经济

◎ 无为市立足芜湖市域副中心城市定位,大力推进人民城市建设,城市承载力和吸引力显著提升。图为无为城区夜景

圈、马芜铜经济圈的交会区域，京福高铁穿境而过，庐铜铁路、芜铜高速、北沿江高速、芜湖长江二桥连接线全线贯通，347 国道、208 省道、岳武高速东延建成通车，通江大道快速化改造工程主线建成通车，铜商高速无为塔桥至巢湖沐集段、天天高速无为至安庆段等一批重大交通基础设施加快建设，对外交通四通八达，大大缩短了与北上广的经济时差。

无为资源丰富，生态良好。坐拥 59.3 公里长江黄金岸线，深入推进水清岸绿产业优美丽长江（无为）经济带建设。拥有 30 万外出创业大军，是著名的"劳务之乡"。粮棉油及水产品产量均跨入全国百强行列，是传统的"鱼米之乡"。石油、天然气等储量丰富，米公祠、泊山洞、黄金塔、新四军七师师部旧址等自然人文景观闻名遐迩。是全省文明城市、森林城市、卫生城市。

无为产业集聚，发展强劲。已构建起以电线电缆、羽毛羽绒、新能源汽车零部件、绿色食品为主导，智能装备、电子电气、新材料、特色农业、现代服务业为补充的"4+N"现代产业体系。市域经济综合实力多年稳居全省十强、中部百强，成功获批国家"东数西算"芜湖数据中心集群起步区。先后荣获全国科技创新百强县、投资潜力百强县、国家知识产权强县建设试点县、县域金融生态环境百佳县和全省人才强市、创新型县（市）、乡村振兴示范县、制造业发展综合十强县等荣誉称号。

2023 年，实现地区生产总值 650.1 亿元，增长 7%；一般公共预算收入 33.4 亿元，增长 8.5%；规模以上工业增加值增长 15%；固定资产投资增长 –2.5%；社会消费品零售总额 233.9 亿元，增长 5.6%；城镇居民人均可支配收入 49645 元，增长 5.7%；农村居民人均可支配收入 27959 元，增长 7.9%。2024 年前三季度，实现地区生产总值 511.2 亿元，增长 5%；一般公共预算收入 20.9 亿元，增长 –5.9%；规模以上工业增加值增长 6.1%；固定资产投资增长 3.9%；社会消费品零售总额 179.2 亿元，增长 5.5%；城镇居民人均可支配收入 40502 元，增长 4.3%；农村居民人均可支配收入 17547 元，增长 5.7%。

南陵县

南陵县地处皖南沿江平圩向丘陵过渡地带,现辖 8 个镇,147 个村,1 个省级经济开发区,面积 1260 平方公里,常住人口 43.9 万。是全国生态文明建设示范区、国家农业绿色发展先行区、全国法治政府示范县、全国信访工作示范县、国家水系连通及水美乡村建设县,全省营商环境先进县、信访工作先进县。

南陵文化底蕴深厚。西汉武帝元封二年(前 109 年)始置春谷县,三国名将周瑜、黄盖、周泰曾任春谷长,南朝梁武帝(525 年)始置南陵县。是中国青铜文化的发祥地之一,被誉为"古铜都",境内遗有大工山铜矿遗址、皖南土墩墓群千峰山遗址和牯牛山城址遗址 3 处全国重点文物保护单位。诗仙李白曾两度寓居南陵,名句"仰天大笑出门去,我辈岂是蓬蒿人"千古流传。古镇弋江是徽商水道重要商埠,弋江老街、江西会馆等古迹镌刻着商贾聚集的喧繁记忆。1926 年"中共南陵特别支部"成立,成为安徽省最早建立中共地方组织的县之一;是皖南地区成立的第一个苏维埃政府。新中国成立后,涌现出了中国人民志愿军特等功臣、抗美援朝一级英雄李家发等英雄人物。

南陵交通条件良好。G50(铜南宣)高速公路、芜黄高速公路在境内构成"一横一纵"干线结构,全国交通"主动脉"205、318 国道和省内交通"主干线"457、460 省道交会于县城,形成对外畅达的"井字型"快速通道,合福高铁穿境而过,实现与国家"八横八纵"高铁骨干网的快速衔接。

南陵产业特色鲜明。近年来,以"学合肥、比长丰,对标常熟"为坐标系,聚焦新型工业化,积极融入省市产业布局,深入实施"双招双引"一号工程、工业发展"天地行动"三年计划,加快构建以汽车及零部件为主导产业、智能物流装备为优势产业的先进制造业产业集群,积极培育先进光伏和新型储能、信息通信技术、高性能新材料、农产品深加工等战略性新兴产业,前瞻布局合成生物未来产业,发展新质生产力。2023 年新签约项目 96 个，其中亿元以上项目 76 个，总投资 50 亿元中十冶储能设备制造项目成功签约。顺荣汽车部件成长为国内汽车混动油箱制造龙头企业，组建全省规模最大的新能源无人物流车配送车队；智能分拣设备产能规模稳居全国第一，长三角快递物流智能装备产业联盟在南陵成立。

南陵生态环境优美。2023 年 $PM_{2.5}$ 平均浓度 30.8 微克 / 立方米、空气优良率 85%，位居全市首位、全省前列，拥有两个国家 4A 级旅游景区，风景优美、民康物阜，素有"芜湖米市、南陵粮仓"美称。

2023 年，实现地区生产总值 354.9 亿元，增长 4.9%；一般公共预算收入 25 亿元，增长 5.5%；规模以上工业增加值增长 12.4%；固定资产投资增长 -14.4%；社会消费品零售总额 158.5 亿元，增长 10.5%；城镇居民人均可支配收入 48859 元，增长 5.3%；农村居民人均可支配收入 34014 元，增长 7.4%。2024 年前三季度，实现地区生产总值 283.9 亿元，增长 5.1%；一般公共预算收入 18.5 亿元，增长 -1.9%；规模以上工业增加值增长 15%；固定资产投资增长 6%；社会消费品零售总额 123.3 亿元，

◎ 南陵作为全国唯一快递科技创新试验基地，全面打造全域无人化应用示范城市，目前已拥有全省规模最大的智能网联配送车队，在全国率先实现商业化运营。图为新能源无人物流车配送车队

增长 4.5%；城镇居民人均可支配收入 41091 元，增长 4.2%；农村居民人均可支配收入 26999 元，增长 6.2%。

宣城市

宣城市地处安徽省东南部，2000 年撤地建市，现辖宣州区、宁国市、广德市和郎溪、泾县、绩溪、旌德 4 县，面积 12340 平方公里，常住人口 249 万。

宣城是千年郡府地，历史悠久，人文昌盛。公元前 109 年西汉在此设

◎ 扬子鳄宣教馆位于安徽扬子鳄国家级自然保护区夏渡片区内，总建筑面积 4215 平方米，是集展览、收藏和教育研究于一体的现代化展馆，也是国内唯一以扬子鳄为主题的宣教馆

丹阳郡。文化底蕴深厚，是徽文化重要发祥地、全国唯一的中国文房四宝之城，宣纸制作技艺被列入联合国非物质文化遗产名录。自古人文荟萃、人才辈出，素有"宣城自古诗人地""上江人文之盛首"之称。宋诗开山祖梅尧臣、清代历算大师梅文鼎、"红顶商人"胡雪岩、抗倭名将胡宗宪、徽墨名家胡开文、著名学者胡适、书画家吴作人、革命家王稼祥等，是这方水土养育的杰出代表。是全省首个"中华诗词之市"，敬亭山被誉为"江南第一诗山"。同时，宣城泾县云岭是新四军军部旧址、中共中央东南局所在地、"皖南事变"发生地，红色文化丰富。

宣城是生态秀美地，山灵水动，绿色宜居。全市生态系统完好，森林覆盖率59.46%，空气优良率94.2%，空气质量常年居全省第2位，是首批国家生态文明建设示范市，全省唯一的省级生态市，所辖6个县市均为国家生态县，拥有华东第二高峰清凉峰，皖南最大天然淡水湖南漪湖，神秘的皖南川藏线，"古生物活化石"扬子鳄。是全国文明城市、国家森林城市、国家园林城市、国家卫生城市、中国优秀旅游城市。

◎ 敬亭山位于宣城市北郊，东西绵亘十余里，大小山峰六十座，谢朓、李白等文人名士曾留下"余霞散成绮，澄江静如练""相看两不厌，只有敬亭山"等佳句名篇

宣城是综合枢纽地，交通畅达，要素汇聚。身处长三角地理中心，是安徽唯一与苏浙两省交界的市。芜宣机场全面通航，京福、商合杭、杭黄高铁穿境而过，随着沪苏湖高铁开通运营，宣城将与上海、南京、杭州、合肥等长三角核心城市全

面实现 1 小时通勤，长三角中心区域综合交通枢纽地位日益凸显。世界电压等级最高的特高压古泉换流站建成使用，绩溪抽水蓄能电站并网发电，国家"西电东送"五条线路有四条穿境而过，"川气东送"工程干线 2 个分输站设在宣城，正成为华东地区的重要能源基地。

宣城是发展新高地，厚积薄发，加速崛起。是长江经济带、长三角一体化发展、中部地区高质量发展等国家战略叠加区域，即将全域加入上海大都市圈，长三角（宣城）产业合作区、长三角（安徽）生态绿色康养基地、宣城东部新区、宣城（上海）科创中心等重要合作平台加快建设，现有 2 个国家级开发区，1 个省级高新区，6 个省级开发区，11 家企业 A 股上市，初步形成了以新能源、汽车零部件为主导的产业体系，创新竞争力进入全国地级市百强，跻身中国地级市百强品牌城市榜。县域经济竞相发展，宁国、广德跻身 2024 年全国综合实力百强县市。

2023 年，实现地区生产总值 1951.9 亿元，增长 5.9%；一般公共预算收入 197.9 亿元，增长 5%；规模以上工业增加值增长 6.2%；固定资产投资增长 6.9%；社会消费品零售总额 851.7 亿元，增长 9.7%；城镇居民人均可支配收入 51318 元，增长 5.6%；农村居民人均可支配收入 23979 元，增长 8.7%。2024 年前三季度，实现地区生产总值 1554 亿元，增长 5.4%；一般公共预算收入 144.8 亿元，增长 –2.8%；规模以上工业增加值增长 8.7%；固定资产投资增长 5.6%；社会消费品零售总额 662 亿元，增长 3.7%；城镇居民人均可支配收入 40854 元，增长 3.8%；农村居民人均可支配收入 19161 元，增长 6.3%。

郎溪县

郎溪，古称建平，988 年置县，现辖 12 个乡镇（街道）、1 个省级开发区，面积 1105 平方公里，常住人口 31.2 万。是中国绿茶之乡、江南水韵之城，第七届全国文明城市提名城市。

区位优越。位于长三角区域地理中心，皖苏浙"三省通衢"，两小时内通达上海、合肥、南京、杭州四大都市，100公里左右有南京禄口、宣城芜宣和杭州萧山等机场，2条高速和4条国省干线纵横交错，宣杭铁路、商合杭高铁以及规划中的宁杭高铁（高速）二通道穿境而过，芜申运河定埠港开通了安徽省首个县级集装箱航线，连接长江、太湖，直达上海。

生态秀美。"三山两水四分田，一分道路和庄园"，有50万亩良田、27万亩水域和10万亩茶园，森林覆盖率35.06%，空气优良率80%以上。"两山三湖"彰显山水灵性，4A级旅游景区石佛山、伍员山，皖南最大天然淡水湖南漪湖、天子湖、龙须湖，深受长三角游客青睐，被评为全国生态县、中国天然氧吧。

历史厚重。商属勾吴，战国属越，历经南宋、清末2次较大规模的移民，吴、楚、徽和中原文化交汇融合。有鸦山古道、侯村祠堂等12个国家级、省级文保单位和"跳五猖""古南丰黄酒酿造"等10个国家级、省级非物质文化遗产。有距今七千年的磨盘山遗址，有世界上最古老的人工运河——胥河。有盛产于姚村的"宣州石砚"，被李白赞为"宣州石砚墨色光"。杜牧、杨万里、梅询、张大千等在此留下诸多诗词画作，被誉为"中华诗词之乡"。

物产丰富。素有"鱼米之乡""天然植物园"之美誉，是国家商品粮

◎ 南漪湖面积约200平方公里，被誉为皖南第一大湖，以其自然风光和文化底蕴而著名，湖光山色、原生态花草和宜人水域构成了一幅天然画卷

油重要产区，年产"再生稻""富硒稻"等有机优质稻米 28 万吨；200 平方公里的南漪湖年产青虾、银鱼、红鲹、蟹鳖等水产品近 3 万吨，以湖鲜山珍田蔬为主要食材的百年美味"建平十六鲜"蜚声长三角；阡陌纵横的 10 万亩茶园，连片面积中国第一，有五朝贡茶瑞草魁、尊品黄茶"郎溪黄魁"；姚村闷酱、侯村蜜枣、天子粉丝等地方名特优产品享誉江南。

2023 年，实现地区生产总值 220 亿元，增长 7.1%；一般公共预算收入 23 亿元，增长 4.2%；规模以上工业增加值增长 9%；固定资产投资增长 9%；社会消费品零售总额 85.3 亿元，增长 10%；城镇居民人均可支配收入 49648 元，增长 4.7%；农村居民人均可支配收入 23190 元，增长 8.9%。2024 年前三季度，实现地区生产总值 176.1 亿元，增长 6%；一般公共预算收入 16.6 亿元，增长 -4.1%；规模以上工业增加值增长 9.5%；固定资产投资增长 6.6%；社会消费品零售总额 65.5 亿元，增长 3.7%；城镇居民人均可支配收入 38092 元，增长 4.4%；农村居民人均可支配收入 18258 元，增长 6.2%。

广德市

广德市位于安徽省东南部，2019 年撤县设市，现辖 12 个乡镇（街道）、137 个村（居），面积 2165 平方公里，常住人口 50.3 万。

历史悠久，人文荟萃。建县于东汉建安初年，至今已有 1800 多年历史，是辐射江南数千里的祠山文化发祥地。清末名臣张光藻、著名地质学家和地层古生物学家许杰都出生在这里，朱元璋、范仲淹、岳飞等历史名人都曾在此留下足迹。1964 年 7 月 19 日，我国首枚内载小白鼠的生物运载火箭在广德 603 基地成功发射，迈出了我国空间科学探测的第一步。

区位优越，战略叠加。是安徽唯一与苏浙两省都接壤的县级市，是长三角城市群、G60 科创走廊、宁杭生态经济带重要县级节点城市，也是安徽省参与长三角产业分工的第一站。境内商合杭高铁、宣杭铁路、G50 沪渝高速、318 国道等国省交通干线穿境而过，沪苏湖高铁通车后，将正式步入上海"1小时通勤圈"。随着长三角（广德）康养基地乘势而起，长三角（宣城）产业合作区加速建设，广德迎来了最大机遇、最大势能、最大红利。

生态优美，山水相拥。位于黄山和天目山余脉交会处，山清水秀、气候宜人、物产丰富，是中国竹子之乡、中国板栗之乡，毛竹蓄积量全国第六，有"天下四绝"之一的国家级风景名胜区太极洞，广德"黄金芽"、广德"云雾茶"获评国家地理标志商标，现已探明各类矿产25种，拥有扬子鳄、红豆杉等多种珍稀动植物资源。先后被评为中国最佳休闲旅游县、中国森林氧吧、中国最美县域、中国最美生态旅游名城、最美中国文化旅游名城、长三角最佳文旅融合城市、最佳悠享旅游城市。

发展加速，势头强劲。坚持"工业强市、生态立市"，狠抓招大引强、培大育强。形成以新能源为代表的首位产业，电子电路、汽车零部件为代表的主导产业，新材料、智能装备制造为代表的优势产业的"1+2+2"产业链，多次获评全省制造业发展综合十强县，全省制造业发展增速十快县，是全国文明城市、全国综合实力百强县、全国绿色发展百强县、全国投资

◎ 广德黄金芽 2021年获得中国农产品地理标志登记产品认证，2023年入围"中国茶叶区域公用品牌影响力指数名单"。目前广德黄金芽面积5.5万亩、综合产值约20亿元，是"中国黄金芽第一县"。图为黄金芽采摘场景

潜力百强县、全国新型城镇化质量百强县。

2023年，实现地区生产总值410亿元，增长1.9%；一般公共预算收入40亿元，增长11.5%；规模以上工业增加值增长 -3.2%；固定资产投资增长 -16.7%；社会消费品零售总额186.6亿元，增长10.7%；城镇居民人均可支配收入55399元，增长4.7%；农村居民人均可支配收入27229元，增长8.7%。2024年前三季度，实现地区生产总值326亿元，增长4%；一般公共预算收入28.8亿元，增长 -3.3%；规模以上工业增加值增长7.8%；固定资产投资增长0.3%；社会消费品零售总额145.9亿元，增长2.9%；城镇居民人均可支配收入42166元，增长3.9%；农村居民人均可支配收入21584元，增长5.9%。

宁国市

宁国市地处安徽省东南部，1997年撤县设市，现辖19个乡镇（街道），面积2487平方公里，常住人口38.7万。

宁国区位优势明显。东临杭州，西依黄山，连接皖浙两省七县市，距上海、南京、杭州、合肥四大城市170—300公里。宁宣、宁绩、宁千、宁广、宁安高速相继通车，宣绩高铁皖赣铁路改线工程即将开通运营，宁国至临安城际铁路谋划推进，宁旌高速加快建设，青龙湾通用机场投入使用，综合立体交通网络加快形成，构筑起连接沪苏浙发达地区快速通道。

宁国生态环境优良。森林覆盖率79.8%，拥有国家级水利风景区、国家级森林公园青龙湖和省级板桥自然保护区，是国家生态文明建设示范市、国家生态市、全国生态保护建设示范区、国家园林城市，获首届中国生态文明奖和中国十大最美城镇称号。有国家4A级旅游景区3家、3A级旅游景区6家，"皖南川藏线"荣膺"长三角自驾游十大精品线路"，醉美红杉林、网红西村里享誉在外，是长三角地区最具知名度的自驾休闲旅游目的地。

宁国产业特色鲜明。拥有国家级经济技术开发区，核心基础零部件产

◎ 2023 长三角 G60 科创走廊新能源和智能网联汽车产业协同发展大会，以"点燃新引擎·激活新业态"为主题，通过技术交流、新品推介、企业宣介等形式，促进汽车整零企业高效匹配、产需互补、协同发展

业成为全省首批战略性新兴产业集聚发展基地，在全省县域特色产业集群成效评估中位居首位。连续四年成功举办安徽省汽车及零部件产需对接会，获评安徽省质量强县。围绕汽车零部件、高端装备及耐磨铸件、电子信息、绿色食品深加工、精细化工及新材料等战略性主导产业，突出产业链式招商，连续五年获评"浙商最佳投资城市"，首评首获"苏商投资中国首选城市"。被评为中国十大质量魅力城市、国家知识产权强县建设示范县、中国优秀旅游城市和全国农业产业化先进市，共培育 A 股上市企业 8 家，"新三板"挂牌企业 6 家，初步形成安徽资本市场的"宁国板块"。

宁国综合实力领先。连续两次荣获全国综合治理最高奖"长安杯"，先后成功创建全国文明城市、国家卫生城市等国字号城市品牌十余项。居中国中小城市科学发展百强榜单综合实力第 59 位、绿色发展排名第 24 位、投资潜力排名第 4 位、科技创新排名第 42 位、新型城镇化质量排名第 35 位，其中 4 项殊荣位居全省县域第一。

2023 年，实现地区生产总值 460.4 亿元，增长 7%；一般公共预算收入 39 亿元，增长 4.9%；规模以上工业增加值增长 9%；固定资产投资增长 10%；社会消费品零售总额 148.8 亿元，增长 11.5%；城镇居民人均可支配收入 56670 元，增长 5.9%；农村居民人均可支配收入 26741 元，增长 7.8%。2024 年前三季度，实现地区生产总值 372.6 亿元，增长 6.5%；一般公共预算收入 29.2 亿元，增长 1%；规模以上工业增加值增长 9%；固定资产投资增长 5.7%；社会消费品零售总额 116.6 亿元，增长 5.3%；城镇居民人均可支配收入 44764 元，增长 3.6%；农村居民人均可支配收入 20695 元，增长 6.5%。

泾　县

泾县位于长江南岸平原与皖南山区交界地带，南依黄山，西临九华山，襟抱太平湖，现辖 11 个乡镇，面积 2054.5 平方公里，常住人口 27 万。

泾县是光荣的"红色故里"。云岭是新四军军部旧址所在地，茂林是震惊中外的"皖南事变"发生地，厚岸村是伟大的无产阶级革命家王稼祥同志诞生地。位于泾县的宣城市干部教育培训现场教学基地是安徽省"三学院两基地"之一。

泾县是著名的"宣纸之乡"。是国宝宣纸的发祥地和正宗产地，所产宣纸享有"纸中之王""千年寿纸"之美誉，宣纸制作技艺入选首批国家

◎ 新四军史料陈列馆位于泾县云岭镇，面积约 12600 平方米。主题展览《云岭烽火》，展现了新四军从 1937 年组建到 1947 年番号撤销的波澜壮阔战斗历程

级非物质文化遗产名录、联合国"人类非物质文化遗产代表作名录"。中国宣纸小镇入选省第一批特色小镇项目。

泾县是悠久的"人文名城"。自秦置县，迄今已有2200多年历史，素有"汉家旧县、江左名区"之称，自古文风昌盛，学者名流代不乏人，有全国重点文物保护单位6处、省重点文物保护单位18处。明代文学家查铎、清代书法家包世臣等皆为一代鸿儒，艺术大师吴作人、文学家吴组缃、书法家吴玉如并称"泾川三吴"。

泾县是优美的"山水福地"。境内山川秀淑、气候宜人，盛产优质大米、茶叶、木竹、蚕茧等农林产品，花砖、琴鱼、章渡酱菜、云岭锅巴等特色产品声名远扬，"涌溪火青""泾县兰香"皆为绿茶名品。拥有桃花潭、查济古民居、月亮湾、"皖南川藏线"等80多处著名景点，3A级以上旅游景区14处，A级旅游景区数量居全省前列。

2023年，实现地区生产总值160.4亿元，增长7.1%；一般公共预算收入17亿元，增长2.3%；规模以上工业增加值增长11.4%；固定资产投资增长17.6%；社会消费品零售总额92.9亿元，增长10.5%；城镇居民人均可支配收入41935元，增长5.2%；农村居民人均可支配收入21333元，增长8%。2024年前三季度，实现地区生产总值126.9亿元，增长7.2%；一般公共预算收入11.6亿元，增长–11.1%；规模以上工业增加值增长9.3%；固定资产投资增长9.2%；社会消费品零售总额73.2亿元，增长5.4%；城镇居民人均可支配收入35892元，增长4.1%；农村居民人均可支配收入16915元，增长6.6%。

绩溪县

绩溪县位于安徽省南部，现辖11个乡镇、81个村（居），面积1126平方公里，常住人口13.6万。

绩溪历史悠久、底蕴深厚。南朝梁大同元年（535年）设良安县，唐永泰二年（766年）置绩溪县，是徽文化主要发祥地和核心区，拥有千年以上

◎ 皖浙天路是安徽省最美公路，核心段长 31 公里，这条华东地区海拔最高的天路，以其高、险、奇、美被誉为皖浙边界上的唐古拉

古村落 25 个、中国传统村落 31 个，国保单位 5 处、省保单位 29 处，徽菜、徽剧、徽墨等非物质文化均源自绩溪，是国家历史文化名城、首届中国文化百强县、中国徽菜之乡、中国厨师之乡、中国徽墨之乡、中华诗词之乡，孕育了唐越国公汪华、抗倭名将胡宗宪、"红顶商人"胡雪岩、制墨大师胡天注、国学大师胡适等众多名人。

绩溪山川秀美、生态宜人。地处黄山、天目山结合带，长江、钱塘江分水岭，千米以上山峰有 40 余座，森林覆盖率达 78.35%，空气优良率常年保持 95% 以上；县内无过境水、诸水皆外流，出境水质常年保持 Ⅱ 类以上，是首批国家生态文明示范县、中国天然氧吧、国家森林城市，获评第七批"绿水青山就是金山银山"实践创新基地。

绩溪交通便捷、区位优越。合福铁路、杭黄铁路、宣绩高铁、溧黄高速建成运营，绩谭快速通道绩溪段完成通车，杭临绩铁路与宣绩铁路并行段工程已全部完工，为下一步杭临绩铁路接入绩溪北站预留通道，四条高铁、两条高速，让绩溪成为贯通南北、横贯东西的重要交通枢纽。

绩溪县特色明显，产业兴旺。聚力发展"2+N"产业体系，打造以富凯特材为龙头的高端金属新材料产业和以小山卫材、正兴生物为龙头的医疗康养产业，获批国家电子商务进农村综合示范县、省级高端机械零部件特色产业集群，建成省级现代服务业集聚示范区、省级农业科技产业园，获评全省实施乡村振兴战略实绩考核优秀县、全国休闲农业重点县、中国县域旅游发展潜力百强县、全省首批全域旅游示范区。

2023年，实现地区生产总值103.1亿元，增长5.5%；一般公共预算收入9.4亿元，增长5.3%；规模以上工业增加值增长7%；固定资产投资增长11.8%；社会消费品零售总额40.2亿元，增长8.9%；城镇居民人均可支配收入45845元，增长5.7%；农村居民人均可支配收入19709元，增长8%。2024年前三季度，实现地区生产总值82.9亿元，增长5.5%；一般公共预算收入7.3亿元，增长0.6%；规模以上工业增加值增长10.1%；固定资产投资增长9%；社会消费品零售总额31.1亿元，增长3.1%；城镇居民人均可支配收入36644元，增长3.8%；农村居民人均可支配收入15783元，增长6.8%。

旌德县

旌德县位于皖南腹地，西倚黄山，东临苏浙沪，北枕皖江，现辖10个镇、68个村（居），面积904.8平方公里，常住人口10.9万。

旌德历史悠久。建于唐宝应二年（763年），县名寄意"旌表其里，以彰其德"。历代名人辈出，有农学家王祯、著名词媛吕碧城、中国第一个红色县长谭梓生、数学泰斗江泽涵、文坛巨匠周而复等。是徽文化发祥地之一，徽派建筑到处可见，始建于北宋崇宁元年（1102年）的旌德文庙以及江村父子进士坊、溥公祠均被列入全国重点文物保护单位，拥有旌德漆画、古艺徽墨制作技艺、宣砚制作技艺等15项省市级非物质文化遗产。

旌德生态优美。境内重峦叠翠，森林覆盖率69.2%，空气优良率91.6%，是国家生态县、中国森林氧吧、中国十佳休闲养生旅游县、安徽省森林城市、安徽省旅游强县；县城旌阳镇被授予全省第一、全国第六个"国际慢城"，白地宣砚小镇获评首批中国特色小镇，灵芝健康小镇获评首批省级特色小镇。2017年、2022年分别被生态环境部命名为全国第一批"绿水青山就是金山银山"实践创新基地、全国生态文明建设示范县。

　　旌德交通便利。地处皖南国际文化旅游示范区核心区，距黄山风景区仅30公里，是长三角地区进入黄山的重要通道，是长江经济带建设的重要辐射区、皖江城市带承接产业转移示范区的重要组成部分，京福高铁、芜黄高速穿境而过，205国道、330国道、207省道等干线四通八达。

　　旌德物产富饶。素有"徽州粮仓"之称，灵芝、茶叶、甘蔗、香菇、中药材等久负盛名。境内有木本植物970余种，草本植物400余种，野生动物230余种，拥有梅花鹿、银杏、红豆杉等国家和省级重点保护动植物，旌德灵芝、旌德天山真香、旌德黄牛、旌德小籽花生、旌德青蔗、旌德梅花鳖获评国家地理标志农产品。

◎ 旌德是"中国灵芝之乡"，已形成育种、种植、加工、销售、研发全产业链，正在推进"药食同源"试点

2023年，实现地区生产总值 66.4 亿元，增长 6.7%；一般公共预算收入 6.9 亿元，增长 1%；规模以上工业增加值增长 12.9%；固定资产投资增长 14.5%；社会消费品零售总额 25.1 亿元，增长 10.5%；城镇居民人均可支配收入 36802 元，增长 5.8%；农村居民人均可支配收入 19022 元，增长 7.9%。2024 年前三季度，实现地区生产总值 50.2 亿元，增长 5.4%；一般公共预算收入 4.3 亿元，增长 -7.2%；规模以上工业增加值增长 7.6%；固定资产投资增长 9%；社会消费品零售总额 19.5 亿元，增长 2.7%；城镇居民人均可支配收入 32865 元，增长 3.4%；农村居民人均可支配收入 15830 元，增长 6.1%。

铜陵市

铜陵市位于安徽省中南部、长江下游，是长江经济带重要节点城市、长三角中心区城市之一。1956 年建市，辖 1 县 3 区，面积 2992 平方公里，常住人口 130.1 万。

铜陵是一座资源丰富、产业特色鲜明的滨江城市。已探明稀有金属矿种 30 余种，其中铜、黄金、白银和石灰石储量全省第一，硫铁矿储量全国第二，是全国重要的有色金属工业基地；铜陵白姜种植系统入列全球重要农业文化遗产，凤丹栽培系统入列中国重要农业文化遗产，枞阳媒鸭、黑猪获国家地理标志认证商标；坚持工业立市、产业强市，形成以铜、化工为主导，电子信息、装备制造、节能环保等齐头并进发展格局。现有上市公司 12 家，铜陵有色连续 6 年上榜世界 500 强，精达公司是国内规模最大的特种电磁线生产企业。

铜陵是一座风光秀美、人文荟萃的宜居城市。万里长江穿境而过，铜陵淡水豚国家级自然保护区为江豚保护的重要基地，拥有天井湖、凤凰山、浮山等国家 4A 级旅游景区 9 个，湿地 640 平方公里，获评全国文明城市、国家卫生城市、国家园林城市、国家森林城市、国家优秀旅游城市。是桐城派文化发源地、渡江战役江南解放第一城，中国人民解放军中线渡江指挥部旧址陈氏宗祠、中国人民解放军渡江第一船等红色资源遗存丰厚，东乡武术入选中国首批体育非遗。

铜陵是一座区位优越、平台完善的开放城市。京福高铁与宁安高铁、京台高速与沪渝高速在此交会，沪铜铁路、铜九铁路穿境而过，铜陵 G3 长江公铁大桥加快建设。拥有黄金水道长江岸线 131.3 公里，铜陵港是国家一类开放口岸、万吨级海轮进江终点港和长江第十三个亿吨大港。拥有 1 个国家级开发区、1 个国家级高新区，是国家产业转型升级示范区、国家工业资源综合利用基地、国家循环经济示范创建市、国家智慧城市试点市、全国市域社会治理现代化试点合格城市。国家资源枯竭城市转型绩效评价全国第二，产业转型升级示范区建设考评连续 3 年获优秀等次、全国唯一；入列省政府真抓实干激励项目 14 项，居全省第六。

铜陵是一座改革创新、动能强劲的活力城市。传承"古朴厚重、熔旧铸新、自强不息、敢为人先"的铜都精神，1991 年以"醒来，铜陵"为主题的解放思想大讨论，掀起了铜陵阔步改革开放的热潮；之后相继开展"起来，铜陵""崛起，铜陵"等解放思想大讨论。近年来主动承担多项国家试

◎ 铜陵天井湖位于天井湖国家级旅游度假区内，湖中有传说"上通天、下通海"的天井奇观，唐代诗人李白曾两次来游，留下赞美铜陵的 11 首诗歌

◎铜陵白姜种植历史已有2000多年，素有"中华白姜"美誉，年综合产值逾10亿元，2023年铜陵白姜种植系统入选全球重要农业文化遗产，为我省首个

点示范，获批建设国家创新型城市，入选中国科协"创新驱动示范市"、国家城市更新试点市、教育部基础教育综合改革实验区、国家"无废城市"、国家紧密型城市医疗集团建设试点市。坚持"对标沪苏浙、办好自己事"，在全省率先设立"办不成事"窗口，深化说"不"提级管理，打造一流营商环境。持续开展重大项目攻坚突破主题年活动，2022年以来招引建设百亿级项目4个、新签约百亿元项目3个、50亿—100亿元项目8个，省集中开工项目开工率、纳统率、投资完成率，制造业项目占比连续两年保持全省前三。

2023年，实现地区生产总值1229.8亿元，增长5.6%；一般公共预算收入112.1亿元，增长8%；规模以上工业增加值增长4.5%；固定资产投资增长8.2%；社会消费品零售总额433亿元，增长7.4%；城镇居民人均可支配收入48767元，增长5%；农村居民人均可支配收入21865元，增长 7.9%。2024 年前三季度，实现地区生产总值 969 亿元，增长 6.5%；一般公共预算收入 91.9 亿元，增长 1.9%；规模以上工业增加值增长 8.9%；固定资产投资增长 –5.8%；社会消费品零售总额 334.6 亿元，增长 4.6%；城镇居民人均可支配收入 39709 元，增长 4.9%；农村居民人均可支配收入 17165 元，增长 7.3%。

枞阳县

枞阳县位于安徽省西南部、长江中下游北岸，辖 16 个乡镇、1 个省级经济开发区、214 个村（居），面积 1473 平方公里，常住人口 46.9 万。

人文荟萃的千年古县。置县已有 2100 多年，文化底蕴深厚，是桐城派文化发源地、黄梅戏发源传承重要县份。自古名人辈出，涌现出"铁骨御史"左光斗，思想家、文学家、科学家方以智，桐城派"三祖"方苞、刘大櫆、姚鼐，农工民主党创始人章伯钧，将军、外交家黄镇，美学大师朱光潜等一大批杰出人物。名胜古迹众多，现有战国墓文化遗址、汉武帝射蛟台、太平军枞阳会议和渡江战役中线指挥部旧址等。

物产丰饶的资源大县。水面、山场、耕地各占三分之一，是全国粮食生产先进县、全国淡水养殖重点县、全国经果林基地县、全国国土资源节

◎ 莲花湖公园位于枞阳县城中心地带，属省级风景名胜区——"浮山风景名胜区"的组成部分，素有"小西湖"美誉

约集约模范县，拥有 50 公里长江北岸岸线，其中规划利用深水岸线 16.36 公里。矿产资源丰富，铜、金、铁、铀、石灰石、玄武岩、明矾、泥炭等资源储量较高。盛产白荡湖大闸蟹、枞阳黑猪以及白茶、淡水鱼、优质粮棉油等，素有"鱼米之乡"美誉。

山清水秀的生态文明县。城区拥有碧波万顷的连城湖、有"小西湖"美誉的莲花湖以及羹脍赛湖等水体，与旗山、达观山等山体相连相依。旅游开发空间广阔，有岱鳌山、大青山、白云岩、白荡湖、菜子湖等一批秀山美湖。境内浮山风景区集文山、佛山、火山于一体，是国家森林公园、国家地质公园、国家 4A 级旅游景区。

潜力可期的重点开发县。地处合肥、安庆、铜陵、池州四市中间，享长三角一体化发展、长江经济带建设、中部地区崛起等国家战略叠加优势。境内县经开区"一区四园"31.5 平方公里，控制规划面积 16.8 平方公里，纺织服装、建材等传统产业转型升级和新材料、新能源等新兴产业发展态势良好。随着引江济淮菜子湖线通航运行和国道 237、省道 232 等通车运行，第一条东西走向的天天高速全线开工，合池高铁、通用机场加快规划实施，成为"内畅外联、四通八达"的交通便捷之地。

2023 年，实现地区生产总值 201.9 亿元，增长 5.5%；一般公共预算收入 14.2 亿元，增长 15.1%；规模以上工业增加值增长 9.9%；固定资产投资增长 8.8%；社会消费品零售总额 103.6 亿元，增长 9.5%；城镇居民人均可支配收入 35357 元，增长 4.7%；农村居民人均可支配收入 18569 元，增长 7.1%。2024 年前三季度，实现地区生产总值 144.9 亿元，增长 4.4%；一般公共预算收入 10.8 亿元，增长 6.9%；规模以上工业增加值增长 7.2%；固定资产投资增长 −6.3%；社会消费品零售总额 82.5 亿元，增长 5.5%；城镇居民人均可支配收入 29057 元，增长 4.6%；农村居民人均可支配收入 15436 元，增长 7.5%。

走进安徽
2024 版

池州市

　　池州市位于安徽省西南部、长江中下游南岸，2000年撤地建市，辖贵池区和东至、石台、青阳3县及九华山风景区，设皖江江南新兴产业集中区、国家级池州经济技术开发区，面积8399平方公里，常住人口132.3万，是中国优秀旅游城市、国家园林城市、国家森林城市、中国人居环境奖城市、全国双拥模范城、中国鳜鱼之乡。

　　池州是一座区位优越的滨江之城。是长三角一体化中心区27个城市

◎ 杏花村文化旅游区以古杏花村旧址为基础，古树葱郁、杏花醉雨、小桥流水、酒旗若现，处处流露出村的意境、诗的芬芳。图为古杏花村十二景之一的"梅洲晓雪"景观

◎安徽中韩（池州）国际合作半导体产业园于2020年10月获批建设，聚焦集成电路、封装测试、新型显示、5G应用等领域，构建具有池州特色的产业园区

之一，是长江经济带建设、中部地区崛起、合肥等五大省会都市圈重要节点城市，皖江城市带承接产业转移示范区重要成员，皖南国际文化旅游示范区核心城市。交通便捷、四通八达，集公路、铁路、港口、航空运输于一身，已全面融入长三角"3小时"都市圈、南京及合肥"1.5小时"通勤圈。

池州是一座自然秀美的生态绿城。以"名山、秀水、富硒地、好空气"而著称，市域内森林覆盖率60.6%，是长三角的重要生态屏障；主要河流水质均在Ⅱ～Ⅲ类以上，富硒资源占全市面积的60.2%，大气环境质量稳居全省前列，有"天然大氧吧"之称，是全国首批海绵城市建设试点城市、国家绿色生态示范城区、长三角区域养老一体化首批试点城市。

池州是一座享有盛誉的旅游名城。拥有悠久的历史，唐武德四年（621年）设州置府，迄今1400余年，诗仙李白赋《秋浦歌》十七首，杜牧著《清明》诗，孕育于此的《杏花村志》是《四库全书》收录的唯一村志，素有"千载诗人地"之誉。境内旅游资源丰富，山水洞俱全，自然风光和人文景观交相辉映，世界地质公园、中国四大佛教名山之一、国家重点风景名胜区、国家 5A 级旅游景区——九华山坐落于此，拥有 4A 级旅游景区 18 个。

池州是一座正在崛起的产业新城。全面融入长三角一体化发展，以 6 家省级以上开发区为主平台，抢抓建设新能源汽车强省战略机遇，围绕汽车轻量化、汽车电子、"汽车＋文旅"等重点领域，加快培育半导体、新材料、高端装备制造、人工智能和数字经济、新能源和节能环保、健康医疗养老、绿色食品、文化旅游创意等新兴产业，半导体产业基地是省第二批战略性新兴产业集聚发展基地。

2023 年，实现地区生产总值 1112.2 亿元，增长 6.5%；一般公共预算收入 92.1 亿元，增长 10.8%；规模以上工业增加值增长 9.2%；固定资产投资增长 13.8%；社会消费品零售总额 486.2 亿元，增长 4.4%；城镇居民人均可支配收入 43440 元，增长 5.9%；农村居民人均可支配收入 22415 元，增长 8.8%。2024 年前三季度，实现地区生产总值 878 亿元，增长 6.4%；一般公共预算收入 77.4 亿元，增长 2.5%；规模以上工业增加值增长 12.2%；固定资产投资增长 9%；社会消费品零售总额 386.9 亿元，增长 4.5%；城镇居民人均可支配收入 34190 元，增长 4.8%；农村居民人均可支配收入 18270 元，增长 6.9%。

东至县

东至县于 1959 年由东流、至德两县合并，并取其首字而得名，地处八百里皖江南岸之首，北望安庆，南接景德镇，西邻九江，是安徽省的西南门户。辖 15 个乡镇、2 个省级开发区，面积 3250 平方公里，常住人口 39.04 万。

东至历史悠久。自唐置县迄今有 1200 年历史，相传舜帝躬耕于此，尧帝闻其贤德，千里来访，素有"尧舜之乡"的美誉。境内发掘的华龙洞古人类"东至人"距今 30 万年。20 世纪 80 年代初在此发现了迄今最早、最完整的一套宋代钞版——关子钞版。南溪古寨居住着匈奴后裔。

东至人文荟萃。留有葛洪、萧统、辛弃疾、梅尧臣、朱熹等名家的足迹,是清两江总督周馥、北洋政府总理许世英、全国政协原副主席周叔弢、民族工业创始人之一周学熙的故乡。渡江战役"打过长江去、解放全中国"第一面红旗就曾插在东至的香山之巅,是全国革命老区一类县。是中国戏曲"活化石"文南词的发源地。

东至交通便捷。长江黄金水道流经县境86公里,境内4条高速、4条国道、3条省道、1条铁路纵横交错,皖西南交通枢纽地位进一步凸显。九华山、安庆、景德镇机场均在1小时车程内,合肥、南昌、南京机场均在3小时车程内。

东至生态优越。地处北纬30度,南部山区占70%,中部丘陵,北部为长江冲积平原,森林覆盖率58.6%,有华东最大的国际重要湿地、国家级自然保护区升金湖。

东至产业集聚。已建成以化学新材料、非金属新材料、绿色食品加工、智能装备制造等新兴产业及服装袜业箱包传统产业为主的产业体系,东至经开区为全省唯一专业化工园区,获批省级化学原料药基地和省级精细化工特色产业(集群)、省级锂电池电解液新材料产业集群、省级现代

◎ 东至县茶树良种繁育场茶园总面积18900亩,素以"万亩优质茶园"而著称,被农业农村部评为"中国美丽田园"

服务业和先进制造业"两业"融合试点园区；大渡口经开区获批省级绿色农产品加工特色产业基地（集群）。跻身全省制造业增速"十快县"，入选2023年度安徽省农业特色产业10强县。

2023年，实现地区生产总值262.7亿元，增长7%；一般公共预算收入14.5亿元，增长9.6%；规模以上工业增加值增长13.1%；固定资产投资增长18.5%；社会消费品零售总额106.5亿元，增长4.5%；城镇居民人均可支配收入41306元，增长5.7%；农村居民人均可支配收入22398元，增长8.8%。2024年前三季度，实现地区生产总值215.9亿元，增长7.4%；一般公共预算收入11.3亿元，增长0.8%；规模以上工业增加值增长20.3%；固定资产投资增长18.4%；社会消费品零售总额86.1亿元，增长4.2%；城镇居民人均可支配收入32533元，增长4.9%；农村居民人均可支配收入18264元，增长6.8%。

石台县

石台县原名石埭县，位于安徽省南部山区腹地，1959年因国家兴建陈村水库撤销建制，1965年因国防建设需要复建并易名为石台。辖6镇2乡，面积1413平方公里，常住人口7.75万。

石台生态功能良好。是国家级生态经济示范区、国家重点生态功能区，有林地192万亩，森林覆盖率达84.65%，是全国平均水平的4倍；大气负氧离子含量每立方厘米3000—10000个，荣选全国首批并连获"中国天然氧吧"称号；年水资源蕴藏量18亿立方米，人均水资源量是全国平均水平的7倍，秋浦河、黄溢河、清溪河干流水质达到Ⅱ类以上标准，可以直接饮用；土壤及农产品富含"硒"，是中国三大富硒地之一；2023年被生态环境部命名为全国第七批"绿水青山就是金山银山"实践创新基地，先后荣获中国生态硒都、2023中国康养旅游名县等殊荣，连续5年入选"中国最美县域榜单"。

石台旅游资源富集。有以牯牛降为代表的山岳风光、以秋浦河为代表

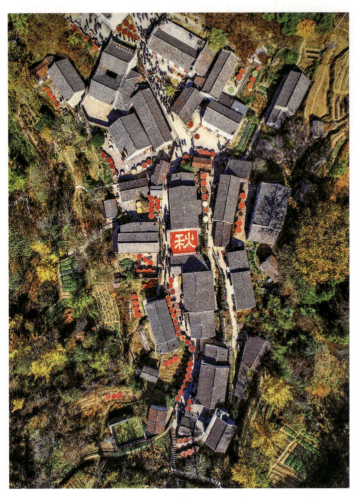

◎ 火红的辣椒、山茱萸，金黄的玉米、黄豆，橙色的柿子、南瓜……坐落在石台县高山地区的七井画坑，每到秋季丰收时节，家家户户都有晒秋的农俗

的湿地特色、以蓬莱仙洞为代表的溶洞地貌、以大山富硒村为代表的养生福地、以白石岭为代表的田园景观，先后荣获全国休闲农业与乡村旅游示范县、中国最美生态休闲旅游名县、长三角自驾游热门十强城市、中国县域旅游发展潜力百强县(市)等称号，入选第二批省级全域旅游示范区、首批省级文化产业赋能乡村振兴试点单位名单，被誉为"中国原生态最美山乡"。目前正式对外开放景区景点 10 个，其中牯牛降、蓬莱仙洞、仙寓山、醉山野、秋浦河、怪潭、鱼龙洞 7 个景区为国家 4A 级旅游景区。

石台文化底蕴深厚。有"国保"单位榉根关古徽道、唐代杉山镇国寺遗址等文物古迹，是郑本（郑之珍）目连戏的编创地。先后涌现出晚唐诗人杜荀鹤、明代四部尚书毕锵、近代佛学大师杨文会、当代世界语诗人苏阿芒、著名学者李诚等一批杰出人物。

2023 年，实现地区生产总值 35.3 亿元，增长 6.5%；一般公共预算收入 3.5 亿元，增长 20.8%；规模以上工业增加值增长 15.7%；固定资产投资增长 18.2%；社会消费品零售总额 16.1 亿元，增长 4.8%；城镇居民人均可支配收入 37846 元，增长 6.2%；农村居民人均可支配收入 16214 元，增长 8.5%。2024 年前三季度，实现地区生产总值 29.1 亿元，增长 6.5%；一般公共预算收入 2.8 亿元，增长 0.1%；规模以上工业增加值增长 13.7%；固定资产投资增长 10.3%；社会消费品零售总额 12.9 亿元，增长 5.4%；城镇居民人均可支配收入 30230 元，增长 5%；农村居民人均可支配收入 13072 元，增长 6.8%。

青阳县

青阳县位于长江中下游南岸、皖南山区北部，南依黄山，北枕长江，国家 5A 级旅游景区九华山坐落境内。辖 11 个乡镇，面积 1196 平方公里（含九华山），常住人口 22.78 万。先后荣获全国首批自然资源节约集约示范县、国家体育产业示范基地、全国健走示范城市、全省质量强县、全省首批文旅产业融合发展示范区、全省科普示范县、全省城乡交通运输一体化示范县、全省优质医养结合示范县、全省平安建设优秀县、中国县域旅游综合竞争力百强县、全省美丽乡村建设先进县等称号。

青阳历史悠久，文化底蕴深厚。自西汉年间设县至今，已有 2100 余年历史。九华山雄踞县境西南，佛教文化源远流长。地方戏曲"青阳腔"被

◎ 青阳县芙蓉湖名称缘于诗仙李白"天河挂绿水，秀出九芙蓉"的诗句，湖水宛如明镜一般，将九华山后山的美景映入其中、互为映衬

誉为京剧鼻祖,是首批国家非物质文化遗产。目连戏、傩戏、九华民歌被广为传唱。境内有滕子京墓、太平山房、李氏宗祠等古文化、古墓葬、古建筑、碑碣崖刻400余处。

青阳生态良好,自然资源丰富。森林覆盖率达57.62%,青通河、九华河、七星河等天然水系贯穿全境,城市直供水源——牛桥水库饮用水等级达到国家Ⅰ级标准。素有"碳酸钙之府""钨钼之路"美称,已探明矿产资源7类36种,其中方解石资源量3.39亿吨、石灰石资源量36.53亿吨、白云石资源量28.66亿吨。生态农业特色明显,拥有优质专用粮食基地19.4万亩、竹资源面积11.79万亩、花卉苗木基地1.02万亩,皖南土鸡存栏量409万只。

青阳区位优越,境内交通便利。2至4小时经济圈覆盖长三角和中部各大城市,县城距九华山机场仅20公里,池黄高铁建成通车并在县城南部设九华山站,宁宜城际铁路、沿江高速、318国道横贯东西,京台高速、330国道贯穿南北,童埠港水运直通长江深水港。在皖南国际文化旅游示范区中处于重要核心区,是"两山一湖"的交通枢纽和天然门户。

青阳产业鲜明,发展动能强劲。坚持工业和旅游双支撑,抢抓长三角一体化发展战略机遇,充分发挥安徽宝镁"大项目"、池黄高铁"大交通"、九华山文旅"大品牌"、镁铝轻合金"大产业"四大比较优势,全力以赴抓招商、上项目、优环境,大力发展高端钙基新材料、现代机电装备等新兴产业,加快构建以新质生产力为主导的现代产业体系,经济社会发展保持强劲势头。

2023年,实现地区生产总值178.3亿元,同比增长6.8%;一般公共财政预算收入13.05亿元,增长9.5%;规模以上工业增加值同比增长9%;固定资产投资增长18.5%;社会消费品零售总额84.1亿元,增长4.9%;城镇居民人均可支配收入44268元,增长5.5%;农村居民人均可支配收入23555元,增长8.9%。2024年前三季度,实现地区生产总值162.4亿元,增长6.3%;一般公共预算收入11.5亿元,增长3.1%;规模以上工业增加值增长11.4%;固定资产投资增长10.8%;社会消费品零售总额68.2亿元,增长 5.3%；城镇居民人均可支配收入 34671 元，增长 4.7%；农村居民人均可支配收入 19380 元，增长 7.1%。

安庆市

安庆市位于安徽省西南部，长江下游北岸，皖河入江处，西接湖北，南邻江西，西北靠大别山主峰，东南倚黄山余脉。辖 2 市 5 县 3 区，面积 1.35 万平方公里，常住人口 411.7 万。是国家历史文化名城、中国优秀旅游城市、国家园林城市、国家森林城市、全国绿化模范城市、全国文明城市、国家信用建设示范城市、全国双拥模范城市、中国黄梅戏艺术发展基地。

历史悠久，人文荟萃。是古皖国所在地，安徽简称"皖"即由此而来。

◎ 中国黄梅戏博物馆是以收藏展示历史文物、革命文物和戏剧文物为重点的综合性国家二级博物馆，总建筑面积 4.25 万平方米，展陈面积 1.34 万平方米，拥有馆藏 1.6 万余件（套）

◎ 江淮汽车安庆分公司坐落于安庆经开区，总建筑面积35万平方米，总投资33.6亿元，达产后可实现年产整车20万辆规模，年产值可达200亿元。图为江淮汽车整车出厂

南宋绍兴十七年（1147年）改舒州德庆军为舒州安庆军，"安庆"自此得名。安庆城始建于1217年，至今已有800年的历史。东晋诗人郭璞曾称"此地宜城"，故安庆又别名"宜城"。从1760年到1938年，安庆为安徽省省会，中国第一台蒸汽机、第一艘机动船和安徽的第一座发电厂、第一所大学、第一张报纸都诞生在这里。安庆是禅宗文化、桐城派文化和黄梅戏的发祥地，孕育了中国新文化运动的先驱和中国共产党的创始人陈独秀、京剧鼻祖程长庚、黄梅戏表演艺术家严凤英、两弹元勋邓稼先、佛教领袖赵朴初等众多名人。

生态优良，环境优美。境内有江淮生态屏障大别山、世界地质公园天柱山；长江岸线165公里，流域面积300平方公里以上河流10条，天然湖泊8个。拥有4A级以上旅游景区24处，是大黄山国际休闲度假旅游目的地建设的重要组成部分和长三角重要的旅游目的地。

区位优越，交通便捷。地处皖鄂赣三省交界处，是联动长三角和中部地区的区域重点城市。境内海陆空交通齐备，是国家高铁规划中"八纵八横"重要节点城市，宁安城际和京港高铁在此交会，合安九高铁全线通车；安庆港是国家一类口岸，也是长江北岸的深水良港；安庆机场已开通17条国内航线，年吞吐能力达150万人次。

产业新兴，势头良好。拥有综合保税区等5个"国字号"开放平台，已形成汽车及零部件、化工新材料等主导产业集群以及功能膜、刷业制造、纺织服装等特色产业集群，生命健康和生物科技、新材料和新能源等新兴产业正在加快发展。

2023年，实现地区生产总值2878.3亿元，增长5.7%；一般公共预算收入193.5亿元，增长10.7%；规模以上工业增加值增长6.2%；固定资产投资增长10.2%；社会消费品零售总额1409.1亿元，增长7.8%；城镇居民人均可支配收入43609元，增长5.2%；农村居民人均可支配收入19526元，增长7.7%。2024年前三季度，实现地区生产总值2335亿元，增长5.5%；一般公共预算收入152亿元，增长2.5%；规模以上工业增加值增长6.3%；固定资产投资增长6.5%；社会消费品零售总额1107.6亿元，增长5.8%；城镇居民人均可支配收入34985元，增长4.4%；农村居民人均可支配收入16205元，增长6.4%。

桐城市

桐城市位于安徽省中部，面积1552.7平方公里，常住人口59万，辖1个国家级开发区、12个镇、3个街道。先后获得全国文明城市、国家历史文化名城、中国文学之乡、国家园林城市、国家生态文明建设示范区、平安中国建设示范县（市）、全国中部百强县（市）、全国投资潜力百强县（市）、全国营商环境百强县（市）、安徽省制造业发展综合十强县（市）等国家和省级荣誉20余项。

桐城是文化之都。古称"桐国"，唐至德二年（757年）正式定名为"桐城"，迄今已有1200余年。文风昌盛，"桐城派"主盟清代文坛200余年，

◎ 六尺巷因清代大学士张英与邻居吴家互相退让三尺地基而成，是中国邻里和谐礼让的典范。2024年10月17日，习近平总书记亲临六尺巷考察。

归附作家1200余人，走出了方令孺、舒芜、陈所巨等一批现当代著名作家。文化繁荣，号称"黄梅戏之乡"，严凤英等杰出艺人为黄梅戏的发展作出了重要贡献。名士辈出，涌现出大学者方以智，父子宰相张英、张廷玉，美学大师朱光潜，哲学大家方东美，革命家、外交家黄镇，计算机之父慈云桂等众多名人，先后走出了5000余名博士、近20名"两院"院士。

桐城是通达之地。素有"七省通衢"之称，北至省会合肥90公里，南邻安庆市68公里，是皖西南的交通枢纽和承东启西的通达之地，属合肥都市圈南翼门户城市。合安高铁、沪蓉高速、德上高速、合九铁路、206国道纵贯全境，江淮运河菜子湖段通航运行，无岳高速建成通车。城乡道路相互连通，"四好农村路"建设水平不断提高，城乡公交全面覆盖。

桐城是产业之城。致力于新兴产业发展和传统产业升级，形成了新能源汽车零部件、绿色包装、智能制造、医工医药健康等特色产业集群。现有企业1.9万多家，其中规模以上工业企业453家，国家高新技术企业 132 家，拥有中国驰名商标 17 件，综合实力连续多年位居安庆龙头、全省第一方阵。

桐城是宜居之所。山水深秀，物产丰饶，"桐城小花"茶、桐城水芹菜、大关水碗、桐城丰糕等特产远近闻名。境内有 4A 级旅游景区 3 家、3A 级旅游景区 3 家。全市森林覆盖率达 33.8%，主要河湖水质稳定达到 Ⅲ 类水标准，空气优良天数比例达 94.8%，PM$_{2.5}$ 平均浓度 24 微克/立方米、位居全省第 7 名。

2023 年，实现地区生产总值 467 亿元，增长 5.5%；一般公共预算收入 23.7 亿元，增长 6.2%；规模以上工业增加值增长 -2.8%；固定资产投资增长 9.7%；社会消费品零售总额 173.3 亿元，增长 7.9%；城镇居民人均可支配收入 42791 元，增长 5.4%；农村居民人均可支配收入 23007 元，增长 7.6%。2024 年前三季度，实现地区生产总值 373 亿元，增长 5.4%；一般公共预算收入 14.5 亿元，增长 -23.6%；规模以上工业增加值增长 7.9%；固定资产投资增长 5.8%；社会消费品零售总额 136.6 亿元，增长 7%；城镇居民人均可支配收入 33256 元，增长 4.7%；农村居民人均可支配收入 19930 元，增长 6.2%。

潜山市

潜山市位于安徽省西南部、大别山东南麓，是国家撤县设市重新启动后全国第一家以旅游特色县获批的县级市，素有"皖国古都、二乔故里、安徽之源、京剧之祖、黄梅之乡"的美誉。辖 16 个乡镇和 1 个国家级风景名胜区、1 个省级经济开发区、1 个省级旅游度假区，面积 1688 平方公里，常住人口 43.3 万。

潜山历史悠久、底蕴深厚，是人文荟萃的文化之城。春秋时为皖国都城，安徽简称"皖"源于潜山。境内遗存有 5000 多年前的薛家岗文化遗址，是人类长江流域史前文明代表；1700 余年的东晋太平塔，为安徽第一古塔；山谷流泉摩崖石刻，存留有王安石、苏东坡、黄庭坚等历代名人大家题刻 400 多方。是京剧发源地、长篇叙事诗《孔雀东南飞》故事发生地、三国佳丽"二乔"生长地,孕育了京剧鼻祖程长庚,通俗小说大师张恨水,杂技皇后夏菊花,黄梅戏表演艺术家韩再芬,"两院"院士常凯、冯夏庭等文化名人,是(首届)中国文化百强县、全国文明城市提名城市、全国首批文化产业赋能乡村振兴试点县。

潜山生态优良、山川秀美,是宜居宜游的魅力之城。境内天柱山为世界地质公园、国家首批风景名胜区、国家 5A 级旅游景区。富硒、富锌、富负氧离子"三富"资源得天独厚,乡村游、研学游、避暑游、养生游及山岳观光、漂流攀岩、高山滑雪、低空飞行、民宿度假等业态蓬勃发展。现为安徽省园林城市、全国首批美丽乡村建设优秀城市、国家生态文明建设示范市、中国县域旅游竞争力百强县市、"中国天然氧吧"、全国绿水青山就是金山银山实践创新基地。

潜山区位优越、发展迅速,是加速崛起的活力之城。是皖、鄂、赣三省通衢之地,沪渝、济广、岳武 3 条高速穿境而过,5 个出口辐射全域,安九高铁建成通车、六庆铁路在潜并站。新能源新材料、医药健康、文化旅游等主导产业迅速崛起,刷业特色产业集群发展,茶叶、瓜蒌籽、油茶等名优特产闻名遐迩,经开区、天柱山风景区、源潭市域经济副中心城市"三足鼎立",工业、旅游业"两翼齐飞"的高质量发展格局加速形成。

◎ 天柱山以花岗岩峰丛地貌为主,奇峰、怪石、幽洞、飞瀑星罗棋布,是世界地质公园、首批国家重点风景名胜区、国家 5A 级旅游景区

2023 年，实现地区生产总值 244.7 亿元，增长 5.2%；一般公共预算收入 12.1 亿元，增长 9.2%；规模以上工业增加值增长 3%；固定资产投资增长 5.8%；社会消费品零售总额 138.4 亿元，增长 7%；城镇居民人均可支配收入 41996 元，增长 4.9%；农村居民人均可支配收入 18183 元，增长 8%。2024 年前三季度，实现地区生产总值 197.7 亿元，增长 5.8%；一般公共预算收入 8.3 亿元，增长 -8%；规模以上工业增加值增长 6.9%；固定资产投资增长 4.1%；社会消费品零售总额 109.4 亿元，增长 7.8%；城镇居民人均可支配收入 34810 元，增长 4.4%；农村居民人均可支配收入 14956 元，增长 6.7%。

怀宁县

怀宁县地处安徽西南部，长江下游北岸，大别山南麓前沿。自东晋建县至今有 1600 余年历史，府、县同城而治 690 余年，省、府、县同城而治 178 年，素有"首府首县、独秀故里、戏曲之乡、长诗圣地"之称。辖 20 个乡镇，面积 1276 平方公里，常住人口 49.7 万。

怀宁是"文化名城"。人文荟萃、名人辈出，清代有被康有为誉为"千年一人"的书法大师邓石如，近现代有中国共产党创建者之一陈独秀、著名教育家王星拱，当代有"两弹元勋"邓稼先、著名青年诗人海子。是东汉古诗《孔雀东南飞》的故事发生地，是黄梅戏、京剧前身徽剧的发祥地，素有"戏曲之乡""教育之乡"的美誉。

怀宁是"交通枢纽"。区位优越、交通便捷，已建成合安、安九高铁，沪渝、济广、合安高速和 318、206 国道穿境而过，与坐落境内的安庆西站、怀宁站，紧邻县境的长江货运码头、安庆天柱山民航机场，形成立体式、多元化的交通网络，跻身全国城乡交通运输一体化示范创建县。

怀宁是"产业新城"。聚力发展新材料及加工、装备制造、绿色食品和全域旅游"3+1"主导产业，汽车零部件、绿色纸塑产业入选省级特色产业集群，怀宁经济开发区跻身全省省级以上开发区 15 强，获评国家绿色工业园区。连续两年获评"全省优化营商环境工作优秀单位"。现有规模以上工业企业270家、高新技术企业83家、省级"专精特新"企业37家。

怀宁是"宜居城市"。县城框架建成面积26平方公里，常住人口17万。跻身国家生态文明建设示范区、全国健康促进县、全国法治县（市、区）创建活动先进单位、全国农村社区治理试验区、省文明城市、省园林县城、省森林城市、省卫生县城、省首批"宜居县城"试点县、省休闲农业和乡村旅游示范县。

怀宁是"蓝莓之乡"。蓝莓种植面积达8.8万亩，集聚蓝莓深加工企业10家，综合产值65亿元，形成了较为完整的产业链条，成功创建全国绿色食品原料（蓝莓）标准化生产基地，获批"怀宁蓝莓"国家地理标志证明商标，入选国家林业示范园区、省"一县一业（特）"全产业链示范县和"点赞2023我喜爱的中国品牌"。

2023年，实现地区生产总值353.4亿元，增长4.9%；一般公共预算

◎ 栗山蓝莓产业种植基地位于独秀乡村振兴示范区核心区黄墩镇境内，全县蓝莓种植面积达8.8万亩，2023年综合产值65亿元

收入 17.2 亿元，增长 4.1%；规模以上工业增加值增长 -2.6%；固定资产投资增长 14.5%；社会消费品零售总额 151.1 亿元，增长 7.7%；城镇居民人均可支配收入 44113 元，增长 5.1%；农村居民人均可支配收入 22221 元，增长 7.7%。2024 年前三季度，实现地区生产总值 280.9 亿元，增长 6.6%；一般公共预算收入 14.3 亿元，增长 12.3%；规模以上工业增加值增长 9.7%；固定资产投资增长 8.9%；社会消费品零售总额 116.2 亿元，增长 5.8%；城镇居民人均可支配收入 35025 元，增长 4.5%；农村居民人均可支配收入 18460 元，增长 6.3%。

太湖县

太湖县位于安徽省西南部，大别山南麓、长江北岸，辖 15 个乡镇 186 个村（社区），面积 2040 平方公里，常住人口 42.4 万。

太湖是名人故里，自南朝宋武帝初年（420 年）建县以来，文风蔚然，人才辈出，出过 3 个状元、82 个进士，素有"一门四进士，十里两状元"之称，清嘉庆年间状元赵文楷出使琉球廉洁之声著于中外。佛教领袖赵朴初、著名诗人朱湘、著名社会活动家刘王立明、林学大家马大浦、史学大家孔凡礼、著名作家石楠等都是太湖人。

太湖是禅宗之源，是中国禅宗文化的发祥地，禅宗二祖慧可在狮子山弘法 31 年，三祖、五祖也都曾在此传经布道，狮子山二祖禅堂、晋代建的佛图寺、唐代建的海会寺和西风禅寺现都保存完好。

太湖是戏曲之乡，是京剧和黄梅戏的摇篮之一，四大徽班进京，多有太湖名伶，以叶春善为代表的梨园叶氏，马兰为代表的黄梅名旦，在曲坛影响深远。

太湖是旅游胜地，拥有两个 4A 级旅游景区。花亭湖千重山色、万顷波光，拥有国家风景名胜区等五张"国字号"名片。文博园创意独特、内涵深厚，是国家文化产业示范基地。赵朴初文化园、朱湘故居极富观瞻意义。

太湖是红色热土，是鄂豫皖革命根据地重要组成部分，红四军、红

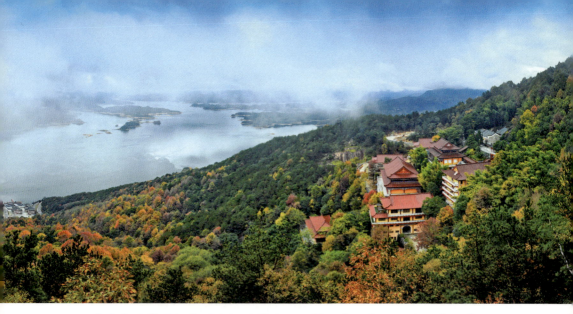

◎ 花亭湖风景区拥有国家级风景名胜区等 5 个国家级名片，景区清新绚丽、山水相依，岛屿星罗棋布、相映成趣。赵朴初赞其"千重山色、万顷波光"

十五军、红二十五军、红二十七军、红二十八军多次转战太湖，刘邓大军在这里留下了光辉足迹。

太湖是投资宝地，深入实施"百名干部服务企业"工程，功能膜产业先后获批全省重大新兴产业工程、全省县域特色产业集群，入选国家级中小企业特色产业集群名单，"中国膜都"成为新名片。集友股份为全国首家利用贫困县 IPO 绿色通道首发上市企业，五洲医疗在深圳创业板鸣钟敲锣，资本市场"太湖板块"正在加速形成。

2023 年，实现地区生产总值 217.8 亿元，增长 5.5%；一般公共预算收入 9.3 亿元，增长 8.6%；规模以上工业增加值增长 5.8%；固定资产投资增长 13.5%；社会消费品零售总额 122.9 亿元，增长 7.3%；城镇居民人均可支配收入 37093 元，增长 4.8%；农村居民人均可支配收入 17436 元，增长 7.9%。2024 年前三季度，实现地区生产总值 178.2 亿元，增长 5.5%；一般公共预算收入 7.5 亿元，增长 5.3%；规模以上工业增加值增长 7.7%；固定资产投资增长 8.8%；社会消费品零售总额 96.7 亿元，增长 5.3%；城镇居民人均可支配收入 30389 元，增长 4.8%；农村居民人均可支配收入 14068 元，增长 6.1%。

望江县

望江县地处皖鄂赣三省交界处，辖9镇1乡3街道、135个村（居），总面积1347平方公里，常住人口45.1万。为全国新兴纺织产业基地县、全国自然资源节约集约示范县、全国信访工作示范县、中国好粮油行动计划示范县、全国绿色食品原料（水稻）标准化生产基地县、皖江城市带承接产业转移示范区建设重点县、第三批中国金融生态县、安徽省第四届文明县城、安徽纺织服装第一县。

望江为滨江古邑、雷池故地、三孝故里、挑花之源、黄梅戏乡。东晋义熙元年（405年）置县，至今已有1600余年历史，成语"不敢越雷池一步"即源于此；王祥卧冰、孟宗哭竹、仲源泣墓的"三孝故事"发生于此；四度入选人民大会堂装饰品的国家非物质文化遗产"望江挑花"诞生于此；黄梅戏鼻祖蔡仲贤将民间黄梅小调演进成黄梅戏，剧作家陆洪非创作、改编《天仙配》《女驸马》等经典作品享誉全国。

◎ 国家非物质文化遗产——望江挑花是安徽省望江县的传统手工技艺，扎根于民间，土生土长，世代相传。图为农闲时姑娘大嫂们聚集在村中古祠堂里做挑花

望江县物产丰富,环境优美,四季分明。有耕地95万亩、林地27万亩、水面55万亩。境内河流湖泊星罗棋布,面积15万亩的武昌湖水质优良、风光旖旎,为长江中下游生态湿地保护区,是天鹅、白鹤等珍稀鸟类的越冬栖息地。农产品种类丰富,棉花、油菜生产和水禽、水产品养殖位处全省先进行列。"武昌湖牌"清水大闸蟹系"中国十大名蟹"之一,望江黄鳝、望江螃蟹、望江鳙鱼、望江甲鱼获批国家地理标志,"望江大米"入选全国名特优新农产品名录。

望江县承东启西、连南接北、通江达海,区位条件优越。地处武汉、南京、杭州、合肥、南昌五大省会城市的中心位置,是长三角和珠三角地区经济对接的交会地、东部沿海产业转移的必经地。长江黄金水道过境65.3公里,华阳港常年可停靠5000吨级货轮。济广高速、国道347穿境而过,望东长江大桥、合安九高铁快速通道建成通车,长江公铁大桥、北沿江高速安望段即将开工建设,水陆联运、连接全国的现代综合立体交通网络正加速形成。

2023年,实现地区生产总值209.7亿元,增长5.6%;一般公共预算收入15.6亿元,增长20%;规模以上工业增加值增长4.9%;固定资产投资增长6%;社会消费品零售总额105.74亿元,增长7.5%;城镇居民人均可支配收入38043元,增长5.3%;农村居民人均可支配收入17587元,增长7.5%。2024年前三季度,实现地区生产总值173.2亿元,增长6.7%;一般公共预算收入8.4亿元,增长13.6%;规模以上工业增加值增长11%;固定资产投资增长8.6%;社会消费品零售总额81.3亿元,增长7.6%;城镇居民人均可支配收入30160元,增长4.6%;农村居民人均可支配收入14412元,增长6.6%。

宿松县

宿松县位于安徽省西南部,北傍大别山余脉,南临长江,是安徽省直管体制试点县。辖9镇12乡2街道213个村(社区),面积2394平方公里,常住人口 60.9 万。

历史悠久，人文荟萃。古称松兹侯国，始建于西汉高后四年（前 184 年），隋文帝开皇十八年（598 年）改称宿松县并沿用至今，距今 2200 多年历史。是黄梅戏的发祥地之一，民间戏曲"文南词"和"断丝弦锣鼓"分别列入国家级和省级非物质文化遗产名录；古有陶渊明、李白、罗隐、陆游、朱元璋、刘基、史可法、王士祯、袁枚等在此耽游吟咏，现有宿松文创影响当代诗坛，被授予"中国诗歌之乡""中国民间文化艺术之乡"。

风光秀美，资源丰富。拥有国家 4A 级旅游景区国家森林公园石莲洞、"南国小长城"白崖寨，国家 3A 级旅游景区"长江绝岛"小孤山等，是皖西南旅游带的重要组成部分。境内山区、丘陵、湖泊、平原依次分布，有耕地 120 万亩、山场 73 万亩、可养水面 84 万亩，宜渔淡水面积位居全国第二、全省第一，蟹、虾、鳖、芡实等名优水产品久负盛名，其中"黄湖牌大

◎ 长江绝岛——小孤山位于宿松县复兴镇，形态特异、孤峰耸立，被形象描写为"东看太师椅、南望一支笔、西观似悬钟、北眺啸天龙"，是历代兵家必争之地

闸蟹"远销港澳台、日韩等地,是全国优质水产品基地县。境内已探明有开采价值的矿藏 28 种,其中磷矿石储量占全省一半以上、优质石灰石储量居全省前列、优质汉白玉已探明储量达 2 亿立方米。全县拥有青壮年劳动力 40 万、技术工人多达 27 万,人力资源充裕。

区位优越,交通便捷。地处皖鄂赣三省结合部和 800 里皖江之首,承东启西,连南贯北,堪称"安徽西南门户"。105 国道、沪渝高速、合安九高铁、合九铁路、北沿江一级公路、长江黄金水道穿境而过,距合肥、武汉、南昌等城市均在 2 小时左右车程,东进西联区位优势凸显。

2023 年,实现地区生产总值 273.6 亿元,增长 6.2%;一般公共预算收入 11.7 亿元,增长 10.9%;规模以上工业增加值增长 3.5%;固定资产投资增长 14%;社会消费品零售总额 122.8 亿元,增长 6.6%;城镇居民人均可支配收入 36219 元,增长 5.2%;农村居民人均可支配收入 17423 元,增长 7.8%。2024 年前三季度,实现地区生产总值 239.2 亿元,增长 6.3%;一般公共预算收入 9.8 亿元,增长 1.3%;规模以上工业增加值增长 9%;固定资产投资增长 9.1%;社会消费品零售总额 97.2 亿元,增长 7.4%;城镇居民人均可支配收入 27980 元,增长 4.9%;农村居民人均可支配收入 14243 元,增长 6.4%。

岳西县

岳西县位于大别山腹地、安徽省西南边陲,因"适居潜岳之西"而得名。辖 24 个乡镇 188 个村(居),面积 2372 平方公里,常住人口 32.4 万。

革命历史悠久。1924 年就有党的活动,1927 年建立党的组织,是鄂豫皖革命根据地的重要组成部分,红三十四师、红二十五军、红十一军、红二十七军先后在这里组建、战斗或重建,牺牲的烈士和死难群众达 4 万人,占当时人口的四分之一,中共安徽省委首任书记王步文烈士就出生和战斗在岳西。

地理区位独特。地跨长江、淮河两大流域,属于长三角一体化、长江

◎ 岳西翠兰是中国名茶、国宾礼茶，2023 年品牌价值达 27.2 亿元。岳西县现有茶园 19.98 万亩，年产量 7330 吨，综合产值达 31.58 亿元。图为包家石佛寺茶园

经济带和皖南国际旅游文化示范区，是华东、华中地区连接地带，六潜、岳武两条高速在境内形成"十字"交叉，距武汉、合肥车程在 2 小时左右，离合肥新桥国际机场 200 公里、天柱山机场 80 公里。

生态环境优越。境内千峰竞秀，万壑争流，千米以上高峰 69 座，平均海拔 600 米，年均气温 14℃，负氧离子单位含量是世卫组织公布的清新空气标准的 30 倍，森林覆盖率 77.3%，动植物 2160 余种，被称为"天然花园""天然氧吧""物种基因库"，地表水质达 II 类以上，拥有国家级自然保护区 2 个，国家 4A 级旅游景区 6 个，是国家重点生态功能区、国家级生态文明建设示范县、国家农业绿色发展先行区、全国"两山"理论实践创新基地，列入全国生态综合补偿试点。

特色产业鲜明。发展茶桑菜果药等特色农林业产业基地 85 万亩，拥有中国驰名商标 7 个、国家地理标志保护产品 5 个，岳西翠兰成为国宾礼茶，岳西蚕茧获评"全国名特优新农产品"，"岳西茯苓"认定国家地理标

志证明商标，高山蔬菜供给"亚丁湾"护航舰队，有机黑猪肉直供上海世博会，桑皮纸走进故宫，工艺被走进美国等 30 多个国家超市，是中国手工家纺名城、中国绿色果菜之乡、中国名茶之乡、中国蚕桑之乡、中国高山茭白之乡，被中央农办列为乡村振兴 10 个基层联系点之一，入选全国 100 个国家乡村振兴示范县创建名单。"清凉避暑游""红色研学游"火爆出圈，"一宅两院"民宿发展模式全省推广。

2023 年，实现地区生产总值 137.2 亿元，增长 5.6%；一般公共预算收入 9.2 亿元，增长 13.3%；规模以上工业增加值增长 3.8%；固定资产投资增长 11.8%；社会消费品零售总额 89.4 亿元，增长 6.8%；城镇居民人均可支配收入 36095 元，增长 5%；农村居民人均可支配收入 17534 元，增长 8.1%。2024 年前三季度，实现地区生产总值 108.3 亿元，增长 6.1%；一般公共预算收入 7.3 亿元，增长 17.5%；规模以上工业增加值增长 11.5%；固定资产投资增长 8.1%；社会消费品零售总额 69.7 亿元，增长 6.9%；城镇居民人均可支配收入 30426 元，增长 4.3%；农村居民人均可支配收入 14058 元，增长 6.5%。

黄山市

黄山市古老而年轻。公元前 221 年，秦始皇统一中国后设立黟、歙两县为黄山域内最早的行政建置，隋唐设歙州；1121 年，宋徽宗改歙州为徽州；1987 年，撤徽州地区设地级黄山市。辖 3 区 4 县，面积 9678 平方公里，常住人口 132.3 万。

山水优美。拥有 8 处国家级重点风景名胜区、自然保护区、森林公园，1 处世界级地质公园，3 家 8 处 5A 级旅游景区，21 家 4A 级旅游景区。黄山以奇松、怪石、云海、温泉、冬雪"五绝"著称于世，集世界文化与自然

◎ 云海是黄山五绝之一、第一奇观。图为云海浸染在万道霞光之中，璀璨夺目、多彩缤纷，宛若仙境

遗产、世界地质公园、世界生物圈保护区于一身。"山水画廊"新安江全长 359 公里，是华东地区重要的战略水源地。境内有"黄山情侣"太平湖、道教圣地齐云山、国家地质公园牯牛降、"世界奇观"花山谜窟等诸多高品位景点。

文化灿烂。徽学与藏学、敦煌学并称中国三大地方显学，徽文化是中华优秀传统文化瑰宝和安徽优秀乡土文化的金名片。310 处国家级传统村落、476 处省级传统村落、4103 处历史建筑，千余项非物质文化遗产、8000 多处不可移动文物、百万件文书文献，数量均居全国前列、安徽首位，独拥文化自然"双世遗"、历史文化"双名城"。新安画派、新安医学、徽派建筑、徽州四雕影响至今，徽剧是京剧的鼻祖，徽菜是中国八大菜系之一。《中国人名大辞典》收集的 4 万多清末以前历代名人中，徽州就有朱熹、戴震、王茂荫、黄宾虹、陶行知、胡适等 800 多位。

生态绝佳。森林覆盖率 82.9%，是全国平均水平的 3.83 倍；人均水资源占有量 7800 立方米，是全国人均的 4 倍，地表水、饮用水水源地水质

◎ 黄山市聚合历史、文化、生态、美学等多重价值，打造3200余家特色鲜明、主客共享的徽州美宿，成为一处处小而美的文化地标、诗意栖居的世外桃源。图为徽州区潜口镇的岸香·居田谷民宿

达标率100%，水环境质量位列全国前20、全省首位；空气质量优良天数比例达98.1%，环境空气质量排名全国168个重点城市第5位、长三角第2位、全省首位，荣获全国生态文明建设示范区、中国最具生态竞争力城市、中国十大秀美之城等殊荣。

物产丰饶。被誉为"华东物种基因库"，黄山有高等植物2581种，国家重点保护野生植物67种，陆生脊椎动物462种，国家重点保护动物92种；已发现各类矿产36种，其中查明钨资源18.88万吨、钼资源4.36万吨。是中国"十大名茶"祁门红茶、太平猴魁、黄山毛峰的原产地，"山泉流水养鱼"的发源地，也是华东地区木竹、蚕桑、水果、食用菌、中药材的主产区之一。文房四宝中的徽墨、歙砚均产于此。

产业兴旺。培育壮大绿色食品、智能制造、生命健康等新兴产业，累计优化升级项目510多个，新签项目469个、到位资金增长4.1%，省、市级重点项目分别完成投资287.7亿元、317.5亿元，新增4家国家专精特新"小巨人"企业、数量居全省第 7 位，新增国家高新技术企业 73 家、增长 23.15%，国家高新技术企业总数达 384 家。

区位优越。建成、在建和规划高铁 10 条、高速 12 条，合福高铁连南接北、对接京津冀，杭黄高铁承东启西、直通长三角，昌景黄高铁、池黄高铁开通运营，高速公路密度达到长三角平均水平，黄山屯溪国际机场迁建、黄山旅游 T1 线等重大项目扎实推进，立体化大交通格局加速形成。

2023 年，实现地区生产总值 1046.3 亿元，增长 4.5%；一般公共预算收入 84.3 亿元，增长 –7.1%；规模以上工业增加值增长 4.4%；固定资产投资增长 –10.1%；社会消费品零售总额 528.6 亿元，增长 3.7%；城镇居民人均可支配收入 45859 元，增长 4.7%；农村居民人均可支配收入 23465 元，增长 8.1%。2024 年前三季度，实现地区生产总值 787 亿元，增长 5.2%；一般公共预算收入 59.1 亿元，增长 –8%；规模以上工业增加值增长 8.7%；固定资产投资增长 5.6%；社会消费品零售总额 415.3 亿元，增长 4.8%；城镇居民人均可支配收入 35163 元，增长 3.7%；农村居民人均可支配收入 18795 元，增长 6.8%。

歙　县

歙县北倚黄山，东临杭州，南连千岛湖，辖 28 个乡镇，面积 2122 平方公里，常住人口 35.5 万。公元前 221 年秦朝建县，是古徽州的政治、经济、文化中心。1986 年被公布为第二批国家历史文化名城，徽州古城与山西平遥、云南丽江、四川阆中并称为我国保存最完好的四大古城。2019 年入选中国地名文化遗产"千年古县"名录，先后荣获全国文明城市、国家卫生县城、中国县域旅游发展潜力百强县市、第六批国家级"两山"实践创新基地、国家文化产业和旅游产业融合发展示范区等称号，2023 年获批全国首批、全省唯一的"五好两宜"和美乡村试点试验县。

歙县是徽文化的主要发祥地，有"十户之村，不废诵读"的传统，享有"中国徽墨之都""中国歙砚之乡"美誉。自唐以来，共出进士 820 人。

经济学家王茂荫，新安画派奠基人渐江、黄宾虹，经学大师吴承仕，教育家陶行知，音乐家张曙等诞生于此。现有国家级非物质文化遗产6项，国家级历史文化名城1座、名镇1处、名村5处。"古建三绝"中的古牌坊、古祠堂、古民居遍布城乡，堪称"古建筑博物馆"，并有"中国牌坊第一县"之称。中国传统村落总数达167个，数量位居全国县级第一。

歙县山水汇聚，生态绝佳，县城"五峰拱秀、六水回澜"，拥有清凉峰国家级自然保护区、徽州国家森林公园。森林覆盖率82.2%，全年空气优良率保持98%以上，大部分地表水保持Ⅱ类及以上标准。现有国家5A级旅游景区1家2处、4A级旅游景区2家。享有"中国名茶之乡""中国枇杷之乡""安徽特色果品之乡"等美誉。

歙县毗邻杭州，东向发展、承接产业转移优势明显，皖赣铁路横贯东西，京福高铁和黄杭高铁均在歙县设站，杭瑞、溧宁高速直达县境，国家级文明样板航道——新安江航道直通千岛湖。

2023年，实现地区生产总值251.5亿元，增长5.5%；一般公共预算收入15.33亿元，增长2.8%；规模以上工业增加值增长-0.5%；固定资

◎ 阳产土楼位于歙县深渡镇，数百年来，村民采青石铺路架桥，取红壤木材筑巢而居，形成华东地区数量最多、保存最好的土楼建筑群，被称为藏在皖南峰峦中的"人间净土"

产投资增长 4.1%；社会消费品零售总额 108.8 亿元，增长 4%；城镇居民人均可支配收入 41867 元，增长 4.4%；农村居民人均可支配收入 23330 元，增长 8.4%。2024 年前三季度，实现地区生产总值 197.3 亿元，增长 6%；一般公共预算收入 10.1 亿元，增长 −7.4%；规模以上工业增加值增长 5.5%；固定资产投资增长 3%；社会消费品零售总额 88.6 亿元，增长 4.5%；城镇居民人均可支配收入 30648 元，增长 4.4%；农村居民人均可支配收入 18596 元，增长 6.7%。

休宁县

休宁县地处安徽最南端，紧邻两个世界遗产地黄山和西递、宏村，面积 2126 平方公里，常住人口 20.7 万。

休宁山水资源丰富。森林覆盖率 83.5%，有海拔千米以上山峰 26 座、大小河流 237 条。拥有中国四大道教名山之一的齐云山，闻名天下的新安江、富春江、钱塘江发源于此。

休宁历史文化厚重。是"中国状元县""中国罗经文化之乡"，自东汉建安十三年（208 年）建县，迄今已有 1800 余年历史，齐云山道教活动最早可追溯到唐代，自宋嘉定十年到清光绪六年共走出 19 位文武状元，万安罗盘在 1915 年巴拿马万国博览会上荣获金奖。

休宁区位交通优越。距黄山国际机场、黄山高铁北站一刻钟车程，京福高铁、杭黄高铁、昌景黄高铁、皖赣铁路以及徽杭等 5 条高速公路穿境而过，德上高速项目正加快推进，与长三角、珠三角、京津冀、长江经济带等发达地区时空距离大大拉近，在更大范围、更高层次上集聚配置要素资源更具优势。

休宁特色物产丰富。盛产休宁松萝、五城茶干、蓝田花猪等国家地理标志保护产品和泉水鱼、蓝田毛豆腐等特色美食，山泉流水养鱼系统被列入"中国重要农业文化遗产"，是中国山泉流水养鱼第一县、中国茶叶百强县、全国生态文明先进县、全国休闲农业和乡村旅游示范县、国家农业

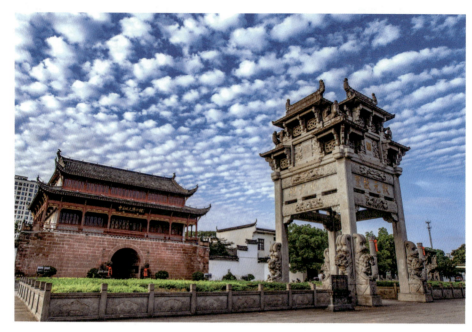

◎休宁县状元博物馆成立于1986年，是目前国内唯一一家以展示状元文化为主要内容、兼容中国传统文化与地方民俗于一体的综合性博物馆

绿色发展先行区、国家出口食品农产品质量安全示范区。

休宁发展前景广阔。近年来，全面贯彻习近平新时代中国特色社会主义思想，与时俱进完善发展目标和思路举措，经济社会保持平稳健康发展。国家和省市领导多次亲临休宁调研指导，对休宁创新创业给予肯定，对休宁改革发展寄予厚望，全县上下正以饱满的激情、昂扬的姿态，加快建设高品质休闲康养胜地，开创现代化美好休宁建设新局面。

2023年，实现地区生产总值141.1亿元，增长3.4%；一般公共预算收入10.6亿元，增长0.3%；规模以上工业增加值增长5.3%；固定资产投资增长-6.8%；社会消费品零售总额71.2亿元，增长3.5%；城镇居民人均可支配收入41955元，增长4.7%；农村居民人均可支配收入23097元，增长7.8%。2024年前三季度，实现地区生产总值101.8亿元，增长5.4%；一般公共预算收入6.4亿元，增长-9.8%；规模以上工业增加值增长9.2%；固定资产投资增长15.1%；社会消费品零售总额56.7亿元，增长5%；城镇居民人均可支配收入 32772 元，增长 3.6%；农村居民人均可支配收入 18788 元，增长 7.3%。

黟 县

黟县是古徽商聚集地和徽文化发祥地之一，也是皖南国际文化旅游示范区的核心区之一，拥有世界文化遗产地、国家生态示范区、中国旅游强县等名片和"世外桃源、画里乡村"美誉。辖 8 个乡镇，面积 857 平方公里，常住人口 7.6 万。

历史悠久，文化厚重。始建于秦（前 221 年），因建置于黟山（黄山古

◎ 塔川是一座独具特色的古村落，境内随处可见的乌桕树在深秋红若云霞，2017 年被列入国家森林公园，2022 年入选全国首批"天气气候景观观赏地"。图为被誉为"中国四大秋色"之一的"塔川秋色"

称黟山）南边而得名。境内完整保存 1684 处明清古建筑，拥有西递、宏村世界文化遗产，4 处全国重点文保单位，6 个中国历史文化名村，46 个中国传统村落，1 座国家历史文化名城，获评中国地名文化遗产"千年古县"，被称为"中国明清古民居博物馆""中国传统文化的缩影"。

环境优美，生态绝佳。境内山川毓秀，田园相依，山场面积占县域面积 86.3%，森林覆盖率 84.8%，富硒、富锌土壤资源分别占县域面积 43%、50.9%。先后荣获国家重点生态功能区、国家生态文明建设示范区、全国首家且唯一气候康养旅居示范区等称号。相传陶渊明笔下的《桃花源记》就出自这里，素有"桃花源里人家""中国画里乡村"之美誉。

旅游主导，资源丰富。共有 5A 级旅游景区 2 处、4A 级 4 处、3A 级 3 处。先后荣获国家县域旅游竞争力百强县、中国乡村民宿发展示范县、全球百佳可持续目的地等诸多殊荣，入选首批国家全域旅游示范区、全国乡村旅游发展典型案例和全国文化遗产旅游百强案例，西递村荣获世界最佳旅游乡村。

2023 年，实现地区生产总值 56.9 亿元，增长 4.1%；一般公共预算收入 4.4 亿元，增长 0.5%；规模以上工业增加值增长 1.2%；固定资产投资增长 -4.5%；社会消费品零售总额 24.8 亿元，增长 3.9%；城镇居民人均可支配收入 40510 元，增长 4.2%；农村居民人均可支配收入 23783 元，增长 8.5%。2024 年前三季度，实现地区生产总值 44.3 亿元，增长 5.3%；一般公共预算收入 3.3 亿元，增长 -4.7%；规模以上工业增加值增长 13.8%；固定资产投资增长 -3.7%；社会消费品零售总额 18.9 亿元，增长 4.5%；城镇居民人均可支配收入 29911 元，增长 3.7%；农村居民人均可支配收入 18925 元，增长 6.6%。

祁门县

祁门县地处安徽南端、黄山西麓，属古徽州"一府六县"之一，建县于唐永泰二年（766 年），因城东北有祁山、西南有阊门而得名，是一个"九

◎ 祁门境内的牯牛降是国家级自然保护区、国家地质公园、国家 4A 级旅游
  景区，被誉为"亚热带边缘的绿色自然博物馆"和"珍稀物种的天然基因库"

山半水半分田"的山区县。辖 18 个乡镇 111 个村，面积 2215 平方公里，
常住人口 14.3 万。先后荣获全国生态示范区、全国双拥模范县、国家级全
域森林康养试点县、全国信访工作示范县、安徽省文明城市、安徽省美丽
乡村建设先进县、安徽省食品安全示范县、中国茶业十大转型升级示范县、
国家祁门红茶生产标准化试点示范区、中国天然氧吧等多项殊荣。

生态王国。全县森林覆盖率 88.6%，居全省首位，空气优良天数比例
达 99.2%，连续上榜"全国百佳深呼吸小城"，地表水、饮用水水源地水质
达标率 100%。境内的国家级自然保护区、国家地质公园、国家 4A 级旅游
景区牯牛降，被誉为"亚热带边缘的绿色自然博物馆""珍稀物种的天然
基因库"。

红茶之乡。祁门红茶被誉为"茶中英豪""群芳最"，是世界三大高
香红茶之首，曾三度荣获国际金奖、四次蝉联国家金奖。1979 年 7 月邓小
平同志视察黄山时赞誉："你们祁红世界有名。"

御医故里。祁门是新安医学的发祥地之一，有着丰厚的中医药文化底
蕴，明清两代有史可考的御医就有 21 人，为全国御医最多的县之一。代表

人物有明代汪机，被誉为明清四大医家之一；明代皇宫太医徐春甫，为世界上最早民间医学团体"一体堂宅仁医会"的创始人，所著《今古医统大全》为我国古代十大医学全书第一本。

千年古县。共有 11 处古戏台群，目连戏、傩舞等文化遗产保存完好，其中明清古戏台群、曾国藩行辕列入国家级文物保护单位，目连戏入选全国首批非物质文化遗产名录，被誉为中国戏曲"活化石"。

2023 年，祁门县实现地区生产总值 94.5 亿元，增长 3.4%；一般公共预算收入 5.28 亿元，增长 –14.9%；规模以上工业增加值增长 7%；固定资产投资增长 –30.1%；社会消费品零售总额 43.5 亿元，增长 3.7%；城镇居民人均可支配收入 41742 元，增长 4.1%；农村居民人均可支配收入 23031 元，增长 7.8%。2024 年前三季度，实现地区生产总值 70.4 亿元，增长 5.4%；一般公共预算收入 4.3 亿元，增长 0.2%；规模以上工业增加值增长 5.7%；固定资产投资增长 3.8%；社会消费品零售总额 34.1 亿元，增长 4.5%；城镇居民人均可支配收入 31986 元，增长 3.6%；农村居民人均可支配收入 18693 元，增长 7.1%。

安徽

【人文篇】

安徽名人

政治军事人物

◎ 姜子牙

【姜子牙】（前1128—前1015年），姜姓，字子牙，吕氏，名尚，一名望，尊称太公望，武王尊之号为"师尚父"，世称"姜太公"。东海上（今临泉县姜寨镇）人。姜太公是西周的开国元勋，齐国的缔造者，齐文化的创始人，是中国古代影响久远的杰出韬略家、军事家和政治家。历代典籍都公认他的历史地位，儒、道、法、兵、纵横诸家皆追他为本家人物，被尊为"百家宗师"。唐宋以前，姜太公被历代皇帝封为武圣，唐肃宗封姜太公为武成王，宋真宗封姜太公为昭烈武成王。元朝时期，民间对姜太公增加了一些神话传说。明代万历年间，许仲琳创作小说《封神演义》，从此，姜太公由人变成神，并且在民间广为信奉。

【管仲】（前723—前645年），名夷吾，字仲，谥号敬，因以敬仲称之，颍上县人。春秋时杰出的政治家。出身贫寒，早年与鲍叔牙游，合伙经商，因母老家贫，常受鲍叔牙资助，成为挚交。齐襄公乱政时，助公子纠与公子小白争位，失败后，经鲍叔牙推荐，被齐桓公任为上卿，尊称"仲父"。他治齐40年，对内政、经济、军事都进行了全面改革，制定了一系列富国强兵的方略。从此，齐国国力大振。对外号召"尊王攘夷""九合诸侯，一匡天下"，使齐桓公成为春秋时第一个霸主。著有《管子》一书，共86篇，今存76篇。

【范增】（前277—前204年），秦末居巢（今巢湖市）人。秦末农民战争时，他劝项梁立楚王族后裔为楚怀王。秦军围攻巨鹿时，楚怀王派宋义、项羽等救赵，以他为末将。后归属项羽，成为其主要谋士，封历阳侯，尊为"亚父"。他屡劝项羽杀刘邦，项羽不听。后项羽中刘邦反间计，削弱其权力，他愤而离去，死于归途。

【张良】（？—前186年），字子房，传为汉初城父（今亳州市东南）人，其先祖原为韩国贵族，秦灭韩后，他图谋恢复韩国，结交刺客，在博浪沙狙击秦始皇未遂，逃亡至下邳。秦末农民战争中，率部投奔刘邦；不久游说项梁立韩贵族成为韩王，为韩司徒。后韩王成被项羽杀害，复归刘邦，为其重要谋士。楚汉战争期间，提出不立六国后代，联结英布、彭越，重用韩信等策略，又主张追击项羽，歼灭楚国，都为刘邦所采纳。汉朝建立，封留侯。

【曹操】（155—220年），字孟德，小名阿瞒、吉利，沛国谯（今亳州市）人。东汉末年杰出的政治家、军事家、文学家、诗人。在政治军事方面，曹操消灭了众多割据势力，统一了中国北方大部分区域，并实行一系列政策，恢复经济生产和社会秩序，奠定了曹魏立国的基础。文学方面，在曹操父子的推动下，形成了以"三曹"（曹操、曹丕、曹植）为代表的建安文学，史称"建安风骨"，在文学史上留下了光辉的一笔。建安二十五年（220年），曹操病死洛阳，

◎曹操

谥号"武王"，其子曹丕代汉建魏后，追谥曹操为"武皇帝"，庙号"太祖"，史称魏武帝。

曹操对文学、书法、音乐等都有深湛的修养，他的文学成就，主要表现在诗歌上。曹操的诗歌，今存不足20篇，全部是乐府诗体。

《短歌行》（二首）其一

对酒当歌，人生几何？譬如朝露，去日苦多。

慨当以慷，忧思难忘。何以解忧？唯有杜康。

青青子衿，悠悠我心。但为君故，沉吟至今。

呦呦鹿鸣，食野之苹。我有嘉宾，鼓瑟吹笙。

明明如月，何时可掇？忧从中来，不可断绝。

越陌度阡，枉用相存。契阔谈䜩，心念旧恩。

月明星稀，乌鹊南飞，绕树三匝，何枝可依？

山不厌高，水不厌深。周公吐哺，天下归心。

◎ 周瑜

【鲁肃】（172—217年），三国时吴国名将。字子敬，今定远县东南乡人。年轻时性格豪爽，与周瑜结为好友。赤壁之战前，他与周瑜坚决主战，并建议孙权联合刘备共同抗曹，取得了赤壁之战的辉煌胜利。周瑜死后，鲁肃掌管东吴军事大权。鲁肃是继周瑜之后吴国最重要的名臣名将，建安二十二年（217年）去世，年仅46岁。

【周瑜】（175—210年），字公瑾，庐江舒（今庐江县，一说舒城县）人，出身士族，三国时东吴名将。建安三年（198年），袁术命周瑜为居巢长。周瑜看到袁术难成大业，转投孙策。孙策授周瑜为建威中郎将，人称"周郎"。建安十三年（208年），"赤壁之战"大败曹军，从而扭转了东吴的危险形势，巩固了东吴的统治，给孙权奠定了建国的基础，形成了三国鼎立的局面。由于长期征战，周瑜积劳成疾，于建安十五年（210年）率军西征途中箭伤复发，病死巴丘，时年36岁。周瑜不仅是军事奇才，而且精于音乐，当时民间便传有"曲有误，周郎顾"之语。

【曹丕】（187—226年），字子桓，沛国谯（今亳州市）人，曹操次子，三国时魏王朝的创建者。曹操死后，曹丕袭魏王。延康元年（220年），代汉称帝，为魏文帝，都洛阳。曹丕推行九品中正制。曹丕在文学上著作甚丰，成就卓著，是建安文学的积极创作者和热心倡导者。他的《典论·论文》，是我国现存的第一部文学评论专著。曹丕写过很多诗赋，现存辞赋30篇、诗40余首，其诗形式上受民歌影响，语言通俗，描写细腻，代表作《燕歌行》是中国现存最早的七言诗。

【刘裕】（363—422年），即宋武帝，南朝宋的建立者，永初元年（420年）至永初三年在位，字德舆，萧县绥舆里人。东晋义熙元年（405年），刘裕为徐州刺史。义熙五年出兵伐燕，南燕灭。义熙十二年（416年）复出兵关中征秦，克洛阳后，诏刘裕为相国，封十郡，为宋公，加九锡，位在诸王侯之上。东晋义熙十三年（417年）率水军入秦，封刘裕为宋王。元熙二年（420年）刘裕废晋恭帝取而代之，国号宋，改元永初。当政时期崇尚节俭，着力增强中央政权的财力。他察言纳谏，从善如流，出现了社会政治安定，经济繁荣的局面。政余研习书法，作书雄健遒丽，气势轩昂，当时的文臣武将、缙绅贤达竞相效尤，极一时之盛。

【朱温】（852—912年），即后梁太祖，五代梁王朝建立者，砀山县午沟里人。唐乾符四年（877年），参加黄巢起义军，黄巢建立大齐政权时，任同州防御使。唐中和二年（882年）朱温叛黄巢降唐，唐僖宗授其左金吾卫大将军。因战功屡升，唐僖宗加授其为校太傅，改封吴兴郡王，食邑三千户。唐昭宗封其为守太尉，兼中书令、诸道兵马副元帅。唐天祐二年（905年），被封为相国，总百揆，入朝不拜，剑履上殿。天祐四年（907年），朱温杀了唐王朝末代皇帝李祝，灭唐称帝，易名朱晃，改年号为开平元年（907年），建都汴，国号大梁。

◎ 包拯

【包拯】（999—1062年），北宋著名清官、政治家，字希仁。北宋庐州（今肥东县大兴集）人。天圣年间（1023—1032年）进士，历任广东端州知郡事，西北转运使，江宁、庐州知府，开封府尹，监察御史，大理寺评事，天章阁侍制，龙图阁直学士，大学士，枢密副使等职。死后谥为孝肃，人称包公。他以廉洁著称，执法严峻，不畏权贵，开一代清官之风范。遗著有《包孝肃奏议》10卷。事迹长期流传民间，多作为小说、戏曲题材。元杂剧有《陈州粜米》等剧目。

【方腊】（？—1121年），歙县人。北宋农民起义领袖。出身贫苦，以种田和做箍桶匠为业。北宋末年，封建盘剥加重，百姓终年不得温饱。方腊利用明教（秘密宗教团体）组织，号召群众"仗义而行"，反抗封建统治，得到广大农民的拥护。仅半年时间，起义烽火遍及两浙、皖南、赣东北，先后占领六州五十二县。宋王朝对此极为惊恐，一面以"招抚"进行政治诱降，一面派童贯等领兵15万前往镇压。因义军兵力分散，战斗接连失利。宣和三年（1121年）方腊和他的家属以及30余名义军将领被俘，八月二十四日在汴京（今河南开封）英勇就义。

【朱元璋】（1328—1398年），即明太祖，明王朝的开国皇帝。原名重八，后取名兴宗。汉族，濠州（今凤阳县东）人。年少时在皇觉寺为僧。25岁时参加郭子兴领导的红巾军反抗元末暴政，元至正二十一年（1361年）受封吴国公，至正二十四年（1364年）自称

◎ 朱元璋

吴王。至正二十八年（1368年），在基本击破各路农民起义军和扫平元的残余势力后，于南京称帝，国号大明，年号洪武，建立了全国统一的封建政权。在位31年，为缓和尖锐、复杂的阶级矛盾、民族矛盾和统治阶级内部各集团之间的矛盾，实行了抗击外侵、革新政治、发展生产、安定民生等一系列有利于社会进步的政策，在政治、经济、军事、思想等方面大力加强君主专制的中央集权统治。与此相适应，在法律思想上鉴于元末法纪纵弛导致的各种弊端，认为"朕收平中国，非猛不可"。朱元璋统治时期被称为"洪武之治"，死后葬于明孝陵。

【戚继光】（1528—1587年），字元敬，号南塘，晚号孟诸，定远县人，明朝著名爱国将领。嘉靖三十四年（1555年），金浙江都司，充参将，镇守宁波、绍兴、台州三郡。浙江一带倭患平息后，嘉靖四十一年（1562年），明朝官府又调戚继光入闽剿倭。嘉靖四十四年（1565年），戚继光和广东明军联合剿灭海匪吴平，至此，东南沿海倭患彻底平息。万历十五年（1587年）十二月病逝，谥号武毅。戚继光对练兵、治械、阵图等都有创见，著有《纪效新书》《练兵实纪》《止止堂集》《武备新书》《莅戎要略》等兵书。

◎戚继光

【张英】（1637—1708年），字敦复，号乐圃，安庆桐城市人，清代著名大臣张廷玉之父。康熙十二年（1673年）授翰林院编修。康熙十九年（1680年），授翰林院学士，兼礼部侍郎。康熙二十五年（1686年）授翰林院掌学士。康熙三十八年（1699年）十一月，拜文华殿大学士，兼礼部尚书。张英以敬慎深得康熙信任，康熙曾对执政大臣说："张英始终敬慎，有古大臣风。"张英好读白居易、苏轼、陆游三家诗，著作有《笃素堂诗集》《笃素堂文集》《笃素堂杂著》等。

【张廷玉】（1672—1755年），清代名臣，字衡臣，号研斋，安庆桐城市人。大学士张英次子。康熙三十九年（1700年），张廷玉中进士。康熙五十八年（1719年），受命领修《骈字类编》，历七年而书成。雍正帝即位，张廷玉受命协同掌院学士阿克敦、励廷仪办理翰林院文章之事。雍正八年（1730年）任军机大臣，著有《传经堂集》《焚馀集》《澄怀园诗选》《澄怀园载赓集》《澄怀园文存》《澄怀园语》《澄怀主人自订年谱》等。

【年羹尧】（1679—1726年），字亮功，号双峰，怀远县人。清康熙三十九年（1700年）中进士。康熙四十八年（1709年），任四川巡抚。康熙五十九年（1720年），授平西将军，翌年任川陕总督。雍正元年（1723年），青海罗卜藏丹津反清，帝命年羹尧率兵进讨，降十余万人。雍正三年（1725年），年羹尧在表贺祥瑞中用词失当，被降任杭州将军，又不遵旨赴任，后被逮至京师。翌年，雍正令其在狱中自尽。

◎李鸿章

【李鸿章】（1823—1901年），字少荃，晚年自号仪叟，庐州（今肥东县磨店乡）人，清末淮军首领、清政府内阁首脑、洋务派领袖。咸丰十一年（1861年）经曾国藩推荐，李鸿章受命赴庐州家乡招募武装编练淮军，以便与湘军配合共同镇压太平军。同治六年（1867年）授湖广总督，同治八年（1869年）兼湖北巡抚，同治九年（1870年）继曾国藩任直隶总督兼北洋大臣，开始掌握清廷的内政、外交、军事大权，成为清朝统治集团中举足轻重的人物。辛丑之后，李鸿章奉诏推行新政，设政务处，李为督办大臣，旋署总理外务部事。李鸿章是洋务运动的领袖，提出"自强"和"求富"的口号，创办了江南制造总局，筹建了北洋舰队，派遣留学生到国外学习，对中国近代生产方式的发生和发展起了积极的作用。光绪二十七年（1901年）病逝于北京。被谥文忠，追太傅，晋封一等侯爵，入祀贤良祠。

【胡光墉】（1823—1885年），字雪岩，绩溪县湖里村人。少时家贫，由人荐往杭州阜康钱庄学徒。庄主病危，无后，以钱庄赠之。后因辅助左宗棠有功，授江西候补道，"亦官亦商"，富甲江南。清同治十一年（1872年），在杭州创办"胡庆馀堂国药号"。重金延聘江浙名医、药工，收集古方，总结前人经验，精心选配400多种中药。其时，江浙一带，疫疠流行。胡光墉研制了"胡氏辟瘟丹""诸葛行军散""八宝红灵丹"等良药，并广为宣传，雇人着"胡庆馀堂"字号马甲，伫立杭城水

◎ 胡光墉

陆码头、街巷，施药治病。一时声誉大振，成为与北京"同仁堂"并称的南北药业两巨头。胡光墉十分讲究经营之道，广招贤能，尊医爱徒。他不仅使"胡庆馀堂"药品饮誉中外，百年不衰，也为发掘、继承祖国中医中药遗产，推进祖国医药事业的发展作出了卓越贡献。

【刘铭传】（1836—1896年），淮军将领，首任台湾巡抚。字省三，自号大潜山人，清道光十六年（1836年）七月生于合肥西乡（今肥西县）大潜山麓的刘老圩。早年追随李鸿章，成为淮军一股重要力量。光绪十一年（1885年），刘铭传出任台湾第一任巡抚。抚台六年，不但打退了法国舰队的进犯，而且创办军工企业、建铁路、开煤矿、通电讯、改革邮政、促进台湾贸易，大力开发建设台湾，为台湾的经济、文化等方面作出了突出贡献。光绪二十二年（1896年），在六安刘新圩病逝。

【丁汝昌】（1836—1895年），原名丁先达，字禹廷、雨亭，号次章。祖籍凤阳县，明初迁居庐江县北乡石头咀村。清咸丰三年（1853年），丁汝昌投于太平军程学启营下，多次参加庐江争夺战，后驻防安庆。清同治元年（1862年）二月，被编入淮军。同治三年（1864年），统先锋马队三营，随刘铭传镇压东、西捻军，积功至参将。后因李鸿章提名，升为北洋水师记名提督直隶天津镇总兵补北洋海军提督，后又赏加尚书衔，驻防威海卫，多次立下战功。他誓与威海阵地共存亡，最后悲愤捐躯。

【段祺瑞】（1865—1936年），合肥人。原名启瑞，字芝泉。清光绪十五年（1889年）毕业于天津武备学堂。后历任江北提督、第二军军统、湖广总督，与王士珍、冯国璋并称"北洋三杰"。南北和议时奉袁世凯意旨领衔北洋将领46人通电，迫清帝退位。袁任总统后，充陆军总长。1913年代理国务总理，镇压"二次革命"，不久又代理湖北都督兼湖南都督。袁世凯死后，他以国务总理控制北洋政府，府院之争中被黎元洪免职。后利用张勋复辟重新建立政府，1920年直皖战争爆发，被曹锟、吴佩孚解职。1924年冯玉祥发动北京政变，被推为中华民国临时政府执政。1926年段祺瑞执政府纵由军警屠杀爱国请愿学生，造成"三一八"惨案。不久段祺瑞被冯玉祥赶下台。1933年移居上海。

【陈独秀】（1879—1942年），中国共产党主要创建者之一。字仲甫，号实庵，出生于怀宁县一个书香世家。早年在杭州求是学堂学习，曾中过清朝秀才，参与发起反清团体岳王会。1915年，在上海创办并主编《青年杂志》（翌年改名为《新青年》），宣传民主与科学，抨击封建思想与文化。1917年任北京大学文科学长，是五四新文化运动的主要领导人之一。1921年，参与创建了中国共产党并担任中共一至五届书记、

◎陈独秀

委员长、总书记，推动了民主革命运动的高涨。1926年至1927年，领导上海工人举行了3次武装起义。大革命失败后，1927年中共中央召开会议批判了陈独秀右倾机会主义错误，撤销其中共中央总书记职务。1929年被开除出党。1932年在上海被国民党逮捕，1937年获释，1942年病逝于四川江津。其主要著作编为《独秀文存》《陈独秀文章选编》。

【冯玉祥】（1882—1948年），字焕章，祖籍巢县夏阁镇竹柯村（今巢湖市）。受到反清思潮影响，组织了反清团体"武学研究会"，秘密宣传革命。武昌起义后，发动了滦州武装起义。辛亥革命后，任左路备补军二营长。1926年，国民军联军在绥远五原组成，冯玉祥就任总司令。"九一八"事

变后，冯玉祥通电全国，提出了抗日救国十三项主张。曾负责指挥淞沪抗战。抗日战争胜利后，主张国内和平建设，反对内战，希望国共合作共建国家。1946年赴美国考察，1948年归国途中在黑海轮船上遇难。

◎ 冯玉祥

【张治中】（1890—1969年），族名本尧，字文白，出生于巢县建麓乡洪家疃（今巢湖市），祖籍靠山张村。1932年"一·二八"淞沪抗战，他时任第五军军长，同十九路军并肩作战。抗日战争期间，他始终坚持抗战到底，是一位从来没有同共产党打过仗的国民党高级将领。1949年，作为国民党政府代表团团长，到北平同共产党代表进行和平谈判。参加了第一届中国人民政治协商会议和开国大典。新中国成立以后，担任重要领导职务，积极参与国家政治生活，亲自主持民革中央促进祖国统一工作。

◎ 张治中

【章伯钧】（1895—1969年），桐城北乡（今枞阳县后方乡）人，民主党派人士。1922年留学德国，先后加入中国共产党和国民党。八一南昌起义，任总指挥部政治部副主任，后到香港。1928年脱离共产党。1930年5月与邓演达、谭平山等组织中国国民党临时行动委员会，任宣传部主任。1947年组建中国农工民主党，任主席。1933年参加由李济深、蔡廷锴等人在福建成立的中华共和国人民革命政府，任土地委员会主任。1945年改"中华民族解放行动委员会"为"中国农工民主党"，并出任主席。新中国成立后，历任交通部部长、政协全国委员会副主席、中国农工民主党主席、民盟中央副主席、第一届全国人民代表大会代表。

【卫立煌】（1897—1960年），字俊如，又名辉珊，出生于合肥东乡卫杨村（今合肥市）。1917年在孙中山大元帅府任警卫，后任排长。1922年参加讨伐陈炯明升为团长。北伐战争中，任国民革命军第一军团长、副师长、师长，兼任镇江警备司令。后任第九军副军长，以勇敢善战著称。1936年，任第十四军军长。全民族抗日战争爆发后，先后任第二战区副司令长官、第一战区司令长官。1943年，任中国远征军司令长官，率部入缅甸作战，回国后晋升陆军副总司令。1955年，从香港回到祖国内地，并发表《告台湾袍泽朋友书》。历任政协全国委员会常务委员、国防委员会委员、民革中央常务委员、第二届全国人民代表大会代表、国防委员会副主席。

◎李克农

【李克农】（1899—1962年），又名泽田、峡公、种禾、曼梓、稼轩、天痴、震中，出生于巢县烔炀镇中李村（今巢湖市）。1926年加入中国共产党。1928年到上海，在中共中央特科领导下从事秘密工作。1931年冬到中央革命根据地，任中华苏维埃临时中央政府国家政治保卫局执行部部长、中国工农红军第一方面军政治保卫局局长、红军工作部部长。参加长征，到陕北后，任中共中央联络局局长。卢沟桥抗战爆发后，任中共中央长江局秘书长。1941年起，任中共中央社会部副部长。中华人民共和国成立后，任外交部副部长、人民革命军事委员会情报部部长。1953年起，任解放军副总参谋长、中共中央调查部部长。1955年被授予上将军衔。

【孙立人】（1900—1990年），字仲伦，庐江县人。1918年考入清华大学，1924年赴美普林斯顿大学留学，后考入西点军校。1928年，回国后任国民党中央党务学校军训队副队长、财政部税警特种兵团（后改为第四团）团长。1937年参加淞沪会战。1942年任新编第三十八师师长，远征缅甸，次年任新一军军长。1947年任台湾防卫司令，次年任陆军司令，1955年被囚。1990年，病逝于台中寓所。

【戴安澜】（1904—1942年），今无为市人。1926年毕业于黄埔军校，参加了北伐战争。全民族抗日战争爆发后，历任第十三军旅长、第八十九师副师长、第二百师师长，先后参加了台儿庄战役、支援缅甸战役等。在缅甸朗科地区战斗中以身殉国，后被追晋为陆军中将。

【王明】（1904—1974 年），原名陈绍禹，又名陈绍玉，字露清，金寨县人。家庭出身贫民（亦说小商人）。曾任中共中央政治局委员、书记处书记、中共驻共产国际代表、共产国际执行委员会主席团委员、政治书记处候补书记。在土地革命战争时期和抗日战争初期，曾犯过"左"倾冒险主义和右倾投降主义的错误，是中国共产党内这两次错误路线的代表。1956 年后长期居住在苏联，1974 年病逝于莫斯科。

【王稼祥】（1906—1974 年），原名嘉祥，别名稼蔷，泾县厚岸村人。忠诚的马克思主义者，杰出的无产阶级革命家，中国共产党和中国人民解放军的卓越领导人，中国共产党和新中国对外工作的开拓者之一。1931 年 1 月任中共中央党报委员会秘书长和《红旗》《实话》总编辑。1938 年 8 月回到延安，任中共中央军事委员会副主席、总政治部主任兼八路军总政治部代主任，负责中央军委日常工作。1949 年 3 月，在中共七届二中全会上递补为中央委员。新中国成立后，成为首任

◎ 王稼祥

195

驻苏联大使、外交部副部长。1951 年起，长期任中共中央对外联络部部长。1956 年 9 月，在中共八大和八届一中全会上，当选为中央委员和中央书记处书记。他是第三、四届政协全国委员会常务委员。"文化大革命"期间，王稼祥遭到错误批判，在林彪、江青反革命集团的诬陷、迫害下，身心受到严重摧残，1974 年 1 月 25 日在北京逝世。1981 年在中国共产党建党 60 周年的纪念大会上，王稼祥被中共中央列为中共建党以来三十八名卓越的领导人之一。他的主要著作收入《王稼祥选集》。

◎ 彭雪枫

【彭雪枫】（1907—1944年），中国工农红军和新四军杰出指挥员、军事家。1926年加入中国共产党，1930年被派到苏区，1934年10月参加长征。全民族抗日战争爆发后，任八路军总部参谋处处长兼驻晋办事处主任。1938年组建新四军游击支队，任司令员兼政治委员，领导开辟豫皖苏边区抗日根据地。1941年皖南事变后，任新四军第四师师长兼政治委员、淮北军区司令员。1944年8月执行中央关于向河南敌后进军的指示，指挥所部进行西进战役，9月11日在河南夏邑八里庄指挥作战时牺牲，时年37岁。彭雪枫投身革命20年，出生入死，南征北战，智勇双全，战功卓著，他短暂而光辉的一生，表现出一名共产党员为民族和人民忠贞不渝的革命精神，被毛泽东、朱德誉为"共产党人的好榜样"。今宿州市建有彭雪枫将军纪念馆。

【黄镇】（1909—1989年），出生于桐城市东乡黄山村（今属枞阳县）。无产阶级革命家、杰出的外交家、我党我军优秀的政治工作和文化工作领导者。1931年加入中国工农红军，翌年加入中国共产党。1934年随军长征，途中创作了大量感人至深、鼓舞士气的写生画和漫画。全民族抗日战争时期，他和刘伯承、邓小平等老一辈无产阶级革命家一起浴血奋战，参与创建了晋冀鲁豫边区革命根据地。解放战争开始后，他率领晋冀鲁豫野战军第九纵队进入伏牛山区，策应刘邓大军挺进大别山，为实现解放全中国的战略部署作出了重大贡献。新中国成立后，黄镇在外交战线工作了27年。1977年12月后，他历任中宣部第一副部长，兼文化部党组副书记、部长和对外文委党组书记、主任，中顾委常委等职。

【江上青】（1911—1939年），原名江世侯，生于江苏扬州，祖籍安徽。1927年加入共青团，从此走上了革命道路。1929年就读于上海"艺大"文学系，同年加入中国共产党，并担任"艺大"地下党支部书记。"九一八"事变后，江上青饱含激情地写下了《前进曲》的长诗，起到了唤醒民众，鼓舞抗日斗志的积极作用。此后，江上青与一批热血青年先后创办了《新世纪周刊》《写作与阅读》等，宣传马克思主义的革命道理，宣传抗日救亡思想。1937年全民族抗战爆发后，江上青等人组织成立了江都县文化界救亡协会流动宣传团，从江都出发，溯江而上，广泛开展抗日宣传。

◎江上青

1938年8月，江上青遵照党的指示到安徽，在大别山区开展抗日宣传工作。1939年中共皖东北特委成立，江上青为特委委员。1939年7月29日，江上青遭到地主反动武装袭击，身中数弹牺牲，时年28岁。2009年9月14日，被评为100位为新中国成立作出突出贡献的英雄模范之一。

【洪学智】（1913—2006年），金寨县人。无产阶级革命家、军事家、新四军老战士、中国人民解放军现代后勤工作的奠基人和开拓者。1929年参加商南起义，同年加入中国共产党。土地革命期间，曾任红四军政治部主任，参加了长征。抗日战争期间，曾任苏北盐阜军区司令员、新四军二师副师长。解放战争期间，先后任黑龙江军区司令员、东北野战军第六纵队司令员、第四野战军四十三军军长。新中国成立后，历任第十五兵团副司令

◎洪学智

员兼参谋长、中国人民志愿军副司令员、总后勤部部长等职。曾任中共中央顾问委员会委员，第七、八届全国政协副主席。1955年和1988年两次被授予上将军衔，是唯一两次被授予上将军衔的将军，被人称之为"六星上将"。

【皮定均】（1914—1976年），金寨县人。中国人民解放军杰出将领，军事家。抗战时期曾任八路军太行军区第五、七军分区司令员，豫西抗日独立支队司令员。解放战争时期率领中原军区第一纵队第一旅突围中原，创下世界军事史上的奇迹。新中国成立后任第二十四军军长兼政委。1955年授衔时，曾被初评为少将，毛主席念及中原突围有功，在授衔名单上批示"皮有功，少晋中"，授中将军衔，并担任福建、福州军区副司令员，兰州、福州军区司令员等职。1976年因飞机失事殉职。

◎ 张劲夫

【张劲夫】（1914—2015年），原名张世德，安徽肥东人。早年投身革命，参加过抗日救亡运动、抗日敌后游击战争、解放战争。新中国成立后曾在国务院、国家部委和地方多个领导岗位任职，是中国共产党的优秀党员，久经考验的忠诚的共产主义战士，无产阶级革命家，我国科技和财经战线的杰出领导人，中共中央原顾问委员会常务委员，原国务委员。

【汪道涵】（1915—2005年），滁州明光市人。早年毕业于上海交通大学。1933年加入中国共产党。1940年任嘉山县抗日民主政府第一任县长，淮南行政公署副主任。解放战争时期，任胶东行署代主任，华中军区、华东军区军工部部长。新中国成立后，历任杭州市军管会副主任、中央一机部副部长、国家对外经济联络委员会第一副主任、国家外国投资管理委员会副主任、上海市市长。1991年底，任海峡两岸关系协会会长。1993年4月，与台湾海峡交流基金会董事长辜振甫在新加坡举行"汪辜会谈"。1998年10月，再次与海基会领导人会晤。汪道涵为促进两岸关系发展作出了重要努力，为推进祖国和平统一大业作出了卓越贡献，受到两岸同胞和国际社会广泛赞誉。

【姚依林】（1917—1994年），池州市贵池区人。党和国家的优秀领导人、杰出的无产阶级革命家、我国经济工作的卓越领导人。1935年加入中国共产党，先后任北平学联秘书长、天津市委书记、河北省委秘书长，组织指挥了著名的"一二·九"抗日救亡运动和冀东暴动。新中国成立后，曾在国务院、国家部委多个领导岗位任职。党的十一届三中全会后，任中央副秘书长、中央办公厅主任，1979 年 7 月任国务院副总理，分管经济工作。此后，兼任国家计划委员会主任，中央财经领导小组副组长等职。中共第十一届中央委员，十二届中央委员、中央政治局候补委员、委员，十三届中央委员、中央政治局委员、常委。

◎ 姚依林

思想学术人物

【老子】生卒年不详。姓李，名耳，字伯阳，谥号聃。春秋后期楚国厉乡曲仁里（今亳州市十八里镇西，一说涡阳县）人，是我国著名的思想家、哲学家，道家学派的创始人。老子曾任周朝守藏史（亦称柱下史，为管理藏书的史官）。后周室衰微，他辞官返里，修道德，以无为务。由于他学识渊博，孔子曾向他问礼。后来孔子对他的弟子说："我知道鸟能飞，鱼能游，兽能走，但不知龙乘云上天。我今天见到老子，他的学问道德莫非像龙一样高深而不可测吗？"后来老子西游至函谷关，关令尹喜留其著书，遂著《道德经》上

◎ 老子

下篇，其后不知所终。在《道德经》中，老子提出了"道生一，一生二，二生三，三生万物"的观点，并意识到事物的两面性及对立面的互相转化以及有无相生的道理，提出"祸兮福所倚，福兮祸所伏""天下万物生于有，有生于无"，具有朴素的辩证法思想。他针对当时社会不公平现象，指出"天之道损有余而补不足，人之道损不足而奉有余""民之轻死，以其上求生

人文篇

之厚""民之饥，以其上食税之多"。他提倡"知足""寡欲""绝圣弃智""无为而治"，甚至幻想人类社会恢复到"小国寡民"的原始状态中去。老子的思想对中国哲学的发展产生了极其重要的影响。老子一生精研道德，讲学授道。亳州城内的道德中宫相传即为其授道之所，门前的问礼巷相传为孔子问礼处，近年安溜镇亦发现"问礼宫"石刻。后人为纪念这位先哲，建有老祖殿，常年祭奉。

道可道，非常道。名可名，非常名。无，名天地之始；有，名万物之母。故常无，欲以观其妙；常有，欲以观其徼。此两者同出而异名，同谓之玄，玄之又玄，众妙之门。（《道德经·第一章》）

◎ 庄子

【庄子】（前369—前286年），姓庄名周，字子休，世称庄子，蒙城县人，战国时期著名思想家，道家思想的创始人之一，著有《庄子》。他继承和发展了老子道法自然的观点。他认为一切事物，无时无刻不处于发展变化之中，强调事物的自生自化，否认神的主宰。庄子从天道自然无为的立场出发，主张人生应当"无功""无名""无己""无待"，弃绝政治，弃绝人世，到"无何有之乡"去"逍遥"，去寻求不受任何束缚的自由自在的理想境界，认为只有达到了这种境界，才算"至人""神人""圣人""真人"。庄子由"道"说，推及人类社会，主张"任自然，去人为"，顺应自然规律的"无为"，才能够"无为而无不为"。由于他将"任自然"绝对化，失去主动改造社会的进取精神，因而坠入相对主义和宿命论。庄子也是杰出的散文家，他的散文内容丰富、独树一帜。其代表作有《逍遥游》《齐物论》等。

北冥有鱼，其名为鲲。鲲之大，不知其几千里也。化而为鸟，其名为鹏。

走进安徽
2024版

鹏之背，不知其几千里也。怒而飞，其翼若垂天之云。是鸟也，海运则将徙于南冥。南冥者，天池也。（《庄子·逍遥游》）

【刘安】（前179—前122年），淮南厉王刘长之子。汉文帝十六年（前164年），刘安以长子身份袭封为淮南王，都寿春（今寿县）。刘安和宾客著《淮南子》共20余万字，还撰有《淮南王赋》82篇、《群臣赋》44篇、《淮南杂星子》19卷、《淮南歌诗》4篇及《淮南万毕术》。这些著作的内容涉及政治、哲学、史学、文学、地理、农业、水利、医学等多方面，集中体现了道家思想。汉元狩元年（前122年），汉武帝以刘安叛逆罪派兵入淮南，刘安被迫自杀。

【桓谭】（约前20—56年），字君山，沛国相（今淮北市）人。东汉哲学家、政论家。他爱好音律，善于鼓琴，遍习五经，擅长作文。桓谭博学多识，非议俗儒，反对神学，有朴素的唯物主义思想。他认为灾异是自然界常有的现象，与人事无关，曾提出以烛火喻形神的观点："精神居形体，火之燃烛，烛无，火亦不能独行于虚空"，指出精神不能离开形体独立存在，像烛火不能离开烛体一样。这个观点对同代的无神论者王充和南北朝时期的范缜都有重大的影响。桓谭将人的生死看作是一种自然规律，认为"生之有长，长之有老，老之有死，若四时之代谢矣"，对当时统治阶级宣传的人能长生不老的迷信思想进行了有力抨击。

【嵇康】（224—263年），字叔夜，谯郡铚（今濉溪县临涣镇）人。三国时魏末的著名思想家、文学家和音乐理论家，在魏国曾做过中散大夫，世称嵇中散，"竹林七贤"之一。崇尚老庄哲学，处世恬静寡欲，提出"越名教而任自然"，主张回到自然，厌恶儒家各种人为的烦琐礼教。在文学方面，长于四言诗，风格清秀峻逸，代表作是《幽愤诗》《赠秀才入军十八首》。在音乐方面，嵇康认为"心之与声，

◎ 嵇康

明为二物"，音乐本身无哀乐可言，同一音乐可以引起不同感情，其目的是反对统治者推行的礼乐教化思想。他留下的"广陵绝响"典故被后世传为佳话，《广陵散》更是成为我国十大古琴曲之一。著有《嵇中散集》。

【朱熹】（1130—1200年），字元晦，号晦庵，祖籍徽州婺源（今属江西）。南宋哲学家、教育家，宋代理学集大成者。在哲学上，融合儒、释、道三家，构建了一个以"理"为最高哲学范畴的学说，世称"程朱学派"。其学术思想在元、明、清三代被视为封建统治阶级的官方哲学。从事教育四十余年，对我国古代教育事业和教育思想的发展作出了贡献。代表性的著作有《四书章句集注》《诗集传》《楚辞集注》《晦庵词》《朱子语类》等。

【方以智】（1611—1671年），安徽桐城人，字密之，号曼公，又号鹿起、龙眠愚者等，法名弘智。明末清初著名哲学家、科学家，被誉为"17世纪罕无伦比的百科全书派"大学者。因家学渊源，博采众长，主张中西合璧，儒、释、道三教归一。一生著述400余万言，多有散佚，存世作品数十种，内容广博，涉及文、史、哲、地、医药、物理等方面。其著作《通雅》《物理小识》是百科全书式的专著。

【方苞】（1668—1749年），清代散文家，桐城文派创始人，字凤九，一字灵皋，号望溪，桐城人。22岁考取秀才。24岁到京都，入国子监，以文会友，名声大振。康熙四十五年（1706年）中进士第四名。康熙六十一年（1722年），充武英殿修书总裁；雍正九年（1731年），授左中允，次年迁翰林院侍讲学士。雍正十三年（1735年），充《皇清文颖》馆副总裁。乾隆元年（1736年），充《三礼义疏》馆副总裁。乾隆二年（1737年），升任礼部右侍郎。后要求解任，仍教习庶吉士，充经史馆总裁。75岁告老还乡，82岁卒于上元里第。方苞在散文理论上第一个系统地提出一套完整的见解和主张，他将道统与文统结合起来，提倡文道合一，首创"义法"，奠定了桐城派文学理论的基础。方苞的散文还讲究语言"雅洁"，提倡删繁就简，剔除杂质，达到洗练朴素。其大量文章虽表现了"助流政教之本志"，渗透着程朱理学，但也有不少作品流露着强烈的民族意识，歌颂了明清孤臣、烈士，还有不少指摘时弊、揭露社会黑暗的笔锋。他一生著作很多，《狱

走进安徽
2024版

中杂记》《左忠毅公逸事》最为后世称道。

【刘大櫆】（1698—1779年），清代散文家，桐城文派中坚人物，字才甫，一字耕南，号海峰，桐城人。雍正副贡生，曾任黟县教谕。提倡古文，师事方苞。论文强调"义理、书卷、经济"，要求作品阐发程朱理学。在艺术形式上追求"神气""音节""字句"，进一步发展了崇古、推古的理论，是方苞之后桐城文派继往开来的重要人物。著有《海峰文集》《论文偶记》，编纂了《歙县志》。

【戴震】（1723—1777年），清代思想家、考据学家，字东原，休宁县隆阜人。徽派朴学始于江永而成于戴震，戴震是皖学的集大成者，他创造性地构建阐发了唯物主义的哲学思想体系，并融会贯通于声韵训诂、名物制度、经籍考证、天算地理研究等诸多方面，都成就斐然。乾隆三十八年（1773年），戴震由纪昀等推荐，朝廷特召，入四库全书馆纂校古书。他一生著作极丰，主要著述有《声韵考》《六书》《方言疏证》《原善》《原象》《水经注》《九章补图》《文集》等，共计50余种。戴震是中国思想史上具有重大影响的一代宗师，给中国的考据学树立了登峰造极的典范。他的学生王念孙、王引之、段玉裁，都是这一学风的传人，其思想深度和学术水平无疑是中国18世纪的高峰标志。

◎ 戴震

【姚鼐】（1731—1815年），清代散文家，桐城人，字姬传，一字梦谷，轩名惜抱，世称惜抱先生，桐城文派重要作家之一。早年仕途通达，参加科举考试，中进士，入翰林院，做过兵部主事，转礼部，担任乡试、会试考官，官至刑

◎ 姚鼐

203

人文篇

部郎中，并且做过《四库全书》的编纂工作。中年辞官回乡，往返于桐城和南京一带，历主梅花、敬敷、紫阳、钟山等著名书院讲席40余年。姚鼐于乾隆三十九年（1774年）因与主持《四库全书》编撰工作的纪昀等人意见不合，托病辞官。后以文名为世所重，主讲江南诸书院，名声反而更盛。其后40年，主要致力于文学活动和学术研究，并都取得成绩。姚鼐是桐城派的重要人物之一，他在文学理论方面比方苞、刘大櫆更进一步，主张文章必须以考据、辞章为主，阐扬儒家的义理。桐城派义法之说经过他的发挥和深化，才真正成为系统的古文理论。著有《惜抱轩全集》等。

大风扬积雪击面，亭东自足下皆云漫，稍见云中白若樗蒱数十立者，山也。极天云一线异色，须臾成五彩。日上，正赤如丹，下有红光，动摇承之，或曰，此东海也。回视日观以西峰，或得日或否，绛皓驳色，而皆若偻。（《登泰山记》）

【王茂荫】（1798—1865年），清朝货币理论家、财政学家。字椿年、子怀，歙县人。王茂荫的思想主张最主要的还是他的经济思想，集中体现在他的货币改革方案和货币理论上。他致力币制改革，疏陈钞法，以求缓解清廷财政危机。咸丰元年（1851年）为给清政府筹措军费，上《条议钞法折》，建议发行纸币。咸丰三年（1853年）又两次奏请改革币制，均未被清廷采纳。翌年，他又对发行不兑现纸币上《再议钞法折》，力主将不兑现纸币变为兑换纸币，触怒了咸丰皇帝，被调离户部。这件事被帝俄使节写进《帝俄驻北京公使馆关于中国的著述》一书中。马克思在撰写《资本论》时在一附注中记述了王茂荫的货币改革主张，这也是《资本论》中提到的唯一一位中国人。王茂荫遗著有《王侍郎奏议》。

【陶行知】（1891—1946年），伟大的人民教育家，原名文浚、知行，笔名不除庭草斋夫、梧影等，歙县黄潭源人。1914年毕业于金陵大学，同年赴美国留学。1917年回国，历任南京高等师范学校教授、教务长等职。1927年在南京晓庄创办试验乡村师范学校，提出"生活即教育""社会即学校""教学做合一"的生活教育理论。1935年"一二·九"运动爆发后，与邹韬奋等人发起成立上海文化界救国会。1939年在重庆创办育才学校，1944年当选为民盟中央常委兼民主教育委员会主任。1946年在重庆创办社会大学，任校长，4月返上海从事反独裁、反内战的民主运动，7月在上海病逝。主要著作有《中国教育改造》《行知诗歌集》等。

【胡适】（1891—1962年），著名学者，字适之，绩溪县人。早年就读于上海中国公学。1910年赴美国留学，是实用主义哲学家杜威的学生。曾在《新青年》发表《文学改良刍议》，反对文言文，提倡白话文。1917年毕业，获博士学位。回国后任北京大学教授，是新文化运动的代表人物之一。其《多研究些问题，少谈些主义》以及"大胆的假设，小心的求证"的实用主义研究方法，产生了很大影响。1931年任北京大学文学院院长，1938年任国民党政府驻美国大使，

◎ 胡适

1946年任北京大学校长，1957年任台湾"中央研究院"院长。胡适一生著作弘富，涉及文学、哲学、史学等多方面，主要著作有《胡适文存》《白话文学史》《中国哲学史大纲》等。

【朱光潜】（1897—1986年），著名美学家、文艺理论家，笔名孟实，桐城人。1922年毕业于香港大学，1925年赴英国、法国留学，获文学博士学位。朱光潜视野开阔，对中西文化都有很高的造诣。在他700万字的论著和译著中，对中国文化做了深入研究，对西方美学思想作了介绍和评论，融贯中西，创造了自己的美学理论，在我国美学教学和研究领域作出了开拓性的贡献，是我国近代继王国维后的一代美学宗师，并享有很高的国际声誉。主要著作有《悲剧心理学》《文艺心理学》《西方美学史》等，他精通英语、德语、法语、俄语，翻译了大量西方美学著作，如黑格尔的《美学》、克罗齐的《美学原理》等。

【赵朴初】（1907—2000年），太湖县人，东吴大学肄业。早年从事

◎ 赵朴初

佛教和社会救济工作。1931年后参加抗日救亡活动。抗日战争爆发后，在上海负责难民收容工作。1939年参加宪政促进运动，1945年参加发起组织中国民主促进会。曾出席中国人民政治协商会议第一届全体会议。1949年后，历任华东军政委员会生产救灾委员会副主任，上海市人民政府政法委员会副主任，中国佛教协会副会长、会长，世界佛教协会联谊会副主席，中国中日关系史研究会会长，中国书法协会副主席、名誉理事，中国红十字会副会长、名誉会长，中日友好协会副会长，中国作家协会理事，民进中央副主席、民进中央名誉主席。全国人大代表，第一至三届全国政协委员，第四、五届全国政协常委，第六、七、八、九届全国政协副主席。著有《滴水集》《片石集》《佛教常识答问》等。

文学艺术人物

◎ 曹植

【曹植】（192—232年），字子建，沛国谯（今亳州市）人，三国时杰出的诗人。曹操第三子，封陈王，谥思，世称陈思王，是曹氏兄弟中文才最高者。曹植是建安文学的主要作家之一。他前期的一些作品从汉乐府民歌中汲取营养，反映社会动乱和人民流离失所的痛苦，表现出作者的理想抱负；后期的作品多反映自己受压抑的苦闷心情，有些诗掺杂着较浓厚的悲观、厌世乃至绝望的思想，笔调灰暗阴沉。曹植的诗善用比兴手法，语言精练，词采华茂，代表了建安诗歌的成就，对五言诗的发展有重大影响。曹植也善辞赋和散文，其《洛神赋》文情兼美，且富于神话色彩，是建安时期抒情赋的代表作。其散文《求自试表》，结构严谨，文笔流畅，亦为传世名篇。曹植的著作，宋代

走进安徽 2024版

辑有《曹子建文集》，近人黄节撰有《曹子建诗注》。

【戴逵】（？—396年），字安道，谯郡铚（今濉溪县临涣镇）人，东晋学者、画家和雕塑家。博学能文，善鼓琴，工书画，各种技艺在当时享有盛名，尤以绘画和雕塑技术风靡一时。他擅长人物画和山水画，其《七贤图》《嵇康像》等，均列入《历代名画记》。南齐谢赫对他的人物、山水画有"情韵连绵，风趣巧技"之评语。他在雕刻艺术上精益求精，为建康瓦宫寺塑的五世佛像，和东晋画家顾恺之的壁画《维摩诘像》、狮子国（斯里兰卡）所献玉佛在当时并称"三绝"。

【张籍】（约767—约830年），字文昌，和州（今和县）乌江人，中唐杰出的现实主义诗人，在乐府诗创作方面有卓越贡献。贞元十五年（799年）中进士，后授太常寺太祝、秘书郎。元和十五年（820年）张籍转调为国子助教。长庆元年（821年），他被朝廷授为国子监博士。次年三月，任水部员外郎。张籍的诗歌清丽深婉，对文学社会作用的认识与白居易相近。他是中唐时期重要的乐府诗人，与王建齐名，人称"张王乐府"。张籍乐府诗内容深刻，构思精巧，语言朴实凝练，针砭时弊，同情人民的疾苦，是其诗魂所在。王安石说张籍诗"看似寻常最奇崛，成如容易却艰辛"。韩愈曾赞张籍："龙文百斛鼎，笔力可独扛。"这都道出他诗歌的艺术特色。

【李绅】（772—846年），字公垂，唐代著名诗人，亳州人。元和元年（806年），李绅考中进士，补国子助教。先后贬为端州司马、江州长史、滁州刺史、寿州刺史、浙东观察史。开成初年，升任河南尹、宣武节度使。武宗时得到重用，先拜相，后出任淮南节度使。会昌六年（846年）病卒。李绅一生在政治上道路曲折，历尽风险，宦海沉浮，使他阅历大长，思想接近社会实际，对其创作诗歌甚有补益。早在元和四年（809年）就写有《新题乐府二十首》，白居易又扩充至50首，并改名《新乐府》。他与元稹、白居易交往甚密，对元、白创作亦有影响。《全唐诗》录有李绅《追昔游诗》3卷、《杂诗》1卷。其最有名的是《悯农》诗二首，脍炙人口，妇孺皆知，千古传诵。

《悯农二首》·李绅

锄禾日当午，汗滴禾下土。谁知盘中餐，粒粒皆辛苦。

春种一粒粟，秋收万颗子。四海无闲田，农夫犹饿死。

【杜荀鹤】（846—904 年），字彦之，号九华山人，池州石埭（今石台县贡溪乡杜村）人。晚唐著名诗人。传说是唐代大诗人杜牧之庶子。杜荀鹤生活在唐末政治昏暗、军阀混战的年代，所写的许多诗作深刻反映了当时社会的悲惨现实，《蚕妇》《田翁》《乱后逢村叟》等诗中还表达了作者对劳动人民的同情和对酷吏的憎恶之情。杜荀鹤提倡诗歌要继承风雅传统，反对浮华，认为诗歌可以起传播教育的作用，并可以影响后代，所谓"雅篇三百首，留作后来师"。他的诗平易委婉，如话家常，有着张籍、白居易的近体风格。杜荀鹤著有《绿窗琐碎》若干卷（一作"琐翠"）。晚年编定的《唐风集》共 323 首，清初被收入《全唐诗》。

【梅尧臣】（1002—1060 年），字圣俞，世称"宛陵先生"，宣城人。系梅询侄，荫庇河南主簿，历任县主簿、知县、国子监直讲，累官尚书都官员外郎。擅为诗，诗意深远古淡，间出奇巧，有"宋诗开山祖"之称。欧阳修自称不如，并尊之为"诗老"。司马光说："我得圣俞诗，胜有千金珠"，时有"宋文欧公第一，诗梅公第一"的评论。梅尧臣在宋初诗文革新运动中是中坚人物之一，其诗作深远古淡，意新语工，多反映社会矛盾和劳动人民的疾苦，对宋代诗风的转变影响很大。《宋史》称："宋兴以诗名家为世所传如尧臣者盖少也。"著名词家陆游称梅尧臣是继李白、杜甫以后的第一大家。梅尧臣家境清贫，喜饮酒，善谈笑，晚年诗作更臻佳境。著作有《唐载记》《毛诗小传》《宛陵集》等。

【李公麟】（1049—1106 年），北宋著名画家，字伯时，号龙眠居士，舒城县人（一说桐城、潜山人），《宋史》有传。其父任大理寺卿，善藏书画。李公麟 22 岁中进士，曾任南昌长垣县尉，无为司户参军，泗州录事。后得陆佃推荐，迁为中书门下右省删定官、御史检法。元符三年（1100 年），辞

書與韓
此人古一王
驥攻駒
傳伯時
粉本神
韋偃餘
老嘗獨
駣擯薄
縮張飲

李公麟《临韦偃牧放图》局部

官还乡，先后在舒城（今城关）东郊、春秋山、龙眠山隐居。李公麟博学多才，诗、文、书、画俱佳，尤精于绘画，其作画善用线描，笔法如行云流水。他习惯白描，融现实与浪漫为一体。他的画作很多，其中《五马图》《临韦偃牧放图》《兔胄图》《维摩诘像》等最为有名。崇宁五年（1106 年），李公麟病逝于舒，年 57 岁。

【张孝祥】（1132—1170 年），字安国，号于湖，和州（今和县）乌江人。绍兴四年（1154 年），张孝祥 23 岁，廷试第一，世称状元。历任集英殿修撰、中书舍人、显谟阁直学士兼都督府军事，领建康留守、荆南湖北路安抚使。张孝祥善于诗、词，精于书法，尤以词著称。他的词造诣颇深，与张元乾的词被称为南宋初期词坛上的"双璧"。隆兴元年（1163 年），张孝祥在建康留守席上所写《六州歌头·长淮望断》词尤其闻名，成为千古名篇。张孝祥著有《于湖先生居士文集》，内有文 40 卷，诗 3 卷。《全宋词》收录他的词 223 首。

【渐江】（1610—1664 年），俗姓江，名韬、舫，字六奇、鸥盟，为僧后，名弘仁，自号渐江学人、渐江僧，又号无智、梅花古衲，歙县人，是新安画派的开创大师，与查士标、汪之瑞、孙逸合称"海阳四家"。他兼工诗书，爱写梅竹，但一生主要以山水名重于时，属"黄山派"。其个人思想与政局变迁关系密切，因而在诗画中常有流露。出家为僧后，云游四方，十余年中足迹遍大江南北。其艺术的可贵处在于：既尊传统，又主创新，所谓师法自然，独辟蹊径，是他艺术思想的核心。他的绘画作品，既有元人超隽的意境，又有宋人精密的特点，使他成为新安画派的壮丽大纛，矗立于中国近代画坛之上。

【施闰章】（1618—1683 年），字尚白，号愚山，宣城人，清初杰出的文学家。其文师法北宋古文大家欧阳修、曾巩，绵密流畅；诗尊李白、杜甫，被誉为"尊唐派"首领，与当时山东诗人宋琬齐名，号"南施北宋"。施闰章生当明末清初的动乱之世，兵祸频仍，赋税繁多，民生凋敝，苦不堪言。他继承了汉乐府民歌与杜甫的现实主义传统，以诗歌深刻地反映现实。施闰章一生勤于创作，存诗 300 余首。他主张诗歌质朴自然，力戒

走进安徽
2024版

浮词。施闰章因平生喜游名山大川，除写了大量诗篇外，还写下多篇著名的游记，如《游黄山记》《游九华记》《游武夷记》《游少林寺记》《雁荡游记》，等等。这些游记，不仅对祖国壮丽山川作了比较翔实的、生动形象的描绘，而且成为后世难得的历史"图经"。

【石涛】（1630—1724年），清初著名画家，原姓朱，名若极，别号有"大涤子""石道人""清湘陈人""清湘老人""瞎尊者""苦瓜和尚"等37个。石涛是明室后裔，祖籍凤阳县。拙朴中有俊秀，写意中见神韵，是石涛作品的最大特色。他师法自然，描绘自然，不受古人束缚，创立了独特的风格。石涛除工山水画外，也画人物与花卉。石涛对后世影响很大，像郑板桥画兰竹，得石涛神韵；李苦禅画水墨花卉善于用水，亦学自石涛；齐白石也极钦佩石涛，自称受他的影响很深；李瑞清、张大千等人更是学石涛画，以善临石涛作品著称。石涛一生勤于创作，晚年的作品更多。现在著录的和印出的画迹，已在600件以上，他画上题的诗，也有500首以上。

◎ 石涛山水图

【查士标】（1655—1698年），清代画家，书法家和诗人。字二瞻，号梅壑散人、懒老。新安（今歙县、休宁）人。工诗文、书画，书法师承董其昌，风格俊逸萧散。擅山水，初师倪瓒，后参以米芾、米友仁、黄公望、吴镇、沈周、董其昌等人画法，所画笔墨纵横、粗犷豪逸，或笔法荒率、墨色浓淡干湿互用、秀润高华，或笔墨生峭劲利、画风枯寂生僻。在当时颇负盛名，为"海阳四家"之一。有《云山图》《空山结屋图》《秋林远岫图》《云山烟树图》等传世。

【汪士慎】（1686—1759年），字近人，号巢林，别号溪东外史、晚春老人等，原籍歙县人，流寓扬州，是清代扬州画派"扬州八怪"之一。汪士慎绘画、书法、篆刻、诗成就都很高。工画花卉，也画山水。今扬州博物馆藏有他一件兰石扇面，上海博物馆收藏了汪士慎的《兰竹园》挂轴，郑板桥评论汪士慎画竹"消瘦两杆如削玉，首阳山下立夷齐"。汪士慎也画松树，今故宫博物院藏有《苍松偃蹇图》轴，今扬州博物馆藏有一幅汪士慎书写的《十三银凿落歌》手卷。汪士慎还善于作诗，著有《巢林诗集》。汪士慎把嗜茶、爱梅及赋诗三者融会一起，形成笔墨，塑造了书画艺术上的淡雅秀逸的风格。在巢林诗中，咏茶的就有20多首，好友金农送他"茶仙"的雅号。

◎ 吴敬梓

【吴敬梓】（1701—1754年），字敏轩、粒民，号"文木老人""秦淮寓客"，出生于全椒县城北风景秀丽的河湾街。经受了早年的考场失意和家庭纷争后，雍正十一年（1733年），定居南京。乾隆四年，开始了《儒林外史》的创作，整整10年时间（一说14年时间）创作了30万字的《儒林外史》这部鸿篇巨制。小说塑造了一个个鲜明的人物形象，其中既有杜少卿、沈琼枝这样一些轻视功名利禄、鄙视科举制度、反抗封建礼教的叛逆者，又有一批醉心功名、丑态百出的知识分子形象，被鲁迅称为中国古代小说中的第一部讽刺之作。吴敬梓的著述除《儒林外史》外，今天可见的还有《文木山房集》《诗说》等。

【罗聘】（1733—1799年），字遁夫，歙县呈坎人。因家近天都、莲花峰，便以两峰为号，信奉佛教，晚年自号衣云和尚。是金农的入室弟子和"扬州八怪"之一，擅画能诗，嗜金石，精鉴赏，画路极宽，人物、山水、花草、梅竹无不精妙。用写意法画僧佛和人物，写意不写形，写神不写貌。画鬼更是一绝，曾作《鬼趣图》8幅，随身携带，出游楚、越、齐、豫、燕、赵等地，袁枚、姚鼐、钱大昕、翁方纲、蒋士铨、张问陶等名流均为之题咏。他作画快捷，曾与诗人李调元作诗画赛，结果一诗甫就，一画即成，观者叹绝。著有《香叶草堂诗存》。

【邓石如】（1743—1805年），清代书法家、篆刻家、金石学家，经学宿儒、邓派的创始人。怀宁县人，原名琰，因避嘉庆讳，以字行，号顽伯、完白山人、笈游道人、古浣子。邓石如时代，正值皖、浙两派称霸印坛之时，但他绝不满足于前人印家所取得的成果，而以自己雄厚书法为基础，做到"书从印出，印从书出"，打破了汉印中隶化篆刻的传统程式，首创在篆刻中采用小篆和碑额的文字，巍然崛起于当时的印坛。邓石如的雄风一直影响到同时期的包世臣、吴让之、赵之谦、吴咨、胡澍、徐三庚等人。可惜他原石流传极少，存世有《完白山人篆刻偶成》《完白山人印谱》《邓石如印存》等。

【程长庚】（1811—1882年），著名京剧演员、戏剧活动家，名椿，字玉珊（一作玉山），谱名闻（文）橄，今潜山市河镇乡程家井人。他天资聪颖，勤奋好学，少小离家在京城学戏，从艺于昆曲和盛成科班，后掌三庆班历数十年。在徽、京嬗变的历史时期，他把昆曲、弋阳、梆子诸种声腔融于皮黄之中，使当今号称"国剧"的京剧在徽调的基础上形成，并且创办"四箴堂"科班，培养了一大批杰出的京剧表演艺

◎ 程长庚

术家，为京剧的发展奠定了坚实的基础，人称"徽班领袖""京剧鼻祖""京剧之父"。其后著名的京剧演员谭鑫培、汪桂芬、孙菊仙都曾问业于程长庚，受到较深的教益和影响。程长庚演出的剧目很多，能连演三月而不上重复戏文。其中《樊城》《长亭》《昭关》《鱼藏剑》《战长沙》《华容道》《捉放曹》《骂曹》《群英会》《镇潭州》等是他最擅长的戏目。

【杨月楼】（1844—1890年），名久昌，怀宁县人，清代著名的京剧演员，曾被列入"同（治）光（绪）名伶十三绝"画卷。杨月楼出生和成长

于一个戏剧世家，他的父亲杨基旺也是从事戏曲的艺人，他自幼受到艺术的熏陶，练成一身好武艺，为日后攀登艺术高峰奠定了良好的基础。他在幼年随父亲到北京天桥打拳卖艺，十几岁时被当时著名的京剧老生演员张二奎看中，从此开始了演戏生涯。

◎ 黄宾虹

【黄宾虹】（1865—1955年），著名画家，名质，字朴存、朴岑，亦作朴丞，别署予向、虹庐。因祖籍歙县谭渡村有滨虹亭，故自题所居曰滨虹草堂，有时自署滨虹散人，虹若。中年更字宾虹，晚年署虹叟。黄宾虹的艺术成就与齐白石南北辉映，被誉称"北齐南黄"。他从青年时代起，游历祖国名山大川，十多次登临黄山，作画写记，杂以吟咏，有《黄山纪游诗》39 首。在他的作品中，如《黄山纪游册》《蜀游画册》《桂林山水册》《武夷山水稿》等，都是经过概括而成的写生艺术珍品。中年画风苍浑清润，卓然成家，晚年尤精墨法。他还工诗文、书法，兼治金石文字、篆刻之学，精鉴赏，对画论画史均有研究，见解精辟。著有《古画微》《黄山画家源流考》《画学通论》《虹庐画谈》《中国画学史大纲》等。

【杨小楼】（1877—1938 年），名嘉训，清代著名京剧演员，被称为京剧"武生一代宗师"。原籍怀宁县，出生于北京，其父杨月楼也是著名的京剧演员，曾被列入"同（治）光（绪）名伶十三绝"画卷。杨小楼从小受其父杨月楼的影响，喜爱京剧，得到父亲真传，又曾跟随俞菊生学艺，所以他的武剧兼有杨、俞两派之长。杨小楼表演时特别注重人物性格的刻画，使他扮演的人物栩栩如生。杨小楼具有强烈的爱国思想。民国二十六年（1937 年）日本侵略者占领北平后，他即断然不再登台演戏，表现了崇高的民族气节。

【萧龙士】（1889—1990年），著名画家，原名品一，号翰云，萧县刘套镇萧场村人。20世纪30年代，萧龙士已在画坛崭露头角。他画的一帧《幽兰》，被选赴英展览，并刊入画册。40年代先后在无锡、上海、南京、徐州等地举办多次个人画展和联展，均受到很高评价。1950年，被齐白石收作门徒。1955年后，任安徽省文史研究馆馆员，专门从事书画研究工作，尤擅绘荷花、兰草。萧龙士曾任中国美术家协会安徽分会名誉主席、省政协书画室名誉主任、安徽省书画院名誉院长，曾当选安徽省第二、三届人民代表，安徽省政协第四、五届常务委员，被誉为中国当代书画艺术大师、杰出的艺术教育家。

【张恨水】（1895—1967年），著名通俗小说家，原名张心远，今潜山市岭头乡黄岭村人。他在近半个世纪的写作生涯中创作了100多部通俗小说，其中绝大多数是中长篇章回小说，总数近2000万言，以《春明外史》《金粉世家》《啼笑因缘》《八十一梦》4部长篇小说为代表作。在小说之外，他还写有大量文艺性散文和新闻性散文，再加上3000首左右的诗词和一些剧本，全部作品在3000万言以上。人称"章回小说大家""通俗文学大师"、新闻战线上的"徽骆驼"。

◎ 张恨水

【张玉良】（1895—1977年），原名陈秀清，后随夫姓，改名潘玉良，桐城人，祖籍扬州，教授、著名旅法画家。张玉良对绘画有特殊爱好，资质过人，中学毕业后，考入刘海粟创办的上海美术专科学校，从王济远教授习油画，1921年毕业。赴法国留学，1928年学成归国，在国内多次举行"潘张玉良个人绘画展览"。张玉良的油画，赋色浓艳，笔触泼辣，具有丰富郁茂的色感和一挥而就的抒情气息，她的艺术足以与同时代的海内外杰出画家相媲美。1977年病逝巴黎，葬于巴黎市公墓陵园，大理石墓碑镌刻汉字"张玉良艺术家之墓"。遗作油画2000余幅，于1984年由安徽省博物馆从巴黎运回珍藏，并先后在各地展出。

【林散之】（1898—1989年），著名书画家，和县人，初名以霖，字蓬生，此后自取学名林三痴，老师张栗庵嫌"三痴"名不雅，故为其更名林散之。5岁入塾读书，偏爱写写画画。8岁学艺，留下画稿800多幅，作诗200多首。1978年3月被选为全国政协委员，以后相继任中国书法家协会常务理事和名誉理事，江苏省书法家协会主席和名誉主席，南京市政协副主席，江苏省政协委员，全国文学艺术界联合会委员，江苏省国画院画师、国家一级美术师，南京书画院院长等职。他的书法艺术有极高成就，达到炉火纯青的境界。

【蒋光慈】（1901—1931年），原名光赤，又名侠僧，金寨县白塔畈人，无产阶级文学的先驱者，革命作家、诗人。1921年，蒋光慈赴苏留学，进入东方大学中国班学习，次年正式转为中国共产党党员。毕业后，蒋光慈转赴上海到上海大学任教。其间，发表了一系列论文，创作出版了诗集《新梦》、短篇小说集《鸭绿江上》、中篇小说《少年漂泊者》等作品。1927年"四一二"反革命政变后，他陆续创作出版了诗集《哭诉》，小说《野祭》《菊芬》，翻译了苏联名著《一周间》。1930年3月2日左联正式成立，他被选为候补委员，负责主编左联机关刊物《拓荒者》月刊，同时完成了描写1927年大革命前后农民革命斗争的长篇小说《咆哮了的土地》的创作。

【刘开渠】（1904—1993年），原名刘大田，中国现代雕塑大师，杰出的艺术教育家，淮北市刘窑村人。在70年的雕塑生涯中，他将西方的雕塑观念和技巧与中国的民族精神相融汇，热情讴歌中国人民的革命业绩和英雄气概，创立了现代中国的写实风范，形成了朴素、洗练、沉稳和重于内在生命表现的艺术风格。他的代表作品有《淞沪抗战阵亡将士纪念碑》《川军抗日英雄纪念碑》，浮雕《农工之家》《胜利渡江解放全中国》等群像雕塑和《毛泽东主席像》《周总理像》等，先后出版《刘开渠雕塑选集》《中国古代雕塑集》等著作，在我国现代美术史上占有重要的位置，是一代美术宗师。

走进安徽 2024版

自 1963 年起，刘开渠一直担任中国美术馆馆长，晚年加入中国共产党，实现了夙愿。

【吴组缃】（1908—1994 年），著名作家，泾县茂林人，原名祖襄。早年毕业于清华大学，后入清华研究院专攻中国文学。抗战期间，曾任"全国文艺界抗敌协会"理事。后任中央大学师范学院讲师、四川教育学院、南京金陵女子学校教授。新中国成立后，任北京大学中文系教授，并担任全国文学工作者协会委员、中国作家协会理事、作协书记处书记、《人民文学》编委、北京市文联委员、北京市作协副主席、《红楼梦》研究会会长。主要作品有《一千八百担》《天下太平》等。

【吴作人】（1908—1997 年），著名油画家，泾县茂林人，早年受业于徐悲鸿。先后就读上海艺大、南国艺术学院、南京中央大学、法国巴黎自由画院、卢佛尔学校巴黎美术学校西蒙教授工作室、比利时皇家美术学院，并荣获"桂冠生"称号。学成回国后，在南京中央大学任教。中华人民共和国成立后，任中央美术学院院长，并担任中国美协主席、国家文化部艺术委员会委员、全国政协第七届常委会常委、民盟中央常委等职。其美术作品在国际上享有盛誉，1985 年，被法国政府授予最高文化艺术勋章。

◎ 吴作人

【周而复】（1914—2004 年），著名作家，旌德县人。1933 年入上海光华大学英文系学习。1938 年到延安。1949 年 7 月出席中华全国文学艺术工作者代表大会，被选为全国文联委员和中华全国文学工作者协会委员。历任华东军政委员会文教委员会委员，上海市人民政府人事局副局长，中共上海市委统战部副部长，中国作家协会理事会副主席、上海分会副主席，文化部副部长，中国笔会中心理事会理事，中国老年书画研究会名誉会长，中国统战理论研究会理事会副会长，政协文史资料研究委员会副主任，第五、第六届全国政协委员。著有长篇小说《上海的早晨》《南京的陷落》等。

【舒绣文】（1915—1969年），女，黟县龙江乡屏山村人。出生于安庆，杰出的表演艺术家。20世纪30年代初在杭州、上海参加五月花剧社、春秋剧社等，演出一些进步话剧。1934年转入上海明星公司，参加拍摄了10多部影片。舒绣文生前任北京人民艺术剧院艺术委员会副主任，为国家一级演员。当选第二、三届全国人民代表大会代表，第二届全国政协委员，第三届全国妇联执行委员会委员，中国戏剧家协会及中国电影工作者协会常务理事，中国文学艺术界联合会委员。她参演的影片有《民族生存》《中国海的怒潮》《女儿经》《夜来香》《李时珍》等20多部，并参加多部话剧的演出。1969年被"四人帮"残酷迫害致死。

【田间】（1916—1985年），原名童天鉴，今无为市人，著名诗人。1933年考入上海光华大学外文系。1934年加入左翼作家联盟，参加《文学丛报》《新诗歌》的编辑工作。1938年夏，到延安与文艺界同仁共同发起街头诗运动日。其诗作《假使我们不去打仗》传遍全国，被闻一多称为"擂鼓诗人""时代的鼓手"。是年八月，加入中国共产党。年底，到敌后晋察冀边区当战地记者，参加过百团大战。1950年任全国文联研究会主任。1951年任中央文学研究所秘书长兼研究员。在赴朝鲜慰问中国人民志愿军期间，任二分团秘书长。以后，任河北省人大常委会、国际笔会中心中国分会会员等。

【王少舫】（1920—1986年），黄梅戏演员，曾任安徽省黄梅戏剧团副团长，先后当选担任过安徽省人大代表、政协委员。1955年，电影《天仙配》的上映，是黄梅戏走向全国的高潮，"董永"王少舫、"七仙女"之一严凤英成为家喻户晓的人物。王少舫是生行的代表人物，其唱腔吸收了京剧唱法，行腔吐字均有独到之处，韵味无穷，为后人争相摹唱。代表剧目有《梁山伯与祝英台》《宝莲灯》《白蛇传》《天仙配》《女驸马》《韩宝英》《无事生非》等。《陈州怨》的包拯属净行，王少舫与编曲共同设计出一套花脸唱腔，填补了黄梅戏没有花脸唱腔这一项空白。

【朱践耳】（1922—2017年），泾县黄田乡人。1945年参加新四军苏中军区"前线"剧团。1960年毕业于苏联柴可夫斯基音乐学院作曲系。曾任上海交响乐团副团长、中国音协理事会音乐创作委员会委员、音协上海分会常务理事、上海市文联委员、文联主席。所作《打得好》《唱支山歌给党听》《接过雷锋的枪》等歌曲，广为流唱。其中《打得好》曾获1951年全军一等奖。此外，创作管弦乐曲、民乐全奏曲、钢琴曲、交响乐曲甚多。其《交响幻想曲》获1981年全国第一届交响乐优秀奖。

【时白林】（1927—2022），曾用名时盛昌、白林，蒙城县岳坊镇前时庄人，一级作曲。历任安徽省文化局音工组创作员，省黄梅剧团作曲、指挥、副团长、代理团长，省艺术研究所音舞室主任，省音协副主席，中国音协理事，中国戏曲音乐学会会长等职。为电影《天仙配》《牛郎织女》（均合作）《女驸马》《孟姜女》，电视剧《辟棺惊梦》《狐女婴宁》，舞剧《刘海戏金蟾》，舞台剧《江姐》《梁祝》，广播剧《汉宫秋》等创作音乐，多部作品荣获国家级和省级奖。1956年被选为文化部和全国总工会的先进工作者，1988年被授予安徽省劳动模范称号。1991年起享受政府特殊津贴。

【鲁彦周】（1928—2006年），著名作家，巢湖市人。1948年参加革命工作。1950年后，先后在皖北行署文教处、皖北文联、安徽省文联工作。1957年后从事专业写作。1959年加入中国作家协会。1960年加入中国共产党。后任中国作协安徽分会副主席、中国剧协安徽分会副主席、安徽省文联副主席、名誉主席等职。1986年被评为全国十佳编剧之一。著有剧本《归来》，中篇小说《天云山传奇》《呼唤》等。

【严凤英】（1930—1968年），女，安庆市人，著名黄梅戏表演艺术家。1930年农历三月十五日生于安庆市龙门口余家祠堂。她扮相俊美，歌喉有浓厚的乡音，有特别的魅力。1952年11月，在上海市主演了《柳树井》《蓝桥会》《打猪草》。1953—1966年，13年间还陆续主演了《夫妻观灯》

◎ 严凤英

《春香传》《打金枝》《碧玉簪》《女驸马》《刘三姐》《红色宣传员》《党的女儿》《江姐》《丰收之后》《白毛女》等近 50 个大小剧目。她塑造的艺术形象栩栩如生，成为黄梅戏中的艺术珍品。自 1959 年起，严凤英先后被选为全国政协委员、全国妇联委员、中国文联委员、中国戏剧家协会理事，还被评为全国三八红旗手、全国社会主义建设积极分子。1960 年加入中国共产党，曾担任安徽省黄梅戏剧团副团长。"文化大革命"中她受到残酷的迫害，于 1968 年 4 月 8 日饮恨辞世，年仅 38 岁。

【许海峰】（1957—   ），和县人，著名射击运动员。1979 年开始业余学习射击，不久，即在省运会上夺魁，并多次刷新安徽省纪录。1982 年 11 月进入省队，1983 年在华东地区射击赛中以 587 环的战绩超 583 环的气手枪全国纪录，夺两项冠军，接着又在全国五运会上获两枚银牌。1984 年第 23 届奥运会上，他以 566 环的成绩获自选手枪慢射冠军，成为中国第一个奥运会冠军，实现了中国奥运金牌零的突破。1984 年以来，许海峰先后获体育运动荣誉奖章、一等军功章和安徽省劳动模范，新长征突击手、标

◎ 许海峰

兵等光荣称号，两次被评为全国"十佳"运动员，连续4次被评为安徽"十佳"运动员。1989年，他又被评为新中国成立四十年全国四十名杰出运动员和80年代全国十名优秀运动员。许海峰曾任中国射击队总教练。

科学技术人物

◎ 华佗

【华佗】（约145—208年），名旉，字元化，沛国谯（今亳州市）人，东汉末杰出的医学家，时人尊为"神医"。华佗在医学、医术、医药上造诣精深，有多方面的成就，对内、外、妇、儿、五官、针灸各科无不精通，对外科尤为擅长。他创用麻沸散，给患者全身麻醉后，做腹部大手术。这是世界医学史上最早应用全身麻醉进行手术治疗的人，比西方国家早1600多年。他模仿虎、鹿、熊、猿、鸟的动作和姿态，创作了"五禽之戏"，既健身又治病，对世界运动医学产生了深刻影响，被誉为中国医学对世界人民的重大贡献。华佗医术高明，医德高尚。他不阿权贵，视名利如浮云；心在民众，志在为民除疾。曹操与华佗本是同乡，华佗曾多次为曹操治头疼病，每治皆愈，但难除根。曹操便强留华佗做其侍医，华佗不从，借故还乡。曹操一怒之下，把华佗捕入狱中。华佗意识到自己再也不能行医民间，将自己编著的医学书稿转托于狱吏，说"此书可以活人"，但狱吏不敢接受。华佗在极度悲愤中把书稿烧掉了，造成我国医学史上无法弥补的重大损失。华佗死后，其医学理论和临床技术，多由关普、樊阿等人继承、流传下来。

【王蕃】（228—266年），字允元，三国时庐江（今庐江县西南）人，"博学多闻，兼通术艺"，是当时有名的天文学家和数学家。王蕃在天文学上的成就是，根据张衡的浑天说和自己长期观察天象的实践经验，在

221

人文篇

张衡原来的基础上经过周密的设计，重新精心制作了浑天仪。吴永安元年（258年）30岁时，又撰《浑天象说》。王蕃在数学上的成就是，修改并发展了张衡的天文算学，在他的浑天仪论说中取用 π = 142/45，求出圆周率为3.1556，与祖冲之的"祖率"（3.1415926与3.1415927之间）非常接近。

◎ 毕昇

【毕昇】（约970—1051年），宋代活字印刷术的发明者，歙县人。毕昇发明在胶泥片上刻字，一字一印，用火烧硬后，便成活字。排版前先在置有铁框的铁板上敷一层掺和纸灰的松脂蜡，活字依次排在上面，加热后使蜡稍溶化，以平板压平字面，泥字即固定在铁板上，可以像雕版一样印刷。此外，毕昇还研究过木活字排版。活字可以多次使用，比整版雕刻经济方便。

【陈翥】（982—1061年），讳显四，号虚斋，北宋时期池州府铜陵县贵上耆土桥（今铜陵市义安区钟鸣镇）人，是古代林业科学研究领域中成就很大的科学家。曾著有天文、地理、儒、释、农、医等书，共26部182卷，又绘有十图，是"里人称德，府县知贤"的学者。于皇祐年间（1049—1054年）撰成《桐谱》书稿，约1.6万字。除序文外，正文共1卷10篇，其中种植、所宜、采斫、器用等6篇专论植桐技术，为全书的精粹。《桐谱》系世界上最早记述桐树种植的科学技术著作。

【王祯】（1271—1368年），字伯善，山东东平县人，元代农学家及活版印刷术的改进者，任旌德县尹6年。撰写《农书》是王祯的杰出贡献，他留心考察黄河流域农业，总结南方农事经验，编成了《农书》，这在中国古代五大农书中是唯一全面记叙中国南北农业的科技专著，其"农器图谱"更是绝无仅有，为后世推崇备至。改进活版印刷术，是王祯任旌德县尹时的又一成就。王祯把木活字创制法、拣字排版的工艺写成《造活字印书法》，附载于《农书》之末，是世界上最早系统叙述活字印刷术的文献。

【汪机】（1463—1539年），字省三，号石山，祁门城内朴墅（今祁门县）人。明代著名医学家，新安医学奠基人之一。汪机毕生致力于医学，晚年开始著述，直至年逾古稀，仍刻意精研，握笔不辍。其医著甚富，所著有《运气易览》3卷、《针灸问对》3卷、《外科理例》及附方8卷、《医学原理》13卷、《本草汇编》20卷、《石山医案》及附录4卷等，共13部83卷。《石山医案》系其门人陈桷衷集汪机之医案所辑，为汪机的代表作。其学术思想宗丹溪，法东垣，融丹溪、东垣之学于一炉，集古今名家之所长，形成新安医学的新流派，与张颐、李可大、缪希雍并列为明代四大名家。

【程大位】（1533—1606年），明代著名数学家，字汝思，号宾渠，休宁县率口前园村（今属屯溪区）人。他所著《算法统宗》一书，集明代以前珠算之大成，并完善了珠算口诀。程大位后来又将该书作了修订、删节，揭其要领，编成《算法纂要》4卷，更加系统简明。当时在屯溪刊行问世后，很快就风靡全国。明末，日本人毛利重能将此书带回日本译成日文，开日本"和算"之先河。18世纪前后，又传入东南亚及欧洲。在中国古代数学的发展过程中，程大位对珠算的发展普及起着重要作用。

【左光斗】（1575—1625年），字遗直，号浮丘，明代桐城县左岗（今属枞阳县左岗乡）人。东林党主要成员，著名水利专家。天启元年（1621年），领直隶屯田事，提出北方仿效南方，兴修水利、种植水稻的主张。由于左光斗极力倡导和躬亲力行，所辖地区"水利大兴，北人始知艺稻"。天启四年，左副都御史杨涟上疏弹劾魏忠贤二十四大罪，左光斗大力支持，并独自一人弹劾魏忠贤32条该斩之罪。结果遭到残酷迫害，与杨涟、魏大中、袁化中、顾大章、周朝瑞等6人被捕下狱，于天启五年（1625年）七月被摧残致死，成为历史上重大的"明末六君子"冤案。

【梅文鼎】（1633—1721年），字定九，晚号勿庵，宣城人，清初杰出的数学、天文学家。梅文鼎的研究从大统历、授时历开始，上溯到历代70

余家历法，一一求其根本与源流；同时参阅考究西洋各家历法，比较中西名实异同，求得中西历法的会通。因著《古今历法通考》58卷，后屡有增补衍成70余卷。又著其他历算书50多种，其中《历学疑问》3卷、《历学疑问补》2卷、《交食管见》1卷、《交蚀蒙求》3卷、《平立定三差解》1卷等15种，被乾隆钦定《四库全书》收录。梅文鼎为研究天文历法的需要，对数学进行了深入的研究，取得了重大成就。他的第一部数学著作是《方程论》，撰成于康熙十一年（1672年）。他把所著26种数学书统名之曰《中西算学通》，以此来实践他的主张。其中《筹算》（指西欧纳贝尔筹算）7卷、《笔算》5卷、《度算释例》2卷、《平三角法举要》5卷、《弧三角举要》5卷等14种，都被《四库全书》辑录。梅文鼎还善诗文，有《积学堂诗钞》等著作。

【吴谦】（1689—1748年），字文吉，清朝歙县人。与喻昌、张璐并称为清初三大名医，官至太医院判。乾隆初期，敕编《医宗金鉴》，吴谦与刘裕铎同为总修官。乾隆七年（1742年）《医宗金鉴》编成，吴谦独撰的《订正伤寒论注》17卷、《订正金匮要略注》8卷，排在全书之首。《医宗金鉴》虽出自众手，但吴谦删定和增减全书出力颇多，曾参考乾隆以前20余家医说观点。该书重证验，执中而不偏，平正通达，条理分明，是中医方面的重要著作。

【郑复光】（1780—1862年），字浣香，又字元甫，歙县人。他一生博涉群书，兼通古今，又明西法，擅制巧器，在科学技术方面勇于探索，贡献颇多，是清代著名科学家之一。数学著作有《周髀算经浅注》《割圆弧积表》《正弧六术通法图解》《笔算说略》《筹算说略》等。他一生最主要的贡献，还是在光学研究和光学仪器制造方面。他曾制造出白天黑夜均可放映的幻灯机，道光十五年（1835年）冬研制了望远镜，用来观察月球。《镜镜泠痴》是郑复光继承我国古代光学知识，同时吸收西方光学知识，加以融会贯通，编写而成的一部几何光学专著，也是我国古代物理学史第一部光学专著。在机械制造方面，郑复光曾研制成"测天之仪，脉水之车，尤切民用"。尤其是关于火轮船的研究，使其成为我国早期从事火轮船研究的先驱之一。

【慈云桂】（1917—1990年），桐城市北麒麟乡（今属枞阳县）人，世界著名计算机专家。22岁考入湖南大学，毕业后以优异成绩被保送清华大学无线电研究所深造，1946年毕业后留清华大学物理系任助教、讲师。新中国成立后，曾在大连海军学院、哈尔滨军事工程学院工作。1958年他领导研制了中国第一台电子管数字计算机。1961年主持研制成功的晶体管通用计算机441B，是中国最早投入使用的晶体管计算机。1977年担任"银河"亿次计算机研究技术总指挥和总设计师，他组织博士和专家经过6年的努力，取得了成功，成果达到国际先进水平，填补了中国巨型计算机的空白，使中国成为世界上少数拥有巨型计算机的国家之一。慈云桂因此被中央军委授予科技成果特等奖，记二等功。1978年任长沙国防科技大学教授、副校长，后当选为中国科学院学部委员。

【陆元九】（1920—2023年），来安县张山集人。我国自动化科学技术开拓者之一，惯性导航及自动控制专家，中国科学院院士，中国工程院院士，1982年加入中国共产党。1941年毕业于重庆中央大学航空工程系。1945年赴美国麻省理工学院留学，1949年获得该院科学博士学位。新中国成立初期，突破重重阻力毅然回到祖国怀抱。1956年回国后，在中国科学院自动化研究所和中国科学技术大学自动化系工作，任研究员、室主任、副所长，参加早期的探空火箭、人造卫星及一些战术导弹的控制工作。1968年起，调到国家航天工业部工作，历任研究员、部总工程师、部科技委常委，研究自动控制在航天方面的应用。参加多种运载、导弹、卫星的方案论证及飞行数据分析等工作，首次提出"回收卫星"概念，创造性运用自动控制观点和方法对陀螺及惯性导航原理进行论述，为"两弹一星"工程及航天重大工程建设作出卓越贡献。荣获"航天奖"。2021年，在中国共产党成立100周年之际，中共中央授予"七一勋章"。

【杨振宁】（1922—　　），著名物理学大师、诺贝尔物理学奖获得者，合肥人。早年就读于今合肥一中。1942年杨振宁毕业于昆明的国立西南联合大学，1944年在该校研究生毕业。1945年考取公费留学赴美，就读

225

◎ 杨振宁

于芝加哥大学，取得博士学位。1949 年，杨振宁进入普林斯顿高等研究院进行博士后研究工作，开始同李政道合作。1957 年与李政道提出的"弱相互作用中宇称不守恒"观念被实验证明而共同获得诺贝尔物理学奖，他们两个人是最早获得诺贝尔奖的中国人。杨振宁是中国科学院院士，清华大学高等研究院名誉院长、教授，香港中文大学博文讲座教授，美国国家科学院外籍院士，英国皇家学会外籍会员，俄罗斯国家科学院外籍院士。他于 1971 年夏回国访问，是美籍知名学者访问新中国的第一人，为促进中美建交、中美科学技术教育交流做了大量工作。

【邓稼先】（1924—1986 年），我国杰出的核科学家、著名理论物理学家，被誉为"两弹"元勋，怀宁县人。1945 年毕业于西南联合大学物理系。1948 年考取留美研究生，赴美国印第安纳州普渡大学物理系攻读原子核物理专业。1950 年取得博士学位后，毅然踏上归国旅程。同年 10 月，分配在中国科学院近代物理研究所，从事原子核理论研究工作。1958 年，响应国家号召，负责核武器的理论设计，从此开始长达 28 年的原子弹研究工作，于 1964 年成功引爆我国第一颗原

◎ 邓稼先

走进安徽
2024 版

子弹。此后，又担任组织研究氢弹的理论设计负责人，于1967年成功引爆第一颗氢弹，又一次震撼了整个世界。他亲临指挥核试验15次，且次次成功。邓稼先先生前是中国共产党第十届中央委员会委员、国防科工委科技委副主任、核工业部科技委副主任、中国科学院物理数学部学部委员、全国劳动模范。

文化风情

地域文化

横贯安徽境内的长江和淮河，把安徽全省分成了3个自然区域，也造就了3个不同的文化区域。淮河以北、江淮流域和皖南山区各具特色的文化韵味，使北方的雄浑粗犷和南方的秀美温婉完美地组合成了安徽厚重的人文资源。现在学界把这3种不同韵味的文化分别称之为淮河文化、皖江文化和徽州文化。

【淮河文化】在安徽境内，淮河文化地域范围包括以老子、庄子为代表的涡阳、蒙城、亳州一带以及以淮南王刘安为代表的淮南、寿县一带。新石器时期的文化遗址遍布淮河流域，除去河南新郑裴李岗遗址外，在涡阳天静宫遗址也出土了大量文物。淮南因发现了古生代寒武系的古生物化石，而被称为"地球上的生命圣地"；淮南王刘安招贤纳士编著了一代名篇《淮南子》，第一次完整地确定了二十四节气，并发明了豆腐美食而蜚声海内外。淮河中游在4000多年前，就是人类活动的中心地带，淮夷的涂山氏部落在这一带建立了涂山氏国；大禹治水，"会诸侯于涂山，执玉帛者万国"，留下了"三过家门而不入"的千古佳话。春秋时期孙叔敖创建

人文篇

的水利工程安丰塘以及凤阳明中都城等，都显示了淮河文化丰富而深厚的底蕴。从春秋后至秦汉的诸子百家，大半产生于淮河流域，如老子、庄子、管子，东汉哲学家、经学家桓谭等；涡阳因为是老子的故乡，被认为是道家发源地；以曹操父子为代表的建安文学，在中国文学史上有着极高的地位。

建安文学通常是指东汉末年到魏初这一时期的文学，建安时期是我国文学史上光辉灿烂的时期。这一时期，诗、赋、文的创作都有了新的突破，尤其是诗歌，吸收了汉乐府民歌之长，情辞并茂，语言刚健有力，反映社会动乱、人民流离失所及其他社会问题，具有慷慨悲凉的艺术风格，比较真实地表达了汉末文人志士建功立业、实现国家统一的愿望。后人常以"建安风骨"加以推崇。建安文学的代表人物是"三曹"（曹操、曹丕、曹植）和"建安七子"（孔融、陈琳、王粲、徐干、阮瑀、应玚、刘桢）。

曹操是建安文学的主将和开创者，他"外定武功，内兴文学"，在长期的戎马生涯中写下了大量苍劲雄浑、具有强烈现实主义色彩的诗文。今存曹操乐府诗20余首，代表作有脍炙人口的《蒿里行》《短歌行》等。他的诗文充分体现了"建安风骨"的特色。曹丕即魏文帝，曹操次子。他博闻强记，下笔成章。其诗歌委婉悱恻，多以爱情、伤感为题材。他的代表作《燕歌行》是现存最早的完整的七言诗，所著《典论·论文》是中国文学批评史上的重要篇章。曹植是曹操第三子，也是建安时期最负盛名的作家，被誉为"建安之杰"。他的诗脱胎于乐府民歌，但更致力于对语言的加工和提炼，显示了他在诗歌创作上精湛的艺术技巧，对后世文学特别是五言诗的发展有较大影响。流传下来的诗赋有100多篇，其中《泰山梁甫行》《洛神赋》等尤为脍炙人口。可惜他后半生受曹丕猜忌和迫害，郁郁不得志，在愤懑和苦闷中死去。

"建安七子"与"三曹"一起，构成了建安文学的主力军，对诗、赋、散文的发展都作出了很大贡献。他们的诗歌以五言诗为主；辞赋方面则以小赋为主，使小赋这种文体得到了进一步发展繁荣；在散文方面，孔融的章表，陈琳、阮瑀的书记，徐干、王粲的论说文，当时都独树一帜，在文学史上具有相当重要的地位。

【皖江文化】人们习惯于把流经安徽的长江段称为皖江,因此产生于这一流域的文化就被称为皖江文化。皖江文化中,影响最大的是桐城派,亦称桐城文派,是清代文坛上势力最大、影响最广的一个散文流派,前后统治文坛近 300 年。其代表人物方苞、刘大櫆、姚鼐均为桐城人,被称为"桐城三祖"。桐城派滥觞于明末,崛起于康、雍,鼎盛于乾、嘉,衰落于民国初年,其代表人物除方、刘、姚外,还有吴汝纶等。该派主张师法先秦两汉及唐宋八大家的散文,反对八股文,有一套较为完整的古文理论。创始人方苞继承明代归有光的唐宋派古文传统,提出"义法"主张。"义"指文章的中心思想;"法"指表达

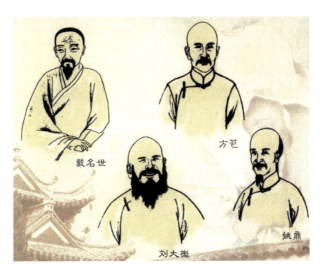

◎ 桐城派代表人物

中心思想或基本观点的形式技巧,如结构、条理、素材应用、修辞等,两者相辅相成。"义法"说奠定了桐城文派的理论基石。刘大櫆补充方氏理论,认为"义理、书卷、经济"是文章的材料和内容,而"神、气、音节"是作家之"能事",强调了散文应具备的情感和气势。姚鼐又发展了刘氏理论,提倡义理、考据、辞章的统一,提出选文和作文的标准,即"文章八要"的主张。他把作品的风格分为"阳刚"和"阴柔"两大类。他认为文章风格主要是作者才情和气质的表现,可以通过艺术形象来分析和显示作者的风格。这是对古文家在文学风格理论方面的概括和总结,是桐城派文论的精彩之处。桐城派的论文观点鲜明,逻辑性强,词句精练,艺术上以典雅、洁净、凝练著称。其散文名篇有方苞的《狱中杂记》《左忠毅公逸事》,姚鼐的《登泰

山记》等。

桐城派后期传人吴汝纶十分注意吸收新思想，注意"洋务"和"维新"。他曾经东渡日本，考察中日教育之得失，力主教育改革，回国后创办桐城中学，竭力培育"合东西国学问精粹"的"后十百年人才"，为中国的教育事业作出了贡献。近代知名的桐城派学者还有大学问家、文学家方东树，史学家、教育家马其昶，主修《明史》的张廷玉，秋瑾挚友吴芝瑛夫妇等。近现代著名学者甚众，有新文化运动的先锋、中国共产党的创始人之一陈独秀，海内外负有盛名的美学大师朱光潜，哲学家方东美，以研究"小学"见长的叶鼎彝（丁易），女诗人、散文家方令孺，学者、杂文家、红学家方珪德（舒芜），杰出的外交家黄镇，著名的社会活动家、杰出的宗教领袖、作家、诗人和书法家赵朴初等，都是这片土地培育出的精英。

早在桐城派出现之前，在皖江流域所在的古庐江郡（即今舒、桐、庐、潜等属）于魏晋南北朝时期就以文风颇盛而著称。仅庐江何氏一脉就学者辈出，较著名的有何桢、何充、何尚之（首创南学学派）、何偃（注《庄子·逍遥游》）等；宋代大画家李公麟，创造的白描法影响中国后代画家千余年，堪称中国绘画史上巨擘；兴起于明末清初的姑孰（旧指今当涂、繁昌等地）画派的创始人萧云从（芜湖人）不入仕途，"笃志绘事，寒暑不废"，其山水画融宋元诸家笔墨，千变万化，苍劲秀润，又善画中配诗，形成诗书画相统一，被誉为"神品"；明末方以智，集哲学家、科学家于一身，其著《物理小识》在清初就已传播海外。

皖江流域的古青铜文化也有其深厚的底蕴，它是中国古代冶金史和中国文明史的见证。铜的发现和使用，是人类社会从原始社会向文明社会过渡的重要条件。而铜陵地区矿冶历史悠久，约 3000 年前就见史书记载。有专家研究后指出：铜陵"古铜矿冶遗址的规模是中国所见最大的，它的延续采冶历史是中国所见最悠久的，它的冶炼技术在各个时代都有许多先进性"。早在 20 世纪 40 年代，郭沫若在他所写的《青铜时代》一文中，就极具远见地认为，华夏文明起源于江淮流域。青铜文化为皖江文化添上了绚丽的一笔。

【**徽州文化**】徽州文化也称新安文化，因徽州曾为新安郡而得名。它包括黄山、绩溪、歙县、休宁、黟县、祁门及江西婺源，地处皖浙赣三省交界处，万山环绕之中，以其独特的流派和丰富的内涵闻名于海内外。徽州是"程朱阙里"，自古文风昌盛，人文荟萃，被誉为"文献之邦"，有"东南邹鲁"之称。2000多年的历史、钟灵毓秀的山水、实力雄厚的徽商、遍布城乡的书院，孕育了以新安理学、新安医学、徽州版画、徽商、徽菜、徽派建筑等为代表的灿烂辉煌的徽州文化。徽州文化博大精深多姿多彩，像一部皇皇巨著，呈现在世人面前。徽学与藏学、敦煌学并称为中国三大地方显学。

1. 徽商

徽商是祖籍徽州府的商人集团的总称。徽州是山区，山多、地少，为了谋生，徽州人不得不走出山区，用他们丰富的土特产去换取粮食等其他生活用品。一条新安江成了物资交流的黄金水道，也成了吃苦耐劳的徽商得以走遍全中国、称雄数百年的黄金水道。他们不仅活跃在各大小城市，就连穷乡僻壤也留下了他们的足迹，所谓"无徽不成镇"，即是对他们的肯定和褒奖。

徽商始于南宋，发展于元末明初，兴于明代中叶，盛于清代中前期，至清代中晚期日趋衰败，前后600余年，称雄300年，在中国商业史上占有重要地位。徽商的经营理念值得称道，本来就植根于有着厚实的新安文化土壤上的徽商，整体文化素质较高。在商业活动中，他们以儒学思想来规范自己，讲道义、重诚信，主张诚信为本，坚守以义取利。将诚信作为经商从贾的道德规范，正是徽商得以成功的要诀所在。

徽商的经营行业非常广泛。明清时期以盐业为主，其他行业也都有所涉足，如典当、茶、木，甚至卖浆贩脂。盐商资本最雄厚，而且多与官家有联系。比较有代表性的人物有歙县的鲍家和江家。相传扬州瘦西湖内一座三层白塔为江家江春所建。江春以"布衣上交天子"而自豪，充分反映了盐商的财势之大。鲍家鲍漱芳多次捐款为朝廷济困，深得嘉庆皇帝赞赏。

乾隆皇帝曾亲笔为鲍家祠堂写了"慈孝天下无双里，锦绣江南第一乡"的对联。徽商中最有名的当是绩溪胡光墉（字雪岩），他经营钱庄、丝茶业、中药铺、典当行等，并依靠官府的势力成为巨富。

徽商"徽骆驼"般吃苦耐劳的精神和以诚为本的经营理念，使他们获得了良好的市场信誉和丰厚的财富回报。发迹后的徽商，衣锦还乡，到家乡大兴土木，建楼院、修祠堂、捐资兴学、刻书藏书、筑路架桥，以造福乡里光宗耀祖、壮大势力。徽州山水造就了徽商，徽商又用他们雄厚的资本滋润了这片生养了他们的土地。

2. 新安理学

新安理学是中国思想史上曾起过重大影响的学派，始于南宋，终于清初。它的奠基人程颢、程颐和朱熹的祖籍都在歙县篁墩（今属屯溪），因此，新安理学也称为程朱理学，在徽州的传播相当广。朱熹提出了"天理""气""格物致知""知行合一"等一系列重要思想范畴（其中的"理"是指封建伦理纲常）。朱熹广收弟子，亲自讲学，门生遍布各地，有学术成就、政治建树者众多，这使其学派成为理学史上最有势力的学派。徽州学者对程朱理学信奉不移，从其学者甚众，程朱理学成为徽州正统的学术思想。徽州宗族社会的形成、徽州商人以"儒道"经营的理念、徽州女性的节烈观，无不与新安理学有着密切的关系。新安理学极大地影响了徽州地区的历史文化发展趋向，而且对南宋以后我国的政治和文化的发展产生了巨大的作用，它是中国古代哲学思想史、学术史的缩影。新安理学的主要著作，有解释程朱理学命题的《性理字训讲义》《太极图说》《近思录注》；阐发程朱学术思想的《四书发明》《书传纂疏》《礼记集成》《六典撮要》等。

3. 徽派朴学

所谓朴学就是"实学""朴实之学"，朴学又称汉学、考据学，这是针对理学的空疏而言的，主张学问重史实依据，解经由文字入手，以音韵通训诂，以训诂通义理。在中国经学史上，徽派朴学被称为皖派，是清代乾嘉时期在徽州形成的以朴实为特色的学术派别。戴震、段玉裁和王念孙等徽派学者主张言必有证，孤证不为定论；主张文体朴实简洁，最忌言有枝叶；主张实事求是，反对剿说掠美。

明末清初，有深厚理性思维功底的歙县学人黄生由训诂入手治学，开徽派考据学之先河。以后则有婺源县的江永，以及他的学生程瑶田、戴震、金榜等，都是徽派朴学的主要代表人物。自乾隆十七年（1752年）戴震、程瑶田、金榜等7人从学江永于歙县不疏园，到道光二十九年（1849年）阮元逝世，徽派朴学的活动时间前后共98年，号称百年。

徽派朴学兴起于徽州，但很快就走出徽州，进入京城，蜚声江浙，并遍及山东、河北，直至西南边陲之地，迅速扩大到国内的一些重要地区，形成一个全国性的著名学派。其独特学风，为中国近现代学术史留下了重要的文化遗产。徽派朴学的主要成就可概括为以下方面：第一，使文字、音韵、训诂从经学附庸发展成独立的语言文字之学；第二，使研究方法走向科学化；第三，从一字一义孤立的说明转向全面系统的探索；第四，拓展了传统汉学的范围；第五，从恪遵汉人之说到敢于突破汉人之说；第六，创造了学术史上光彩夺目的业绩。

4. 新安画派

新安画派是明末清初肇兴，以徽州籍画家为主体，以黄山、白岳及徽州山水为创作的主要题材，画风崇尚清逸简淡，意境追求幽远冷峻的一个画坛流派。主要包括海阳四家、新安画派、天都画派、

◎ 渐江《雨余柳色图》

233

黄山画派4个画派。

最早提出"新安画派"概念的是清康熙年间的艺术理论家张庚，他在《浦山画论》一书中写道："新安自渐江师以倪云林法见长，人多趋之，不失之结，即失之疏，是亦一派也。"张庚的说法渐渐为后人所沿用，"新安画派"遂成定称。新安画派成员众多，它以唐代曾寓居祁门的张志和为渊源，以"天都十子"中的程嘉燧、李永昌为近宗，以渐江、查士标、汪之瑞、孙逸四大家为主要代表，以程邃、戴本孝、郑旼等为主要骨干，到黄宾虹之后自成一体。现代的张大千、汪采白、刘海粟、赖少其等人，都可归入这一流派。

新安画派形成的原因大致有以下几点：第一是时代原因，民族危亡影响了画家的思想，也影响了画家们的作品风格。第二是经济原因，徽商的鼎盛以及徽商的"贾而好儒"加速了新安画派的形成。第三是地域原因，徽州日益开发的好山好水，特别是黄山、白岳对画家们产生了极大的吸引力。除此之外，新安画派的形成还得力于徽州悠久的文化传统与当时的整个文化氛围。

5. 新安医学

新安医学是我国传统医学的奇葩。始于宋、元，盛于明、清。随着经济、文化的繁荣和与外界的广泛交往，徽州儒生在"不为良相，即为良医"的思想指导下，从医者甚多，且名医辈出，医籍浩瀚。他们根据徽州的地理环境、气候条件和生活习性，提出了系统的医学理论，特别重视脾胃、肝肾和气血的调养，用药平正中和，形成了医学史上主张"调补气血，固本培元"的培元派，即新安医学派。从宋至清末涌现著名医学家543人，撰写、编辑医书460多部。其中汪机被誉为明代四大医家之一，吴谦被誉为清代四大医家之一。新安医著涉及经典医籍的整理，临床经验总结，类书、丛书编撰和医案、医话等，其中有我国现存最早记载大量医学史料的著作《医说》、第一部注释医方专著《医方考》、第一部总结历代名医专著《名医类案》等。

6. 徽派民居

徽派民居是在特定的自然和文化环境中形成的。"胸中小五岳，足底大九州"的徽州人，他们富甲四方，成巨富荣归故里，将域外更高层次的文化引入境内，穷极土木，广侈华丽，以明得志，构筑起一幢幢精巧别致的民居建筑。早在晚明时期，"入歙、休之境而遥望高墙白屋"就成为徽派村落的独特景观。徽派民居的典型代表是安徽的黟县、歙县、休宁及江西的婺源等民居。

古民居大都采用两坡屋顶等传统形式，青瓦白墙，外简内秀，雕饰精美，将著名的徽派竹、木、砖、石"四雕"运用于建筑，体现出高超的艺术水平。在古民居的前庭或庭侧，一般都布置有小型庭园或花园，粉墙饰以砖雕、石刻花窗，使建筑、山水、花木融为一体，颇具园林之趣，研究和观赏价值都很高。徽州也因之被视为古建筑文化的宝库、古民居博物馆。徽州的民居建筑充满了浓郁的文化韵味。

◎ 徽派村落

人文篇

徽派民居色彩重在协调，如粉墙黛瓦的房屋，背景是青山、绿水、蓝天，给人一种祥和宁静的田园气息。外观古朴、淡雅的徽州古民居，其内部布局和装饰极为考究，精美绝伦。在中国封建社会，商居四民之下。徽州商人没有显赫的政治地位，虽然腰缠万贯，盖房也不敢违背封建等级规定，只能在室内装饰上尽量讲究，从而使得徽州木、砖、石三雕艺术在建筑装饰中得到广泛应用与迅速发展。三雕构件与主体建筑有机结合，竞相生辉，形成一种优美典雅的建筑装饰风格，从而使徽派建筑更加别开生面，给徽派民间建筑增添了诱人的艺术魅力，大大丰富了中国古代建筑艺术宝库。

7. 徽州文书

徽州文书是历史上徽州人在其社会生产、生活交往过程中形成的原始凭据、字据、记录，包括交易文契、承继文书、私家账册、官府册籍、政令公文、诉讼文案、乡规民约、信函书札等，内容几乎涉及徽州的政治、经济、文化、生产劳动、社会生活、社会交往、风俗习惯等所有方面，在历史学、社会学、文化学、文献学等领域都有着重要的研究价值。

20世纪50年代以来，徽州文书的大量面世，被学术文化界称之为我国继殷墟甲骨文、汉晋简牍、敦煌文书、明清大内档案之后，中国历史文化的第五重大发现。现存约百万件徽州文书，成为研究徽州文化的又一个富矿，促成了徽州学的产生。徽州文书为学者研究徽州社会、经济、文化等提供了非常具体的文字资料，为人们了解徽州过去的社会生产生活提供了原始依据，是认识徽州社会的一扇窗口。

8. 徽菜

徽菜即徽州菜肴的简称，它是我国八大菜系之一，起源于南宋的古徽州歙县一带，发扬光大于绩溪县"徽帮厨师"。

徽菜立足于本地优势，以烹饪山珍野味而著称。特色为"三重"，即重油、重色、重火功。其烹饪特点：一是选料严谨，讲究刀功，巧妙用火；二是烹调技艺精湛，在操作中讲究造型艺术，融烹调技术与艺术加工于一炉；三是将美味与保健相结合，传统徽菜多以《本草纲目》为依据，创作出一些补气养身的名菜。

走进安徽
2024版

徽菜花色与品种名目繁多，内容和形式丰富多彩。火腿炖甲鱼、红烧果子狸、清蒸石鸡、问政山笋、臭鳜鱼、虎皮毛豆腐，是徽菜中的传统名菜。红烧石鸡、清蒸糟鱼、干渍菜焖猪肉、香菇盒、香菇板栗、杨梅丸子、凤炖牡丹、双爆串飞、双脆锅巴、红烧麂子肉、红烧野猪肉等，也是著名的徽菜品种。此外，还有一些颇具地方特色的菜肴，如绩溪的一品锅、黟县的甘水草鱼、祁门的中和汤，以及婺源的粉蒸肉、荷包鲤鱼等名菜。徽菜具有浓郁的地方特色和深厚的文化底蕴，是中华饮食文化宝库中一颗璀璨的明珠。

传统戏剧

【黄梅戏】原名"采茶戏""黄梅调"，为安徽的主要地方戏剧种。黄梅戏源于湖北省黄梅县的采茶调，后与民间歌舞相结合。清道光年间，传入安庆、怀宁、宿松、望江一带，汲取了民间音乐、岳西高腔、青阳腔及徽调的演唱艺术，得到了迅速发展，故又称"怀腔"。它以美妙动听的

◎ 黄梅戏《天仙配》

曲调、生动活泼的表演形式、通俗易懂的艺术语言、浓郁清新的生活气息，深受全国人民和海外人士的喜爱，被誉为"中国的乡村音乐"，目前也是全国最有影响的地方戏剧种之一。

过去黄梅戏多在农村广场演出，没有导演，没有作曲，舞美也极为简单。新中国成立后，使黄梅戏得以从山乡广场走进了艺术殿堂。20世纪50年代的一部电影《天仙配》，让黄梅戏声誉大振，成为全国人民喜爱的剧种。严凤英、王少舫、张辉、黄新德、吴琼、马兰、韩再芬等黄梅戏演员深受人们喜爱。

黄梅戏的代表剧目除新中国成立前就存在的一些剧目外，现在人们耳熟能详的剧目有《天仙配》《女驸马》《打猪草》《夫妻观灯》《牛郎织女》等，新编剧目《江姐》《红色宣传员》《风尘女画家》《红楼梦》《徽州女人》《不朽的骄杨》《倾宁夫人》等几百个黄梅戏剧目，让黄梅戏更加贴近生活和时代，也日益深入人心。

【徽剧】徽剧在中国戏曲发展史上起过承前启后和继往开来的重要作用。它源于明代的"徽池雅调"，即青阳腔，并在吸收了明代余姚腔、海盐腔、弋阳腔和昆山腔四大声腔的优点之后形成徽州腔，这就是徽剧的先声。明末清初，西秦腔等乱弹声腔流入后经过演变而形成徽州腔的主要唱腔——吹腔、拨子，其后又演变成"二黄腔"。到了清代中叶，徽州腔已经完善成一个唱、念、做、打并重的完美剧种——徽剧。

清乾隆五十五年（1790年），"三庆""四

◎ 徽剧《水淹七军》

走进安徽 2024版

喜""春台""和春"四大徽班相继进京，影响很大，成为汇成近代京剧艺术的主要源流之一。著名表演艺术家、京剧主要创始人程长庚就是安徽人，以及后来的著名表演艺术家如杨小楼、余三胜等人，均为怀宁石牌镇人，史有"无石不成班"之说，程长庚也被称为"徽班领袖""京剧鼻祖"。

【庐剧】旧称"倒七戏""小捣戏"，或称"稻季戏""道祭戏"，江南人称"江北小戏"，南京人称"和州戏"，北方的蚌埠、涡阳、蒙城一带称其为"小蛮子戏"，是安徽省主要地方剧种之一。流行于以合肥为中心的江淮一带和大别山区，包括六安、淮南、巢湖、滁州、芜湖等地。因合肥古称庐州，故于1955年7月改今名。相传，庐剧有约200年的历史，清乾隆、嘉庆年间已有职业班社。它的题材与唱腔来源于民间，在其发展过程中，从门歌、山歌、秧歌、小唱等民间演唱形式中汲取音乐营养，从而形成了庐剧音乐的最基本素材。

庐剧的剧目有200余个，分小戏、折戏和本戏、连台本戏，表现内容各异。庐剧的特点是通俗易懂，吐字清晰，表演生动，生活气息浓厚。著名庐剧表演艺术家有丁玉兰等。

【青阳腔】青阳腔于明代嘉靖年间在青阳本地"俳优四出"的基础上，

◎ 青阳腔剧照

吸收了余姚腔、弋阳腔等特点，突破曲牌联套体的音乐结构，发轫了板腔自由体，创造了腔、滚结合的歌唱形式——"滚调"，实现了戏曲声腔史上的重大革新。

青阳腔唱腔变化灵活多样，戏曲语言通俗易懂，极大地提高了戏曲声腔的可塑性和表现力。后来，从皖南发展到闽、湘、川、豫、晋、鲁等地，成为"天下时尚"，直接或间接地影响了徽剧、京剧、赣剧、川剧、黄梅戏等戏曲的形成与发展，尤其为"四大徽班"进京形成京剧奠定了基础，青阳腔被誉为京剧"鼻祖"，在我国戏曲史上占有显赫地位。

【傩戏】傩是中国远古时腊月里驱鬼逐疫的一种祭仪，源于原始巫舞。人们戴着面具，把自己装扮成比臆想中的鬼疫更凶猛狰狞的傩神，跳着凶猛、狂热的舞蹈来驱邪。其表层目的是驱鬼逐疫、除灾呈祥，而内涵则是通过各种仪式活动达到阴阳调和、风调雨顺、五谷丰登、人寿年丰、国富民强和天下太平。后来傩戏逐步向娱人悦众方面演变，娱乐成分有所加强，出现了表现劳动生活与民间传说故事方面的节目，发展成为戏曲形式，形

◎ 傩戏

成傩戏。傩戏形式朴质，古色古香，独具地方特色，在中国戏曲发展史上占有重要地位，对研究、考察地方民风、民俗有较高价值。

传统舞蹈

【花鼓灯】花鼓灯是安徽省优秀的民间艺术，具有较高的知名度，作为汉民族舞蹈的代表之一，在舞蹈艺术中有着广泛影响，是安徽省流传较广、参与人数较多、较为丰富多彩的一种民间歌舞艺术。主要流传于以蚌埠、淮南、怀远、凤台、颍上为中心的淮河流域的20多个市、县约3万平方公里面积、700万人口的广大地区。

花鼓灯主要由舞、歌、锣鼓演奏组成，以音乐、舞蹈、灯歌相结合的艺术形式，通过情节和人物来表现生活事件和群体情绪，它把情节性的双人歌舞与情绪性的集体歌舞有机地结合起来，创造了比较完整、系统的民间歌舞艺术，具有鲜明的艺术风格和浓郁的民俗特征，是淮河文化在舞蹈方面的集中表现。

◎ 花鼓灯

【灯舞】东至花灯由"六兽灯""磨盘灯""八仙过海灯""五猖太平灯"等十余种形式各异的花灯组成。主要灯种源于300多年前，有的根植于本乡本土，有的由异地流入，表演形式各异，具有丰富的文化内涵。灯会一般从正月初二开始，正月十五结束；也有的要到二月初二圆灯，习俗不一。东至花灯汇蓄和沉淀了多个历史时期诸多文化信息，是汇集工艺美术、戏剧、舞蹈、音乐、武术

◎ 灯舞

表演等多种形式于一体的一种民间艺术形式，是把扎彩灯、唱文南词、黄梅戏，敲十番锣鼓汇集于一体的民间艺术大荟萃，是千百年来劳动人民智慧和汗水的结晶。

曲艺与杂技

【凤阳花鼓】凤阳花鼓又名花鼓小锣、双条鼓，是安徽省地方曲艺剧种，主要流行于凤阳县、怀远县一带。一系腰鼓，一提小锣，每唱一段，间以锣鼓击奏。后以双条鼓代替细腰鼓，左手执小鼓，右手执双锤击鼓，边唱边舞。凤阳花鼓起源于明代，以凤阳县小溪河、燃灯一带的民间小曲为基础逐渐形成，其中具有代表性的曲子是《凤阳歌》。凤阳花鼓一般为群众在空闲时自唱自娱的活动，演唱场所大多在庙前、麦场、集市等，一桌一凳即可开锣演唱。1949年后，文艺工作者将凤阳花鼓搬上了舞台，在怀仁堂演出了《王三姐赶集》，毛泽东等党和国家领导人观看了演出，周恩来赞誉花鼓灯为"东方芭蕾"。

◎ 凤阳花鼓

◎ 埇桥马戏

【埇桥马戏】明末清初，埇桥区蒿沟乡一带农民就已经盛行杂技和民间曲艺，到了清朝末年，该项艺术已具相当规模。20世纪20年代，以尹清云、顾传标、吴清云为代表的杂技名人，率先将动物融入杂技演出，取得很大成功。30 年代，驯兽动物展开始出现，并很快受到广大观众的喜爱。新中国成立后，正式成立国有动物表演团，演出足迹遍布全国几十个大中城市。改革开放以来，民间马戏艺术得到了快速发展，到 90 年代，民间马戏团已发展到 200 多家。进入新世纪，马戏表演团体增至 300 家，从业人员逾万人，已牢牢占据全国马戏演出市场的半壁江山。2008 年，埇桥马戏被列入国家级非物质文化遗产保护目录。

民间庙会

【**九华庙会**】九华山庙会源远流长。自唐代以来，每年农历七月三十（小月七月二十九），为地藏王菩萨圆寂日，佛教界和工商界都要联合举办盛大纪念活动，远近朝山拜佛者和游人纷至沓来。1983 年庙会制度恢复，

◎ 九华庙会

每年一届。1989年庙会期间,有百岁宫金堂佛像和无暇真身开光仪式、水陆法会、纪念金地藏(金乔觉)诞辰1294周年法会、祇园寺传授三坛大戒等。联谊活动有中国四大佛山联谊会、海内外高僧大德座谈会、民间"百子会"及商品展销会等。

【寿县城隍庙会】旧时,寿县城隍庙会分别在每年清明节、农历七月十五、十月初一举行。庙会开始前一个月,城隍庙门便挂出头牌,告知"城隍出巡,赈济孤魂,查明善恶"。县衙也张贴告示,加强庙会期间秩序管理,各商贾富豪也照庙会所需灯、旗、轿、亭、高跷、抬阁、肘阁等进行准备。出巡当天,知县带领当地头面人物到庙中神位前焚香叩拜,然后率人将一尊木胎城隍神像抬进一座设有帷幔的"显轿"。三声炮响后,由8人抬起轿子,在锣鼓、鞭炮声中开始出巡。前面是4对"肃静""回避"牌,其后是12面各色龙旗,两盏排灯,以及抬阁、肘阁、乐队,接着是花灯班子、高跷、花车、狮子灯、蛤蜊舞等,最后还有鼓手、唢呐班子。城隍所到之处,各家各户都要燃放爆竹相迎。队伍经过三街六巷,午时到达北门外行宫,人们把城隍像抬进入座。傍晚,再按出巡阵势回程。在七月十五的庙会期间,夜间还要燃放焰火,全城灯火明亮,十分热闹。

【亳州木兰会】旧时,每年农历四月八日,亳州都要举行盛大的木兰会,以纪念代父从军的巾帼英雄花木兰。亳州魏国村是花木兰的故里(一说河南虞城县),后人曾在城东建木兰祠。祠中有楹联:"替父征战壮巾帼,为国戍边净胡沙。"相传,北宋末年,金兵入侵亳州,祠中木兰神像大显神威,手中的大刀微微颤动,旁边的战马塑像也仰天嘶鸣,因而吓退了金兵。这一天正是四月八日,于是老百姓又在西门外重盖了一幢木兰祠,并在这一天举行盛大的庙会。每逢会期,人们便抬着木兰神像上街游行,前有隆重的仪仗队,后有龙灯、狮子灯、杂技武术队伍,热闹壮观。

历史典故

【三过家门而不入】《孟子·离娄》说:"禹疏九河……八年于外,

三过其门而不入。"传说禹30岁尚未成家,治理淮河时,在下游的涂山(今安徽怀远县东涂山),邂逅一位名叫女娇的姑娘,还没有更多地接触,又匆匆视察水情去了。女娇也在天天思念禹,好不容易盼来了,才草草结婚,婚后不到4天,禹又走了。涂山氏(即女娇)望眼欲穿,而禹以天下事为己任,曾3次途经家门,甚至听到了妻子的声音和孩子的哭声,也是过门不入。对禹的克己奉公精神,人们由衷钦佩,后来就用"三过其门而不入"或"三过家门而不入",来形容热心工作、公而忘私的勤恳态度。

【姜太公钓鱼愿者上钩】姜太公(前1128—前1015年),又称姜尚,字子牙,东海上(今安徽临泉县姜寨镇)人。姜尚出身低微,前半生漂泊不定、困顿不堪,但是却满腹经纶、壮志凌云。听说西伯姬昌尊贤纳士,广施仁政,年逾七旬的他千里迢迢投奔西岐。他来到渭水北岸的磻溪(今陕西宝鸡市),每日垂钓于渭水之上。姜尚钓法奇特,短竿长线,线系直钩,离水面有三尺高。过路人看到都暗暗发笑,他却一本正经地说:"愿者上钩来。"有一回,周文王到渭河一带打猎,遇见姜子牙在河边垂钓。交谈之后,发现他就是周朝从古公亶父起一直盼望着武能安邦、文能治国的贤才,于是高兴地说:"吾太公望子久矣!"所以姜子牙又号"太公望"。姜太公辅佐周文王、周武王消灭了商朝,屡建奇功,受封于齐地。

245

【高山流水遇知音】传说春秋时著名的音乐家俞伯牙,楚国香山(今安徽固镇西45里)人,一次乘船沿汾洪江(古时入淮,今存遗址)返乡省亲,入夜船泊马鞍山集贤村口(今固镇西单海孜)。面对清风明月,他思绪万千,焚香抚琴,忽听岸上有人叫绝。他闻声走出船来,只见一樵夫站在岸边,他知道此人是知音,当即请樵夫上船,兴致勃勃地为他演奏。伯牙弹起赞美高山的曲调时,樵夫曰:"善哉乎鼓琴,巍巍乎若泰山。"他弹奏表现奔腾澎湃的波涛时,樵夫又曰:"善哉乎鼓琴,洋洋乎若江河。"伯牙惊曰:"善哉,子之心与吾同。"这个樵夫就是钟子期。两人约定,明年此时此刻还在这里相会。伯牙如期赴约,而子期已死。伯牙来到子期坟前,抚琴一曲哀悼知己。曲毕,就在坟前将琴摔碎,并发誓终生不再抚琴。自此始有"高山流水遇知音,伯牙摔琴谢知音"的典故。

人文篇

【管鲍之交】出自《列子·力命》："生我者父母，知我者鲍子也。此世称管鲍善交也。"管仲和鲍叔牙是春秋时期著名的政治家，二者都是安徽阜阳颍上县人，一个才气横溢，一个诚恳厚道，两人意气相投，来往非常密切。管仲家贫母老，鲍叔牙常馈送柴米接济。青年时代，二人合伙到南阳一带做生意，除本分利外，管仲总是暗中多取一些。鲍叔牙明明知道，却不予计较，认为他有老母要赡养，不是贪财的小人。后来他俩一起做了齐国公子的老师，管仲辅佐公子纠，鲍叔牙辅佐公子小白。齐僖公死后，襄公继位，公子纠逃到鲁国，公子小白逃到莒国。后来襄公死去，纠和小白都赶忙回国争夺王位。最终，小白获胜，就是齐桓公。齐桓公即位后，拜鲍叔牙为相并想处死管仲。鲍叔牙极力举荐管仲为相，齐桓公最后采纳了鲍叔牙的意见。在管仲的辅佐下，齐桓公成为春秋时期的霸主。

【铜雀春深锁二乔】相传三国时绝代双娇大乔、小乔均为今安庆潜山市人。据《汉书·地理志》和《后汉书·郡国志》考证，春秋时期，潜山为古皖国封地，山称皖山，水曰皖水，城为皖城。陈寿《三国志》中《吴书·周瑜传》记载："从攻皖，拔之。得乔公二女，皆国色也。（孙）策自纳大乔，（周）瑜纳小乔。"由此，三国二乔美女配英雄传为历史佳话。今乔公故址仍坐落在潜山市城区东北。宋代诗人黄庭坚有诗赞曰："乔公二女秀色钟，秋水并蒂开芙蓉；只今零落遗故址，令人千古思余风。"

【十面埋伏（四面楚歌霸王别姬）】源于著名的垓下之战。公元前202年，汉王刘邦追击向彭城撤退的项羽，项羽退至垓下（今安徽固镇东北沱河南岸）。诸侯军队蜂拥而至，把项羽军队重重包围。为了进一步动摇和瓦解楚军，一天夜里，刘邦要汉军四面唱起楚歌。楚军听了，益发怀念自己的家乡。项羽大惊曰："汉皆已得楚乎？是何楚人之多也！"项羽惶惶然不能入睡，深夜在军帐里喝酒。他一边喝酒，一边激昂慷慨地唱起歌来。他的爱妾虞姬也起而和唱，歌曰："汉兵已略地，四方楚歌声。大王意气尽，贱妾何聊生！"唱罢，拔剑自刎而死。项羽见大势已去，带八百骑兵连夜突围南逃，退至乌江（今安徽和县东北乌江浦），只剩下二十八名士兵。

【无颜见江东父老】乌江，秦时设亭，曰"乌江亭"。今属安徽和县，为乌江镇。相传项羽垓下突围后仅剩二十八骑，他仰天长叹，以为失败实为天意，并非自己不善战。好像是为了证实自己这一想法，他率领二十八骑勇猛冲杀，使汉军"披靡"。就这样且战且走，退到了乌江边。适遇乌江亭长停舟江岸，催促项羽渡江，以图东山再起。项羽说，无颜见江东父老，遂将坐骑赐予亭长，转身徒步拼杀汉军，最后自刎而死。乌江亭长就地埋葬了项羽的残骸和血衣，并在墓旁建亭，以备祭祀，亭名"项亭"。杜牧游乌江浦，凭吊古迹，有感而发写下《题乌江亭》："胜败兵家事不期，包羞忍耻是男儿；江东子弟多才俊，卷土重来未可知。"

【伍子胥过昭关】安徽含山县城的北面，有座连绵起伏的山脉，状若昂首腾飞的巨龙。"龙"身中部，有座险要的关隘，这就是闻名于世的古道昭关。相传鲁昭公二十年（前522年），楚平王听信权奸费无忌的谗言，杀害了伍子胥的父亲伍奢和兄长伍尚之后，企图诱杀伍子胥。伍子胥识破阴谋，毅然弃楚投吴。当他来到吴楚交通要道——昭关，关口已张挂了他的外貌画图，盘查甚严。伍子胥见状，便隐入山林，窥探时机，却被采药的东皋公发现。东皋公是楚国名医，与伍子胥有过一面之交，他冒着株连九族的危险，将伍带回家中，徐图过关之策。一连七天，仍无过关之计，子胥心急如焚，竟然急白了须眉。东皋公见了，不禁潸然泪下，忽然转悲为喜，连连说道："有了，有了！"原来，东皋公有一好友皇甫讷，长相与子胥酷似，东皋公便请来皇甫讷，让他穿上子胥的服装，先行上关受捕，将子胥扮成卜卦道人，乘混乱之机，混过关去。皇甫讷被捕以后，受尽种种折磨，最后惨遭酷刑，刖去双足。伍子胥投吴以后，谋取兵权，兴师伐楚，报仇雪恨，并将皇甫讷从狱中救出，以厚礼相待直至老死。有诗赞曰："伍员无计过昭关，七日须眉白似霜；皋叟深谋诚可羡，讷公足废见衷肠。"

【三寸之舌】张良（？—前186年），字子房，封为汉留侯，谥号文成，城父（今安徽亳州）人，汉初重臣。秦灭韩后，他图谋恢复韩国，结交刺客，在博浪沙（今河南原阳东南）狙击秦始皇未遂而逃。在秦末农民战争中，他聚众归刘邦，成为重要谋士。汉朝建立，封为留侯。《史记·留侯世家》

载，刘邦册封张良为"留侯"时，张良并不为之所喜，有人以为他居功而清高，张良口辩："我本居韩国，祖上世代于韩国为臣，我为报国恨家仇，毁家纾难，参加灭秦义举。我仅凭'三寸之舌'，受到这样高的待遇，已是无功而受禄，实在是足而又足的了，哪有居功而自恃之言呢？"

【斩木为兵，揭竿为旗（揭竿而起）】秦二世元年（前209年），征发闾左九百人屯戍渔阳，陈胜、吴广为屯长。他们行至大泽乡（今安徽宿州市东南），为大雨所阻，按照秦法，过期要杀头。陈胜、吴广便利用"鱼腹丹书""篝火狐鸣"等计策发动戍卒起义，提出"大楚兴，陈胜王"的口号。起义军迅速攻下蕲县（今安徽宿州东南），广大农民"斩木为兵，揭竿为旗"，踊跃参加起义队伍。当义军进据陈县（今河南淮阳）时，已拥有步兵数万，骑兵千余，车六七百辆，陈胜自立为王，国号"张楚"。《史记·陈涉世家》记载："斩木为兵，揭竿为旗，天下云合响应，赢粮而景从，山东豪杰并起而亡秦族矣。"

【孔雀东南飞】"孔雀东南飞，五里一徘徊。"相传这一古老的爱情悲剧就发生在今安庆潜山市城东南的焦家畈，焦家畈地名一直保留至今。焦仲卿为汉末建安年间庐江郡府内一小吏，娶聪明美丽的女子刘兰芝为妻，夫妻恩爱情深。但其母不容，以种种借口逼迫焦仲卿将刘兰芝休弃，二人被迫分离。离别时，两人发誓生死相爱，不复嫁娶。后来，刘兰芝在家兄逼迫再嫁时投水自尽，焦仲卿得知后也自缢于庭中树上。死后，焦、刘两家将二人合葬于华山。今怀宁县城小吏港风情孔雀园，焦仲卿、刘兰芝合葬墓就坐落于此，人们称之为孔雀坟。

【一人得道，鸡犬升天】西汉淮南王刘安视儒学为"世俗之学"，却很喜欢神仙道术。相传一天有8个老翁求见，表示有"驻颜之术"奉献，八公每人表演了一番各自的本领，刘安看后大喜，遂吟《八公操》诗一首："煌煌上天照下土兮，知我好道公来下兮，将与予生毛羽兮，超腾青云绕梁甫兮。"吟罢，便一起到都城北门外的一座山（今安徽寿县八公山）上，终日谈仙论道。刘安又得《丹经》36卷，悉心研读炼丹之法，经过七七四十九天，炼出仙丹。刘安依八公所言，"登山大祭"，骑马立于山头，服下仙丹，不觉飘飘飞升。刘安与八公升天后，丹鼎中剩下丹药被附近鸡犬舔食一尽，结果也都跟着升天。后来演化成"一人得道，鸡犬升天"的典故，比喻一个人当了大官，全家老小以至亲朋也都沾光享受富贵。

【望梅止渴】相传曹操亲率10万大军，兴师攻吴，从许昌南下，途经梅山（今安徽含山县境内），天气炎热，人困马乏，无水可饮，士气消沉。曹操见状，心里十分焦急，他坐于马上，放眼四望，眼光所及之处，不见一丝水汽，但见远处的山峦上，有一片稀疏的林木。曹操顿时喜出望外，计上心来，他遥指前方，大声传令道："前面有一大片梅子林，赶到那里，大家可以饱餐一顿酸甜的梅子，既可充饥，又可解渴。"士兵们听说有梅子可吃，嘴里顿时流出口涎来，于是提起精神，疾步前行，终于离此干涸之境，寻得水源，又赶了路程。据《历阳典录》记载，当时曹操所指之山，并无"梅山"之称。明末诗人戴重的《梅山梅花》诗，道出了"望梅止渴"的真相。诗云："千里吴江春水深，许君饮马望江浔。空山花树无人迹，枉被曹瞒指到今。"

【解衣敬酒】东汉建安年间，孙权奉兄孙策之命驻守安徽宣城时，守卫士卒不满千人。一日，因疏于防范，突遭数千名聚居于皖南山区的越人（史称"山越"）袭击。孙权被越兵蜂拥围困，唯有一位名叫周泰的将领（今安徽凤台人），奋不顾身挥刀杀敌，保护孙权冲出重围，而自己身受重伤10多处。从此，周泰被予以重用，封为奋威将军。可是周泰所部中的少数人，以周泰出身寒门而不服气。孙权得知后，特置酒宴大酬请将，请周泰坐首席，并亲自捧酒至周泰前，让他解开衣服，露出满身伤痕，孙权手指其道道伤痕，逐一问其在何地所创，并要周泰专述当时情景。周泰每说一痕，孙权为他敬酒一盏。最后，孙权抚着周泰的累累伤痕流涕说："卿为我兄，战如熊虎，不惜躯命……我与卿同荣辱，等休戚，勿以寒门自退也。"在场的诸将士，无不感动至极。孙权"解衣敬酒，表彰功臣"，遂被传为佳话。

【手不释卷】吕蒙，汝南富陵（今安徽阜南县）人。据《三国志·吴志·吕蒙传》记载，吕蒙乃行伍出身，读书甚少。孙权见他年轻有为，且身居要职，便劝他多读些书，以增长知识。吕蒙却以"军机太忙，无暇顾书"为托词。孙权严肃批评吕蒙说："军务再忙，莫过于我。我主持国家军政要务，日

人文篇

理万机，仍要抽空读书，使我得益匪浅，临机决断能高屋建瓴，处之妥善，凡此皆缘善读之故也。"孙权又说道："光武（即汉光武帝刘秀）当兵马之务，手不释卷，孟德（即曹操）亦谓老而好学，你为何不能自求上进呢？"吕蒙听了感悟犹深，从此发奋读书，亦手不释卷，成为东吴文武兼备的名将。

【杏林春暖】过去中药店和中医诊所往往都悬挂着一块匾额"杏林春暖"，表示医德高尚，医术高明。据明朝《中都志》记载，董奉，字君异，三国时吴国人。相传他医术超群，志行高洁，遍游名山大川，在钟离（今安徽凤阳县）南面40里的一座山，自建茅屋住下。他经常给附近的贫苦农民治病，但从不收钱，只要求病人痊愈后在他住的山上栽种杏树，重病者愈后栽杏5棵，轻病者愈后栽杏1棵。若干年后，山上山下，到处栽满了杏树，人们便把这座山叫"杏山"。每当杏子成熟时，董奉就告诉乡亲们，来买杏子的不要钱，一箩谷子换一箩杏子，他把换来的谷子，散发给贫苦农民。后来，人们便常用"杏林春暖""誉满杏林"来称颂医生。

【鹤立鸡群】"鹤"是指晋初泰始年间曾做过汝阴太守的嵇绍。嵇绍（253—304年），字延祖，谯郡铚（今安徽宿州）人。嵇绍是魏晋之际"竹林七贤"之一嵇康的儿子。他体态魁伟，聪明英俊。10岁时，父亲嵇康被司马昭杀害，因父亲关系自己也坐子罪，在家侍奉母亲。当时山涛负责选用人才，对晋武帝司马炎说："父子罪不相及。嵇绍的贤名可以和郤缺相比，应该加以表扬和重用，请任他做秘书郎。"晋武帝说："如果按你说的那样任命，可以让他做秘丞，何止是一个秘书郎呢。"于是诏令征聘嵇绍。晋代戴逵《竹林七贤论》："嵇绍入洛，或谓王戎曰：'昨于稠人中始见嵇绍，昂昂然若野鹤之在鸡群。'"嵇绍屡次升迁，做了汝阴太守，把汝阴治理得很好。后来就用"鹤立鸡群"比喻一个人的仪表或才能在周围一群人里显得很突出。

【风声鹤唳，草木皆兵】这是淝水之战中的著名典故。淝水之战是我国历史上著名的以弱胜强的战例，发生在今安徽寿县。383年8月，前秦苻坚亲率90万大军南下攻晋，苻坚骄狂地宣称："以吾之众旅，投鞭于江，足断其流。"东晋以丞相谢安为首的主战派决意奋起抵御，率领"北府兵"

在淝水对岸八公山上布下阵势，大营安扎得非常整齐。符坚登上寿阳（今寿县）城头，望见东晋军队布阵严整，心中暗暗吃惊，又见八公山上草木摇动，以为都是埋伏的晋兵，不由连连感叹："此亦劲敌洇谓弱也。"两军在淝水一带激战一场，结果前秦大败，符坚中箭负伤，秦军溃兵沿途不敢停留，听见风声、鹤叫的声音，都以为是晋军的追兵来了。后世用成语"草木皆兵""风声鹤唳"来形容人在极度恐慌时，一有风吹草动便疑神疑鬼的样子。

【金蝉脱壳】这是《三十六计》中的第二十一计，发生在今安徽蒙城县境内。檀道济，东晋末年从刘裕攻后秦，以足智多谋著称。431 年，檀道济被魏将叔孙建前后攻击，烧去粮草，便回师至山桑（今安徽蒙城），择地安营。夜间，令军士以沙代粮，一五一十地高声唱着量取的数目，贮作数囤，摆列营前，用米少许，遮盖囤上。黎明，魏兵前哨窥视，见米囤参差，忙报知本营。叔孙建闻檀道济有粮，以为降卒妄言，又率骑逼近宋营观其虚实。檀道济令军士披甲相随，自己着便服坐车，从容出营，向南徐走。叔孙建疑为诱敌，不敢进击，反而退走。檀道济得以全军返回，因而威名大振，传为历史佳话。今蒙城县城北 40 里，有檀公城，原为山桑县故城。据《太平寰宇记》记载："（南朝）宋将檀道济为镇西将军居此，固号檀公城。"至今故城残基犹可辨，量沙台遗址仍存。

【瞒天过海】这是《三十六计》中的典型战例，发生在今安徽和县境内。隋开皇年间，陈国凭借长江天堑，严防隋军侵犯。589 年，隋文帝杨坚广泛征求平陈谋略，吴州总管贺若弼，献"取陈十策"。贺若弼在大举进攻之前，不断组织沿江守军调防，并规定每次调防都要在历阳（今安徽和县境内）集中，插上很多旗帜，野外搭许多帐篷。开始，陈国以为隋军要来进犯，便马上集结国内全部兵力，部署防范，事后隋军并未进攻，才知是敌守军在调防，便把集结的军队撤了回去。如此换防几次，陈军渐渐习以为常，便不再防备。当陈军放松警惕后，贺若弼趁机率大军过江，在陈军尚未觉察之时即顺利地袭占了南徐州（今江苏镇江），取得胜利。

【不越雷池一步（无过雷池一步）】出自《晋书·庚亮传》。雷池，位于今安徽望江县与宿松县交界处，现称"泊湖"。东晋明帝司马绍死后，成帝司马衍尚年幼，名义上由庾太后临朝，实权却由庾太后哥哥庾亮独揽。327年，历阳（今安徽和县）镇将苏峻与寿春（今安徽寿县）镇将联合叛乱，率军向京都建康（今江苏南京市）进攻。庾亮的亲信江州刺史温峤，得知后甚为焦急，想立刻率领屯在九江的军队去保卫建康。庾亮得知此情，害怕手握重兵的荆州刺史陶侃乘虚而入，便立即写书命令温峤道："吾忧西陲，过于历阳，足下无过雷池一步也。"温峤执行了命令，毋越雷池一步，使陶侃一直不敢行动，最后苏峻等人叛乱，亦归失败。

【闭门羹】相传古代宣城人史凤姿色艳丽，擅长琴棋书画，因此攀枝附凤者络绎不绝，但常常不能如愿以偿。她会客时有一条不成文的规定：首先给客人授一诗题，看中诗后，方愿见客；不被看中者，或不愿与其相见者，就叫家人在门口以羹待客而婉拒。天长日久，客人见了羹就会心领神会而自动告退。唐代冯贽《云仙杂记》称："宣城妓史凤，待客有差等，最下者不相见，以闭门羹待之。"可见当时做"羹"待客是拒见之意，而现在"闭门羹"，则只取拒绝之意，闭门而无"羹"了。

【打草惊蛇】出自唐朝《酉阳杂俎》。相传唐代有个县官，名叫王鲁，他做当涂（今安徽当涂县）令的时候，贪赃枉法，搜刮钱财。衙门里上上下下的官吏也都暗中行贿受贿，敲诈勒索。一天，王鲁批阅案卷，发现他的主簿被人联名控告营私舞弊，违法乱纪，有凭有据。这些罪恶也正是王鲁平时所干过的，桩桩件件都与王鲁有关。他心想："这可不妙！幸亏这个案子落到我的手里。"看完，批了8个字"汝虽打草，吾已惊蛇"。打草惊蛇由此而来，后来一般用来比喻做事不周密，走漏了风声，以致对方产生了戒备，使原定计划落空，或受到了阻碍。

【杯水车薪】出自余阙赈灾。余阙，元代唐兀人，生于今安徽合肥。任副佥都元帅府驻守安庆，恰逢灾荒，他召集官员计议，大家一致认为向朝廷上本，开仓放粮。元末朝纲不振，仓廪不丰，余阙叹气说："向朝上奏本，固然必要，来回奏议耽误时间，远水近火，杯水车薪，无济于事啊。"余阙又说道："我拿出禄米二百石赈济灾民，但也不过是杯水难救车薪，诚望各位同人慷慨解囊,以救时饥。"响应者寥寥无几,余阙又发话:"时年饥馑,我备水酒一杯犒劳大家。"众官饮后头晕目眩,余阙又让大家各吐在自己座前。原来,余阙事先在酒中放下呕吐之药,一饮即吐。余阙命众官互查呕吐之物,众官吐的全是鸡、鱼、肉、蛋,而余阙全是青菜。余阙又说:"诸位置灾民疾苦而不顾,拔一毛而赈天下皆不愿为,天理何在?良心何在?"众官员这样才被迫捐米赈灾。

【让他三尺又何妨(六尺巷)】源自"桐城派"的故乡(今安徽桐城市境内)。据《桐城县志略》记载:老宰相张文端公(清康熙文华殿大学士张英)居宅旁有隙地,与吴氏邻,吴氏越用之。家人驰书于都,公批诗于后寄归,云:"千里家书只为墙,让他三尺又何妨。长城万里今犹在,不见当年秦始皇。"家人得书,遂撤让三尺,吴氏闻之感其义,亦退让三尺,故六尺巷由此而来。1958 年,毛泽东主席在会见苏联驻华大使尤金时曾引用此诗。六尺巷仍位于今桐城市文城西路,东起西后街巷,西抵百子堂,巷南为宰相府,巷北为吴氏宅,全长 100 米、宽 2 米,均由鹅卵石铺就。

风景名胜

山水类

【黄山】古称黟山,别名黄海,国家 5A 级旅游景区,是唯一集世界文化和自然遗产、世界地质公园三顶桂冠于一身的风景名胜。位于皖南黄山市境内,面积约 154 平方公里。主峰莲花峰,海拔 1864 米。相传轩辕黄帝在此炼丹成仙,唐玄宗信奉道教,于天宝六年(747 年)敕改黟山为黄山。1985 年以唯一的山岳风光入选"中国十大风景名胜",1990 年被联合国

◎ 傲立雪松

教科文组织列为"世界文化与自然遗产",1999年获联合国教科文组织颁发的"梅利娜·迈尔库里文化景观保护与管理国际荣誉奖",2004年被联合国教科文组织列为"世界地质公园"。1979年7月,邓小平同志视察黄山,作出了"要有点雄心壮志,把黄山的牌子打出去"的重要指示。同年10月,黄山正式对外开放,逐步形成了温泉、玉屏、云谷、北海、松谷、钓桥六大景区。以峰石为主体的山岳型景区,素以奇松、怪石、云海、温泉"四绝"著称于世。千峰竞列,劈地摩天,峭壁峥嵘,俗称72峰(包括36大峰、36小峰),实际远不止此数。莲花峰、光明顶、天都峰三大主峰海拔都在1800米以上,千米以上高峰有77座。黄山奇松,或盘根于危崖之上,或挺立于壁罅之中,大多生长在海拔800米以上,其中最有代表性的有迎客松、探海松、蒲团松、连理松、麒麟松、黑虎松、接引松、龙爪松等。特别是迎客松,已成为中华民族待客热情友好的象征。黄山怪石,大者如石林耸峙,石笋罗列;小者如天然盆景,玲珑剔透。其中最著名的有飞来石、松鼠跳天都、猴子望太平、仙人晒靴、仙人指路等。黄山云海,"云以山为体,山

○ 黄山日出

以云为衣"，山体与云海的巧妙结合，赋予黄山无穷的变化和美妙的动感。黄山温泉，常年水温42℃左右，富含重碳酸盐，不含有害物质，"热可点茗，沐之能祛百病"。黄山冬雪，极有特色，人称黄山"第五绝"。每到严冬，"一夜寒风起，万树银花开"，皑皑白雪，遍铺峰峦，置身其间，仿佛进入扑朔迷离的琉璃世界。"山中一夜雨，到处挂飞泉"，清溪飞瀑，更使黄山增色，其中尤以人字瀑、百丈泉、九龙瀑最为壮观。日出、晚霞、佛光、华彩、雾凇等自然奇观，变幻无穷，令人叫绝。动植物资源特别丰富，名花嘉木、珍禽异兽种类繁多，具有极高的教学和科研价值。植被覆盖率93%，森林覆盖率84.7%，素有"华东植物宝库"之称。高等植物222科826属1805种，主要有黄山松、黄山杜鹃、天女花、木莲、红豆杉、铁杉等。野生脊椎动物297种，其中国家二类保护动物32种，主要有短尾猴、苏门羚（四不像）、娃娃鱼、梅花鹿、白鹇、八音鸟、相思鸟等。文化底蕴深厚，宗教文

◎ 黄山云海

化、古代建筑、摩崖石刻、名人活动和文学艺术等精彩纷呈，现有摩崖石刻280多处，篆、隶、行、楷、草诸体兼备，集文化、书法和石刻艺术于一体。黄山之美，世人称奇。唐代大诗人李白游山，留有"黄山四千仞，三十二莲峰。丹崖夹石柱，菡萏金芙蓉"的名句。明代大旅行家、地理学家徐霞客两游黄山，叹为"生平奇览"，发出了"薄海内外无如徽之黄山，登黄山天下无山，观止矣"的千古绝唱，后民间传为"五岳归来不看山，黄山归来不看岳"。2001年5月，江泽民同志视察黄山，激情赋诗《登黄山偶感》："遥望天都倚客松，莲花始信两飞峰。且持梦笔书奇景，日破云涛万里红。"

【九华山】位于池州市境内，中国佛教四大名山之一、国家首批5A级旅游景区、国家首批自然与文化双遗产地。景区规划面积120平方公里，保护面积174平方公里，由十一大景区组成，有"莲花佛国"之称。境内群峰竞秀，怪石林立，山峰主体由花岗岩组成，有大小山峰数十座，以十王峰最高，海拔1342米，天台、天柱、十王、莲花等9座山峰耸入云霄，最为雄伟，九大主峰如九朵莲花，千姿百态，各具神韵，远望如并肩站立的

9个兄弟，因而又叫九子山。连绵山峰形成的天然睡佛，成为自然景观与佛教文化有机融合的典范。景区内处处清溪幽潭、飞瀑流泉，构成了一幅幅清新自然的山水画卷。还有云海、日出、雾凇、佛光等自然奇观，气象万千，美不胜收，素有"秀甲江南"之誉。九华山气候温和，土地湿润，生态环境佳美，

◎ 明朝无暇和尚肉身

森林覆盖率在90%以上，有1460多种植物和216种珍稀野生动物。九华山以地藏菩萨道场驰名天下，享誉海内外。719年，新罗国（今韩国）王子金乔觉渡海来唐，卓锡九华，苦心修行75载，99岁圆寂，因其生前逝后各种瑞相酷似佛经中记载的地藏菩萨，僧众尊他为地藏菩萨应世，九华山遂辟为地藏菩萨道场。受地藏菩萨"众生度尽，方证菩提；地狱未空，誓不成佛"的宏愿感召，自唐以来，寺院日增，僧众云集，香火之盛甲于天下。九华山现存寺庙99座，僧尼近千人，佛像万余尊。长期以来，各大寺庙佛事频繁，晨钟暮鼓，梵音袅袅，朝山礼佛的教徒信众络绎不绝。九华山历代高僧辈出，从唐至今自然形成了15尊肉身，现有5尊可供观瞻，其中明代无暇和尚肉身被崇祯皇帝敕封为"应身菩萨"，1999年1月发现的仁义

◎ 佛景交融

师太肉身是世界上唯一的比丘尼肉身。在气候常年湿润的自然条件下，肉身不腐已成为生命科学之谜，为九华山增添了一分庄严神秘的色彩。九华山文化底蕴深厚，陶渊明、李白、费冠卿、杜牧、苏东坡、王安石等文坛大儒游历于此，吟诵出一首首千古绝唱；黄宾虹、张大千、刘海粟、李可染等丹青巨匠挥毫泼墨，留下了一幅幅传世佳作。唐代大诗人李白三上九华，写下了数十首赞美九华山的不朽诗篇，尤其是"妙有分二气，灵山开九华"的诗句，成了九华山的"定名篇"。九华山现存文物2000多件，历代名人雅士诗词歌赋500多篇，书院、书堂遗址20多处，其中唐代贝叶经、明代大藏经、血经，明万历皇帝圣旨和清康熙、乾隆墨迹等堪称稀世珍宝。

【天柱山】位于安庆市潜山市境内，国家5A级旅游景区。总面积304平方公里，主景区102.72平方公里。春秋时期皖伯大夫在此治理皖国有方，百姓崇其德政，故尊称天柱山为皖公山、皖山；又因天柱山深藏于千山万壑之中，故又有"潜山"之称。主要为花岗岩峰丛与峰林相间地貌，有45峰、86石、18崖、19洞、13河及泉、瀑、井、池、潭、涧等多处。著名山峰有天柱峰、飞来峰、天池峰、翠花峰、天鼓峰、迎真峰等，主峰——天柱峰海拔1489.8米。1982年被国务院公布为国家重点风景名胜区，2001年荣获全国文明森林公园称号，2005年被批准为国家地质公园，2011年9月被联

◎ 天柱云烟

◎ 天柱峰——擎天一柱

合国教科文组织正式批准成为世界地质公园。地质构造奇特，位于大别造山带与郯（城）庐（江）断裂带的复合部，为全球瞩目的地质科研热点地区。地处我国南北交会的过渡带，集雄、奇、灵、秀于一体，尤以巧夺天工的怪石与造化神秘的洞谷最为迷人。唐代诗人李白感叹天柱胜景云："奇峰出奇云，秀木含秀气。"白居易云："天柱一峰擎日月，洞门千仞锁云雷。"全山分为主峰、大龙窝、马祖庵、九井河、三祖寺、龙潭河、后山、虎头崖等八大景区，各具特色。主峰景区位于天柱山中部，以峰为体，尤以怪石纷呈为奇，已名怪石有43处，长达450余米、高差200余米的神秘谷有"花岗岩洞第一秘府"之誉；大龙窝景区林壑优美、松石皆秀；马祖庵景区林茂泉清、环境幽静；九井河景区有九大瀑布聚群于此，美轮美奂；三祖寺景区千年寺塔、摩崖石刻、汉武帝登封遗迹；龙潭河景区以河谷风光与古宅山寨为佳；后山景区竹海万亩，古树参天；虎头崖景区以宋、明石窟白云岩、铁笛龛及怪石奇洞、摩崖石刻为特色，颇有世外桃源之古风遗韵。

【天堂寨】被誉为"华东最后一片原始森林"。位于金寨县西南部，集国家5A级旅游景区、国家森林公园、国家级自然保护区、国家地质公园

◎ 天堂寨

于一体。不仅集结了"奇峰、飞瀑、林海、峡谷、云雾、幽潭、秀水"等众多自然景观，还蕴含着丰厚的历史文化和红色文化，纯朴厚重的民俗民风更与生态景观交相辉映。常年云雾缭绕、峻峰林立、群瀑飘逸。最高峰海拔1729.13米，为大别山主峰之一，古称"吴楚东南第一关"；森林覆盖率达96.5%，位居全国森林公园前列，其108道接力式瀑布群景区，水量充沛、姿态各异，落差50米以上就达18道之多，为华东地区所罕见，水质为国家地表一级饮用水。白马峰栈道依山势悬空而建，全长3000米。

【太平湖】位于黄山区，南依黄山，北邻九华，是九华山进黄山公路必经之津，是青弋江上游一座人工大水库。又有"黄山情侣""东方日内瓦""未经雕琢的翡翠"之美誉。国家4A级旅游景区，景区面积275平方公里，平均水深40米，水域面积88.6平方公里，蓄水量24亿立方米，东西长60公里，南北最宽处约6公里，最窄处仅150米。湖水全由黄山和

◎ 远眺太平湖

九华山溪水汇聚而成，清澈见底，凫鸟信飞，达国家一级水质标准；两岸重峦叠嶂，林海葱茏，森林覆盖率在95%以上。主要有风景秀丽的陵阳山、奇石林立的太平湾、天下无双的黄金岛、群峰排闼的三门峡、香火缭绕的乌石龙等五大景区。湖中点缀着大小不同、高低不等的岛屿，错落有致、似断似连地飘浮在万顷波澜间，湖周青山隐隐，炊烟袅袅，一派美丽恬静的山野风光。太平湖上游与下游曲折，中游开阔，集太湖山水、漓江风情于一身，是一个多姿多彩的世界。游黄山而不游太平湖，好比游苏州而不游虎丘，终为一憾。唐代诗人李白曾到湖边万村游览，留下传唱千古的诗篇《赠汪伦》，后来村民为怀念李白，建造了一座"踏歌岸阁"，至今犹存。湖畔自然条件优越，共有树种400多种，观赏花木183种，禽类动物170种，淡水鱼40多种。游人盛赞："天池无此亲切，太湖无此幽深，三峡无此青翠，漓江无此烟云，富春无此高寒，西子无此胸襟，乾隆无此眼福，江南无此水程。"

【**翡翠谷（情人谷）**】位于黄山风景区东麓、仙都峰和罗汉峰之间，国家4A级旅游景区。是黄山东海最长的一条峡谷，纵深约20公里，谷中

◎ 翡翠谷玉环池

之溪名为"碧玉溪"。翡翠谷中怪岩耸立，流水潺潺，气势非凡。环顾四周，皆削岩峭壁，古树茂密，怪石与洞穴棋布错落，狮头岩、海蚌滩、观天洞、玉叠岩、嬉戏岩、匍匐洞、鹤舞石等景观惟妙惟肖，物状逼真。最引人注目的是谷内 100 多个形态各异、大小不同的彩色池潭。谷中还有瀑布、竹海，绿竹与飞水交相辉映，别有一种奇异的神韵。翡翠谷也叫"情人谷"，1988 年上海有 36 位青年男女到黄山游玩，邂逅于这条峡谷中。当时，此景区尚未开发，道路坎坷，甚至无路可走，他们相互鼓励，相互搀扶，克服了许多困难才得以脱险。回到上海后，他们有 10 对结成了终身伴侣，其中有不少人还是在翡翠谷内初次相识的，因此，有人提议将此谷改称"情人谷"。电影《卧虎藏龙》曾来此取景。

【新安江山水画廊】位于中国历史文化名城歙县境内，全长约百里，国家 4A 级旅游景区。两岸生态环境极佳，呈现高山林、山中茶、低山果、水中鱼的立体生态格局，与掩映其间的粉墙黛瓦的古村落、古民居交相辉映，是画里青山，水中乡村，构成一幅美妙的山水国画。李白游此，诗曰："清溪清我心，水色异诸水。借问新安江，见底何如此。人行明镜中，鸟度屏风里。"四季游江，景色各异。春天，两岸山花烂漫，漫山遍野的映山红，

◎ 新安江景色

俏丽多姿；夏天，驰名中外的"三潭枇杷"由青变黄，硕果累累；秋天，"霜叶红于二月花""不似春光，胜似春光"；冬天，特别是"霜降"以后，两岸柑橘林内橘果压树，立船头远望，恰似在绿色翡翠上缀满颗颗红宝石。新安江峰回水转，江中出现一座巨型石礁，就是著名的"妹滩"。徽州女人经常在此送别远行的亲人，特别是新婚的妻子，更是依依难舍，泪洒江滩，所以得名。

【齐云山】中国四大道教名山之一，国家4A级旅游景区。位于休宁县城西15公里处，与黄山南北相望。面积约110平方公里，最高峰海拔585米，由齐云、白岳、歧山、太山、万寿山、南山、茅山、狮子山、象山九座山峦组成。古称"白岳""云岳"，因"一石插天，直入云端，与碧云齐"而得名，历来与黄山、九华山并称"皖南三大名山"。明代徐霞客登临，叹之"奇为第一"。齐云山以峰奇、石怪、水秀、洞幽著称，丹霞地貌，山峰50处，怪岩49处，幽洞16处；

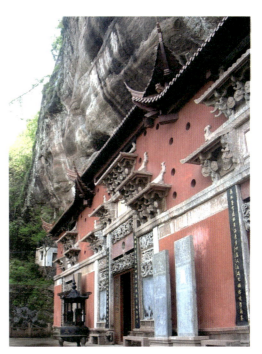

○ 山间道观

奇峰有香炉峰、五老峰、玉屏峰、灯笼峰等；怪岩有象鼻岩、青狮岩、紫霄岩、独耸岩、天桥岩、楼上楼、白云岩等。分为月华街、云岩湖、楼上楼三大景区，月华街以道教文化、奇峰怪岩和碑碣石刻见长，因街心有一湾月形水池而得名，云岩湖山色水景兼容，楼上楼以山情野趣见长。1994年被国务院公布为国家重点风景名胜区，2001年被授予"国家地质公园"称号。据史料记载，唐代主要在此举行宗教活动，明代道教香火日渐兴盛，清末民初，一切事务由道院自理。

人文篇

◎ 天下第一亭——醉翁亭

　　【琅琊山】因欧阳修《醉翁亭记》而名扬天下，位于滁州城区西南郊，面积约 115 平方公里，古称摩陀岭。相传东晋司马睿任琅琊王时曾寓居于此，故名琅琊山。因兼得名山、名寺、名亭、名泉、名文、名碑、名洞、名林之誉，有"皖东八名胜境""蓬莱之后无别山"美名，是国家重点风景名胜区、国家森林公园、国家 5A 级旅游景区。琅琊山动植物资源丰富，特有的琅琊榆、醉翁榆为国内珍稀树种。主要山峰有大丰山、小丰山、花山、关山、凤凰山、赵家山等，景区多洞穴，有琅琊洞、雪鸿洞、桃花洞等，区内有酿泉、紫薇泉、濯缨泉等泉眼 50 多处，泉水清凉甘美。王安石、曾巩、李幼卿、韦应物、辛弃疾、宋濂等历代文人墨客，都曾慕名来游，留下众多名篇佳句。北宋欧阳修在任滁州太守时(1045—1048 年)写下的《醉翁亭记》和《丰乐亭记》，为后人交相传诵。大文学家苏轼手书"两记"，铭刻山上。欧文苏字，堪称二绝。醉翁亭居全国四大名亭之首，有"天下第一亭"之美誉。琅琊寺为全国重点寺庙，寺内藏有部分唐碑宋刻，具有很高的文物价值。深秀湖景区建有湖心亭、九曲桥、水榭、轩廊、石矶等景点。清流关景区有

"三古"（古关隘、古驿道、古战场）遗址，保存完好。

【**大别山主峰——白马尖**】位于霍山县境内，国家4A级旅游景区。主峰海拔1777米，为大别山最高峰。集高、雄、峻、特为一体，山上怪石林立，惟妙惟肖。常年云雾翻飞缥缈，波澜起伏，浩瀚似海。山势险峻，陡崖、幽谷遍布，清溪激湍。东北坡的千年都枝杜鹃园，生长着上千棵姿态各异的都枝杜鹃，举世罕见。大别山风光一览无余，群山、云海、天空错落有致。西北坡是高山矮栎树植物园，树种造型古朴苍劲，色泽老辣昏黄，山南松树林郁绿葱茏，生机益然，南北两侧的树种色泽、造型鲜明对比，形成了一道相互映衬的独特景观。

◎ 白马尖

【**牯牛降**】因峰顶有巨石形似牯牛，故而得名。位于祁门、石台两县交界处，东倚黄山，西接庐山，北邻九华，南望绵延千里的障公山山脉，总面积280平方公里，主峰海拔1727.6米。1988年被列为全国森林和野生动植物自然保护区，是国家地质公园、国家4A级旅游景区，有华东物种基地、绿色自然博物馆之誉。以雄、奇、险、秀著称，山岳风光有36大峰、

72 小峰，36 大岔、72 小岔。尤为神奇的是秋高气爽之时，峰顶常有硕大圆弧状七色光环浮现，随风飘浮滚动，此称"佛光"，为牯牛降景观一绝。牯牛降以花岗岩地貌为主体，奇松怪石、云海松涛、日出晚霞、佛光晕影，无不神奇诡秘，令人赞叹。蕴藏着大量的动植物种类和植被群落，野生动植物有 2000 余种，木本植物 88 科 237 属 520 余种，占全省木本植物科的 84.5%，其中永瓣藤属、香果树、鹅掌楸、金钱柳、藤黄檀等尤为珍贵，野生动物有云豹、小灵猫、白鹇、黑麂、猴面鹰、蕲蛇、苏门羚等。

【八公山】国家地质公园、国家森林公园、国家 4A 级旅游景区。位于淮南市寿县境内，是一座历史文化名山，又名紫金山，由 40 余座山峰叠嶂而成，面积 200 多平方公里。由 152 种树木形成的天然次生林，是皖北大地上一颗绿色明珠。1600 多年前发生于此的以少胜多的经典战役"淝水之战"，留下了"风声鹤唳、草木皆兵"的历史典故；2000 多年前，汉淮南王刘安招贤纳士，编著了一代名篇《淮南子》，发明了名扬四海的美食——

◎ 八公山

豆腐，演绎出"一人得道，鸡犬升天"的神话故事；形成于 8 亿年前的"淮南虫"化石，是迄今为止世界上发现最早的古生物化石，被国际地质学界誉为"蓝色星球"上的生命之源。2000 年，中科院考古队在八公山又发现了古猿化石，距今 300 多万年，是我国迄今为止发现最早的古猿化石。

【皇藏峪国家森林公园】中国历史文化遗产保护区、国家 4A 级旅游景区。位于萧县东南边境，总面积 31 平方公里，是江北罕见的暖温带落叶阔叶林区，为皖北地区保存最为完整的原始森林。景区内有木本植物 199 种，700 多种中草药，58 种鸟类和野生动物。据史料记载，公元前 205 年春，刘邦曾在皇藏洞中避过一难，后来人们便将此峪改名为皇藏峪。主要分为瑞云寺、天门寺、樱桃沟、竹林寺和倒流河遗址 5 个景区，以独特的森林景观和丰富的动物资源为主体，以寺院史迹等人文景观为依托，集洞、泉、山、石景于一体。

◎ 皇藏峪森林公园

人文篇

◎ 禅宗二祖道场——司空山

【司空山】花岗岩山岳型佛教名山，位于岳西县境内。因战国时期司空淳于氏隐居此而得名。主峰海拔1227.7米，总面积53.5平方公里。佛教禅宗二祖道场，南北朝时期，二祖慧可受菩提达摩禅宗心法，为躲避北周灭佛南下，于561年卓锡司空山，留下"祖师洞""三祖洞""传衣石""二祖禅刹"等遗迹。757年，李白随永王李璘兵败，避居司空山，写下《避地司空原言怀》和《司空山瀑布》等名篇。著名景观有二祖禅刹、赤壁丹砂、乌牛古石、南崖瀑布、银河夜月、太白书堂、司空佛光、冶溪古树等。

【妙道山】位于大别山腹地岳西县境内，国家森林公园，国家4A级旅游景区，景区面积近15平方公里，森林覆盖率98%。共分聚云峰、祖师峰、紫柳园、南溪源、大峡谷等景区，群山叠翠，林海茫茫，峡谷幽深，溪流潺潺。由妙道山、石狮啸月、黄柏山而成的环形山脉，峰峦叠嶂，山环水绕，格局天成，主峰海拔1465米。动植物资源十分丰富，有珍稀植物鹅掌楸、香果树、银杏、大别山五针松等60余种，珍稀动物娃娃鱼、金钱豹、香獐、

◎ 石狮啸月

小灵猫等 20 多种，被称为"大别山天然物种基因库"。生长在高山之巅沼泽地上的千年紫柳千姿百态，极为罕见，最大树龄已逾千年，被国内旅游界称为"中华一绝"。

【仙寓山】位于石台县境内，主峰海拔 1376 米，是皖南第四高峰。国家 4A 级旅游景区，景区集优美的自然生态和悠久的古址文化于一体，

◎ 仙寓山风光

有始建于唐代、至今仍保存完好的千年古徽道，有"全国首批农业旅游示范点""中国富硒第一村"——大山富硒村，有世界一绝的大峡谷——七彩玉谷，有千米以上的历史名茶——雾里青观光茶园、天方富硒观光茶园，被称为"仙人居住的地方"。景区有红豆杉、鹅掌楸、青钱柳、罗汉松、银杏、红榉、红楠等珍贵稀有树木，有灵芝、石耳、白木、黄连等名贵药材，有云豹、黑鹿、穿山甲、娃娃鱼、白鹇等珍禽异兽，有牡丹、芍药、紫薇、杜鹃、芙蓉等奇花异草。

【采石风景区】国家级重点风景名胜区、国家 5A 级旅游景区。位于马鞍山市区西南约 5 公里的采石镇。包括采石矶、青山、濮塘、横山 4 个景区，总面积 64.85 平方公里。核心景区采石矶古称牛渚矶，居"长江三矶"之首，东起锁溪河，西达大江。绝壁临江，水湍石奇，历来以其山水之险、风物之秀独领风骚，被誉为"天下第一矶"。"采石山水甲江南"，李白曾多次登临吟咏，留下了许多不朽篇章。采石矶扼守长江天险，历来是兵家必争之地，历代发生在这里的著名战争 20 余次。采石矶还是我国早期的佛教圣地之一，广济寺始建于东汉，为江南名刹。主要景观有全国最大的李白纪念馆，驰誉江南的三元洞，气势雄伟的三台阁，引人入胜的万竹坞，以及"当代草圣"林散之艺术馆等。

◎ 采石景区——太白楼

【**花亭湖**】国家级风景名胜区、国家4A级旅游景区。位于太湖县境内，面积254平方公里。花亭湖建于1958年，宛如一颗璀璨的明珠镶嵌于大别山的崇山峻岭之中，面积100平方公里，蓄水量24亿立方米，年产鲜鱼150万公斤。湖光山色，风景秀丽，分为龙山、花亭湖湖区、西风禅寺、狮子山、朴初文化公园、汤湾温泉六大景区和汤湾温泉疗养度假村及六个外围景点。花亭湖是佛教领袖赵朴初先生的故乡，赵朴初先生1990年回乡游湖时挥毫写下了"尽情领受，千重山色，万顷波光"的赞美诗句。

【**巢湖姥山岛景区**】国家级风景名胜区、国家4A级旅游景区。位于合肥市巢湖市境内的巢湖湖心，是湖中最大的岛屿，地形椭圆，周长约4公里，面积1平方公里，最高海拔115米。姥山四面皆水，如同一叶漂于

◎ 巢湖姥山岛景区

水中，为八百米巢湖唯一的"湖上绿洲"。相传"陷巢州"时，焦姥为救乡邻，自己被洪水吞没，化成了一座山，后人遂称之为"姥山"。景区现有中庙寺、昭宗祠、白衣庵、文峰塔等景点，集翠屿、碧波、寺塔、湿地、田园乡村于一体，素有"湖天第一胜境"之美誉。

【太极洞】位于广德县城北 25 公里处，又名长乐洞。国家 4A 级旅游景区，2004 年被列入国家重点风景名胜区。明代文学家冯梦龙称其为"广德埋藏"，是"天下四绝"（广德埋藏、雷州唤鼓、登州海市、钱塘江潮）之一。太极洞总长 5 公里，面积 15 万平方米。水洞、旱洞、天洞兼备，大洞套小洞，洞洞相通，忽狭忽敞，时高时低，忽温忽凉，忽陆忽水，给人以变幻莫测之感。洞口上方刻有"太极洞"三字，系明代万历年间刑部侍郎吴同春手迹，至今依然可见。进口大厅约有 1600 平方米，高 5 ~ 10 米，可容千人。洞内景观瑰丽，历史遗存丰富，钟乳奇石，百姿千态，叹为观止，鬼斧神工。水洞长 2 公里多，行舟可达 700 米。

【华阳洞】位于含山县环峰镇褒禅山山腰。唐贞观年间，高僧慧褒云

◎ 褒禅山——华阳洞口

游至此,爱其风物,结庐山下,故而得名。北宋宰相王安石于至和元年(1054年),率其弟及友游览此洞,写出千古名篇《游褒禅山记》。溶洞总长1600米,有十大景区,102个景点。洞群分前洞、后洞、天洞、地洞,洞中有洞,洞洞相连,洞中有河,河可泛舟。洞外山光水色,多名胜古迹。

【茅仙洞】位于东淝河、西淝河入淮交汇处,淮水唯此一段西流,山川不前,三湖依偎,故称"淝水三湾"。因西汉道教三茅宗创始人茅盈在此修炼、开辟道场,故称茅仙洞。后由唐代禅宗高僧道树禅师驻锡于此,首建硖石寺,是全国最早佛道并存的寺院。主要有茅仙古洞、古香山寺、古寿唐关、淮河第一峡、黑龙潭、淝水之战古战场及春秋时期扁担城遗址等景点。古洞建于淮水岸畔双峰山的峭壁上,背山面淮,旷览平畴,全长700余米,洞内有36洞天,古朴神秘、绚丽多姿,被誉为"华夏第一人文洞府"。每年农历二月十九、七月三十两度庙会,香客、游客云集达数万人之多。

◎ 茅仙古洞

【蓬莱仙洞】国家4A级旅游景区,坐落于石台县仁里镇杜村村境内。洞全长3000余米,总面积2万多平方米,分天洞、中洞、地洞、地下河四层结构,造型奇特,曲折回环,气势恢宏,佳景遍布。地洞有形态各异的巨石、淙淙不绝的地下河,9米多高的巨型钟乳"落地金钟"宏伟壮观;中

◎ 蓬莱仙洞

洞遍布精美的钟乳石群，若物若人，惟妙惟肖；天洞宏大绮丽，曲折幽深，景观奇异。这一由白色透明碳酸钙结晶组成的奇景，因造型奇特，形象逼真，色彩纯净，为国内其他溶洞所不及，与洞内的立体国画"山水浮雕"和如银似玉的"天丝"一起被称为"蓬莱三绝"。

【狼巷迷谷】因旧时有野狼出没而得名，国家4A级旅游景区。位于凤阳县城南韭山国家森林公园内，总面积约9平方公里。内有苗寨、塔林、禅窟寺、玉蟹泉、摩崖石刻、贮岚亭、禅窟洞、蟠桃园、天石、瘦人谷、晕头转巷等大小景点40余处。整个风景区是以佛教文化为背景、绿色生态为重点、石灰岩溶地貌为特色的自然风景区。2000年5月被授予"中国历史文化遗产"称号，2007年被评定为"中国县域旅游品牌百强景区"称号。

◎ 狼巷迷谷

人文类

【西递】最具代表性的黄山古民居旅游景点。原名西川，又称西溪，位于黟县城东。取村中溪水东向西流之意，又因古有递送邮件的驿站，

◎ 西递明经湖

故而得名"西递"，素有"桃花源里人家"之称。以宗族血缘关系为纽带，胡姓聚族而居的古村落。奠基于北宋仁宗年间（1023—1063 年），发展于明朝景泰中叶，鼎盛于清初雍（正）乾（隆）时期，至今已有千年历史。村落平面呈船形，占地 16 万平方米。现保存明清民居近 300 幢，从整体上保留下明清村落的基本面貌和特征。该村建房多用黑色大理石，两条清泉穿村而过，99 条高墙深巷，各具特色的古民居，使游客如置身迷宫。村前矗立三间四柱五楼的胡文光刺史牌楼，建于明万历六年（1578 年），峥嵘巍峨，结构精巧，是胡氏家族地位显赫的象征。村中徽派建筑鳞次栉比，"瑞玉庭"溢满古老徽商气息，"履福堂""桃李园"给人一种厚重的古文化熏陶。村中各家各户的富丽宅院、精巧花园，石雕的奇花异卉、飞禽走兽，砖雕的楼台亭阁、人物戏文，精美的木雕，绚丽的彩绘、壁画，都体现了中国古代艺术之精华。2000 年被列入世界文化遗产名录，2001年被定为全国重点文物保护单位，2003 年被列为国家 4A 级旅游景区和中国首批历史文化名村，2005 年被评为中国魅力名镇，2011 年荣升国家5A 级旅游景区。

◎ 宏村风光

【宏村】古称弘村，位于黟县城北，古黟桃花源里一座奇特的牛形古村落。占地30万平方米，枕雷岗面南湖，山水明秀，享有"中国画里的乡村"美称。南宋高宗年间（1127—1162年），古宏村人为防火灌田，独运匠心开仿生学先河，建造出堪称"中国一绝"的人工水系，围绕牛形做活了一篇水文章。九曲十弯的水圳是"牛肠"，傍泉眼挖掘的"月沼"是"牛胃"，"南湖"是"牛肚"，"牛肠"两旁民居为"牛身"。整个村落就像一头水牛静卧在青山绿水之中。全村现完好保存明清民居140余幢，承志堂"三雕"精湛，富丽堂皇，被誉为"民间故宫"。著名景点有：南湖风光、南湖书院、月沼春晓、牛肠水圳、双溪映碧、亭前大树、雷岗夕照、树人堂、乐叙堂等。2000年被确定为世界文化遗产，2001年被确定为全国重点文物保护单位，2002年加入中国风景名胜区协会，2003年被评为国家4A级旅游景区和中国首批历史文化名村，2005年被评为中国魅力名镇，2011年荣升国家5A级旅游景区，2012年入选第一批中国传统村落。

【江村】位于旌德县白地镇，中国历史文化名村、全国重点文物保护单位、国家4A级旅游景区。距黄山风景区37公里，建村近1400年历史。枕山、环水、面屏，地气昌隆。"黄峰晓日""羊冈夕照""金鳌飞瀑""天都耸翠""苑龙红叶""豸顶桃花""双溪夜月""聚秀荷风""狮山著雨""箬岭晴雪"十景环绕四周；狮、象二山矗立村口两侧，由聚秀湖相连。村中有 8 座宗祠，18 座牌坊。"进修堂""谌然别墅""茂承堂""笃修堂""江泽涵故居""江冬秀故居"已对外开放。2020年入选第二批全国乡村旅游重点村名单。

◎ 江村溥公祠

【呈坎】坐落于徽州区，是中国现今保存最古老的村落之一，由东吴孙权带诸葛谨、吕蒙平定山越人后，设立新督郡而建的《易经·八卦》风水村，距今已有 1800 年历史。朱熹曾誉其为"呈坎双贤里，江南第一村"。村落按照《易经·八卦》风水理论选址布局，形成两圳三街九十九

◎ 呈坎晒秋

人文篇

巷,宛如迷宫。呈坎有中国古祠堂最大、徽州民居最古老、村落风水最佳之称,是国家 5A 级旅游景区古徽州文化旅游区组成部分。保存有东汉、唐、宋、元、明、清等建筑 150 多幢,国家级重点保护文物 22 处,500 年的彩绘,现今依然绚丽如初,成为难解之谜。徽州民居甲天下,呈坎民居甲徽州。

【雄村】位于歙县城郊,是一座教育发达、人才辈出的村落,被誉为"新安第一岛,徽州最雄村",国家 4A 级旅游景区。古名洪村,元末曹姓家族迁入此地,取《曹全碑》中"枝分叶布,所在为雄"句,改名为雄村,距今已有 800 多年历史。雄村青山环抱,竹林掩翳,清碧的新安江水傍村流淌,与"锦绣江南第一村"呈坎、"牌坊之乡"棠樾齐名。村口屹立着一座巍峨壮观的"四世一品坊",四柱冲天,三间三楼,专为褒奖户部尚书曹文埴及其祖上三代而建,故称四世一品。建于乾隆二十年(1755 年)的竹山书院,为寓居扬州的两淮八大盐商之一的曹堇怡在弥留之际遗命两个儿子曹翰屏、曹暎青所建,是一座典型的徽派园林建筑。文人赞之曰:"竹山书院如《红楼梦》中的怡红院。"正厅中壁悬蓝底金字板联一副:"竹解心虚,学然后知不足;山由篑进,为则必要其成。"为曹文埴所撰,意在勉励后学之士。

【南屏】位于黟县境内,曾名叶村,因村西南背倚南屏山而得名,国家 4A 级旅游景区。自元末叶姓兴建于此,明代形成叶、程、李三大宗族齐聚分治的格局,清代中叶以后,由于三大姓之间的相互攀比,步入鼎盛时期。村中至今仍保存有相当规模的宗祠、支祠和家祠,被誉为"中国古祠堂建筑博物馆"。除了祠堂林立,南屏村古私塾园林和

◎ 雄村竹山书院

古民居建筑也比比皆是。位于村庄上首的"半春园"，又名"梅园"，建于清光绪年间，是村中富商叶自璋为子女读书而营造的私塾庭院。现在，仍完好保存有明清古民居建筑近300幢，幢幢结构奇巧、营造别致、高墙深巷、长短不一、拐弯抹角、纵横交错。古水口建筑尤其令人赏心悦目，长40米的三孔石拱桥横卧武陵溪上，桥额为斗大楷书"万松桥"三字石刻，传自文学大师姚鼐手笔。

【唐模】位于徽州区潜口乡，是国家5A级旅游景区古徽州文化旅游区组成部分。以千年古樟之茂，中街流水之美，"十桥九貌"之胜及"一村三翰林"之誉而名闻中外。始建于隋唐，发展于宋元，兴盛于明清。相传唐越国公汪华后裔汪思立精通阴阳八卦，运用堪舆之术相中唐模，植银杏数株，择其成活而定居，结果宗汪一株茁壮成长，遂举族定居于此。

◎ 唐模水街

村落选址和布局讲究人与自然的和谐统一，村中田园风光幽雅别致，亭坊街桥、水口园林和水街，令人如在画中。水街长约600米，溪流自西向东穿村而过，沿岸相对建有近百幢白墙青瓦马头墙的徽派建筑，民居、祠堂、店铺、油坊等，鳞次栉比。沿街建有40余米长的避雨长廊，廊下沿溪设"美人靠"，呈现出小桥流水人家的村居山水图。

【龙川】又称坑口，坐落于绩溪县瀛洲乡，是一个古老的徽州村落。龙川胡氏代有人才，是徽州出名的"进士村"。东晋散骑常侍胡焱镇守歙州，爱其风水胜迹，于咸康三年（337年）举家迁于此。村内保存完好的"龙川胡氏宗祠"被称为江南第一祠，素有"木雕艺术博物馆"和"民族艺术殿堂"之美称，1988年评为全国重点文物保护单位，2012年评为国家5A级旅游景区。奕世尚书坊是明代正宗石雕牌楼，为徽派石雕之最。村东的龙须山，因盛产造纸原料龙须草而得名。

◎ 龙川胡氏宗祠

【查济】位于泾县之西，面积约30平方公里，国家4A级旅游景区。四周青山环抱，绿树成荫，古建成群。村外四门（钟秀、平岭、巴山、石门），三塔（如松、青山、巴山）环绕村围，村内三条小溪（岑溪、石溪、许溪）穿

◎ 查济古建筑群

村而过。其中主溪流——许溪河两岸为经济、文化中心，溪左岸为纪念查济人祖籍为山东济阳府，故名"济阳"；溪的右岸以姓为地，为"查村"，两岸合为"查济"。据宗谱记载，查姓原是周朝伯禽的后代，周惠王（前676年），肇封查邑（今山东济阳），以地而得氏。历史上查济有108座桥梁、108座祠堂和108座庙宇，时至今日，仍存有红楼、天申、麟趾等30余座石桥和10余座祠堂、庙宇。2001年6月被国务院公布为全国重点文物保护单位，2012年12月被列入中国传统村落名录。

【棠樾牌坊群·鲍家花园】全国重点文物保护单位、国家5A级旅游景区古徽州文化旅游区组成部分、世界文化遗产申报地。位于歙县棠樾村，由鲍家牌坊、鲍家花园、鲍家祠堂、鲍家古民居等景点构成。牌坊群是全国唯一的一连七座牌坊，明建3座，清建4座。3座明坊为鲍灿坊、慈孝里坊、鲍象贤尚书坊，4座清坊为鲍文龄妻节孝坊、鲍漱芳父子乐善好施坊、鲍父渊节孝坊、鲍运昌孝子坊，均为冲天柱式，镂刻有花纹图案，体现了徽文化程朱理学"忠、孝、节、义"的主题。鲍家宗祠有全国唯一的一座女祠（清懿堂），深深包含了多少节妇烈女的辛酸故事。鲍家花园始建于清

◎ 棠樾牌坊群

乾隆年间，因规模之大、气象之宏以及收藏珍品盆景闻名于世。人们将其与苏州拙政园、无锡梅园并称为"江南三大私家园林"。

【渔梁】位于黄山市歙县古城东南1.5公里，村落占地8.2公顷，该村形成于唐代，约在乾元二年（759年）姚姓迁居渔梁，并发展为村落。从空中俯视渔梁，呈现为两头窄中间宽的梭子形，形如鲤鱼，东西向主街为"鱼脊"，南北向巷弄为"鱼鳍"，鹅卵石街面为"鱼鳞"，故名渔梁。辖区内有被誉为"江南都江堰"的全国重点文物保护单位渔梁坝、安徽省唯一的私人博物馆——巴慰祖纪念馆、黄山市爱国主义教育基地——崇报祠，是徽商的启航地和徽文化的重要发祥地之一。2005年渔梁村被列入第二批中国历史文化名村，2012年渔梁村被列入第一批中国传统村落。

【关麓】位于黄山市黟县碧阳镇，地处武亭山麓、西武岭脚，因西武岭有"西武雄关"之称，该村居雄关之东麓而得名。又因过去黟县通往祁门、安庆、江西等地的主要古驿道经过村岭，故别名"官路"。还因这里古称"堑下"，地势非常隐蔽，此地建村可免战乱侵扰，俗称"官路下"。关麓村文化底蕴深厚，2010年入选中国历史文化名村，2012年入选中国传统村落，2017年入选国家千年古村落，2019年入选安徽省第二批美丽乡村示范村。

【坑口】位于黄山市祁门县闪里镇，皖赣两省三县的交界处，是安徽"南大门"，黄山"西窗口"。慈张公路从这里出安徽省，是黄山市西南连接江西省的重要窗口之一。坑口村距祁门县城42公里，距闪里S42黄浮高速4.3公里，距离瓷都景德镇市72公里。坑口村境内森林茂密，森林覆盖率达90%以上，清澈秀丽、宛若玉带的文闪河，呈"S"形飘逸而过，环境优美，生物资源、人文资源丰富，2010年被评为安徽省历史文化名村，2013年被评为第一批中国传统古村落，2014年被评为中国历史文化名村。民俗活动丰富多彩，有"拨路节""接菩萨""唱大戏"等。近年来，坑口磻村围绕古村落资源保护利用，改造村中老屋，打造精品民宿。依托国保单位古戏台群，利用丰厚的古戏曲文化，打造以戏曲和传统婚嫁为核心的"沉浸式"主题民宿，形成"戏与喜"的民宿集群。

【黄村】原名黄川，位于黄山市休宁县商山镇，因"居斯者皆姓黄，又其地多池沼，故名"，起源于中原氏族南迁，距今有1200多年历史。黄村村占地面积5.3平方公里，村内有全国重点文物保护单位1处、市级文物保护单位1处和县级文物保护单位3处。1920年春著名教育家黄炎培先生亲临黄村小学视察时题词"知君所学随年进，许我重游到皖南"，1948年时任国民党教育部部长朱家骅亲临题写"桃李争辉"，2012年12月被公布为黄山市文物保护单位，2013年5月被国务院公布为第七批全国重点文物保护单位。2010年7月黄村入选为第五批中国历史文化名村，2012年12月被列入第一批中国传统村落名录。

【龙岗】古称芙蓉岗，位于滁州市高邮湖畔，有千秋古镇、皖东水乡、状元福地、革命摇篮之称，龙岗三面环水，老街纵横，距今有千年历史，明清时期最为繁盛，是苏皖之间著名的商埠，铜龙河流经高邮湖可通江达海，谚曰"穷铜城、富龙岗、闵家桥的银子用船装"。龙岗人才辈出，明代有三位尚书，清代皖东状元戴兰芬，还有陈门四进士、韦家双探花等。龙岗又是一块革命热土，新四军江北干校——中国人民抗日军政大学第八、第九分校曾在这里办学，1941至1945年间共培养两千余名德才兼备的军事政治干部，1998年被确定为安徽省重点文物保护单位，2011年获评全国首批宗教界爱国主义教育基地。龙岗村2012年获评中国传统村落，2014年获评中国历史文化名村。

【碛头】位于宣城市绩溪县东北隅，介于两省（皖浙）三县市（绩溪县、宁国市、杭州市临安区）交会处，为绩溪县家朋乡人民政府所在地，亦是抗美援朝中国人民志愿军"特等功臣""一级战斗英雄"许家朋烈士故乡。碛头村古名"涧洲""云川"，始建于明代，四周高山耸立，天目山脉由东而至，萦纡南延，门前岩、黄茅尖、磨刀石山、台炮尖、饭甑尖、山云尖，六山环峙；境内大小溪水皆由东南流向西北，云川溪、溪中星河、仙人庵河，三河交汇由南向北流入戈溪河。碛头村在这山环水绕中，呈现出典型的"鱼骨状"格局，古民居分布于水街两岸，民居沿溪谷两岸依山而筑，沿周围山势层叠而上。两岸巷道与河道交错，街道有许多巷弄，深邃幽长，行走其间三步一道坎，五步一石阶，俗语道："碛头碛，上床三档碛"。现存2处省级文物保护单位以及现今保存完好的历史建筑、古民居100余处，被誉为"徽州古村落的明珠"，在1989年被省政府公布为第一批历史文化保护区，2019年入选第七批中国历史文化名村和第五批中国传统村落。

【黄田】位于宣城市泾县榔桥镇东南部，四周群山环抱，背靠泾县境内海拔最高的黄子山，山上有万亩的杜鹃花，一条蜿蜒曲折两岸风景秀丽如画的凤子河穿村而过，整个村落镶嵌在青山绿水之中，是一个风景秀丽、历史悠久、民风淳朴、人文荟萃和文化底蕴深厚的皖南古村落。村内有清代古民居建筑群，为全国重点文物保护单位。以洋船屋为代表的崇德堂、承志堂、思慎堂、思永堂、聚星堂、静修堂、旗峰公家庙等古民居58处，单栋建筑135栋，古建筑总面积3.3万平方米。先后涌现了朱理、朱琦、朱一乔、朱世慧、朱践耳等一大批名人，具有极高的文化价值、历史价值和观赏价值。2009年，获第二届中国景观村落称号。2012年入选首批中国传统村落。2014年3月荣获中国历史文化名村。2016年2月创建为国家4A级旅游景区。

【石门高】位于池州市贵池区南部，地处贵池、石台、青阳、九华山交界，有着1600多年历史，因"山为城，石为门"、高姓聚居地而得名。诗仙李白曾应石门高隐士高霁之邀到访，与青阳县令韦仲堪三人在石门联诗"妙有分二气，灵山开九华"，改九子山为九华山，村内唐代"桃花坞"石刻，为"李白与高霁同游处也"。石门高还是李白《秋浦歌》中秋浦河的源头之一，省级自然保护区老山位于村内，高山峡谷、梯田河流、古道古树掩映成趣，宗祠学堂、古老民居、古巷古墓密布，是安徽省保存最完整、历史文化遗存最为集中的村落之一。村落以北斗状布局，村东有唐代"魁"字摩崖石刻，昭示魁星高照；村口有苦字型船形建筑，意为"苦作舟"，激励高氏后人"读书、夺魁、出仕"。先后被授予中国传统村落、中国历史文化名村等荣誉称号。

【花山谜窟】国家 4A 级旅游景区。坐落在屯溪与歙县交界处。原名古徽州石窟群，2001 年 5 月 20 日时任中共中央总书记江泽民同志到此视察时，改名"花山谜窟"。现已探明石窟有 36 处，其宏大壮阔、玄妙奇巧的石窟景象在全国实为罕见，其规模之恢宏、气势之壮观，独具特色，堪称中华一绝。35 号石窟面积达 12 万平方米，洞深 170 米，上下落差 25 米，石窟内结构复杂奇特、蜿蜒曲折，有 36 间石房环绕大殿，巧夺天工，有地下宫殿的美称。洞中有石桥、地下长河、大厅、寝厅、楼上楼、蓄水池、通天洞等，壮观神奇。2 号石窟面积 4800 平方米，洞深 146 米，长年恒温15℃，呈狭长走势，有地下长廊之称。洞窟源于何时、如何形成、数百万方石料倒去何处、如何开采和运输，等等，至今仍是不解之谜。

◎花山谜窟

【安丰塘（芍陂）】位于淮南市寿县安丰塘镇，修建于春秋楚庄王时期，为楚相孙叔敖主持建造，是我国始建年代较早的古代四大水利工程（安丰塘、漳河渠、都江堰、郑国渠）之一，至今已有 2600 多年的历史。有"天下第一塘"美称。1988 年，被国务院公布为全国重点文物保护单位。2015 年入选"中国重要农业文化遗产"名录，同年又被认定列入"世界灌溉工程遗产"名录，成为安徽省首个世界灌溉工程遗产。现安丰塘周长 24.6 公里，塘岸四周高程 27 米至 29.5 米，环塘用石块护坡，堤坝上筑起一道 1.5 米高的防浪石墙，面积 34 平方公里。蓄水量 1 亿立方米，灌溉面积 63 万亩。为纪念孙叔敖而修建的孙公祠位于今安丰塘北岸，是安丰塘文物本体的重要附属建筑。孙公祠又名楚相祠、芍陂祠、安丰塘祠，占地 3300 平方米，建筑面积 525 平方米，共三进院落，存有明清碑刻 19 方和大殿、耳房、还清阁（崇报门楼）等古建筑。

【寿县古城墙】始建于宋朝，是棋盘式布局的一座宋城。寿县，古称寿春，楚考烈王二十二年（前 241 年）迁都于此。古城基坚墙固，气势雄伟，是目前国内保存较完善的七大古城墙之一。今城墙为南宋开禧二年（1206 年）建康都统许俊重筑，墙砖面亦常见"建康许都统造"字样。城之平面略呈方形，城墙周长 7141 米，高 8.3 米，底宽 18~22 米，顶宽 4~10 米。城外东南为濠，宽约 60 米，北环淝水，西接寿西湖。城有四门，东为宾阳，南曰通淝，西称定湖，北名靖淮。四门皆有护门瓮城，具有军事防御和防汛抗洪双重功能。与城墙有密切关联的"舐犊情深""刘仁赡死节守城""当

◎ 寿县古城墙东门

面锣对面鼓""门里人""人心不足蛇吞象"等历史传说,流传至今。现为国家级重点文物保护单位,国家 4A 级旅游景区,2012 年列入中国世界文化遗产预备名单"中国明清城墙"项目。

【古镇三河】地处肥西县境内,位于巢湖之滨,因丰乐河、杭埠河、小南河三水流贯其间而得名,是国家 5A 级旅游景区。镇内,河水环绕五里长街;镇外,圩堤交错,河网纵横,具有"外环两岸""中峙三洲"的独特地貌,历史上曾有"小南京"或"小上海"的称谓,已有 2500 多年历史,自古为兵家必争的战略要地。清咸丰八年(1858 年),太平天国将领陈玉成、李秀成率部在三河东、南、西一线筑九垒,合围湘军李续宾的悍旅,取得了近代史上有名的"三河大捷"。三河历来以其古老、秀丽、繁华而闻名于世,古街、古桥、古巷、古炮台、古民居、古城墙、古茶楼,佐证和诠释了三河的古老;无处不在的徽派建筑,粉墙黛瓦,飞檐翘角,古朴典雅;千年流淌着的穿街而过的小南河,赋予了古镇水乡妩媚的风韵;国民党高级将领孙立人、世界著名物理学家杨振宁故居于此,展现着厚重的文化底蕴。

◎ 千年水乡——古镇三河

人文篇

◎ 李白墓园——"诗仙圣境"坊

【李白墓】位于马鞍山市当涂县城东南青山脚下。李白"一生低首谢宣城",生前既爱青山风景,又爱谢公品格,曾有"宅近青山同谢朓"的夙愿,一心想与谢朓结为异代芳邻。李白逝世后,原葬于龙山之麓。唐元和十二年(817年),宣歙池观察使范传正根据李白生前"志在青山"的遗愿,将李白墓迁至青山西南。李白墓呈圆形,用方块青石垒成,墓前有清代花纹碑一方,上刻"唐名贤李太白之墓",据传是"诗圣"杜甫的手笔。据考证,墓内有唐代宣歙池观察使范传正所刻唐碑一块及李白仙骨。墓坐北朝南,枕山面水,完整地保存了唐代名人墓葬形制,重修的太白祠、享堂集中展现了明清宗族祠堂的建筑风格,"宋碑"则详细记载了李白生平和诗歌成就,"太白碑林"镶嵌着著名书法家书写的李白各个时期经典诗文106首。

【包公孝肃祠】位于合肥市环城南路东段。明弘治元年(1488年),庐州知府宋鉴在此修建包公书院,后被定名包公祠。包公祠是纪念宋龙图阁直学士、礼部侍郎、开封府尹包拯的公祠。祠为白墙青瓦构筑的封闭式三合院,主建筑是包公享堂,端坐的包拯高大塑像,壁嵌黑石的包公刻像,威严不阿,表现了"铁面无私"的黑脸包公的凛然正气。包公享堂由大殿、二殿、东西配殿、半

◎ 包公祠

壁廊、碑亭组成，风格古朴，庄严肃穆。祠内陈展有包公铜像，龙、虎、狗头铡，包公断案蜡像等。

【明皇陵】位于凤阳县境内，是明朝开国皇帝朱元璋为其父母和兄嫂而修建的陵墓，全国重点文物保护单位，国家4A级旅游景区。元至正二十六年（1366年）始建，洪武二年（1369年）复建，荐号英陵，旋改称皇陵。共有石像32对。皇陵有三重城垣，里为皇城，周长251米，四门红土泥饰；中为砖城，周长约3公里；外为土城，周长14公里。城内有正殿、金门、皇堂桥、下马碑、石人、石兽等建筑。这些石像是目前所知年代最早、数量最多、刻工最精细的明代皇家陵园石刻，为历代帝王皇陵之冠，其艺术风格绝妙，堪称上承宋元、下启明清的大型石雕艺术精品。

◎ 明皇陵

【李鸿章故居】位于合肥市淮河路中段，国家4A级旅游景区。故居西边尚存房屋四进，约50间，临街门面李府曾用来开当铺，其第三、四进为"回"形二层楼阁，住女眷，故称"小姐楼"或"走马楼"。1999年秋修竣的李鸿章故居共五进，1800平方米，占地2500平方米，内中专室布置李

◎ 李鸿章故居——福寿堂

◎ 地下运兵道

鸿章生平陈列。展览分五部分，以较为翔实的资料、实物、图片、模型，客观反映了李鸿章的一生，并侧重介绍有关他的乡土资料。

【地下运兵道】位于亳州市老城区地下，以大隅首为中心，向四面延伸，分别通达城外。始建于东汉末年，相传为曹操所建。整个地道纵横交错，布局巧妙，规模宏大，目前已发现长近8000米，被誉为"地下长城"。2001年被评为全国重点文物保护单位。国家4A级旅游景区，现存古地道，距地表深度一般在2~3米之间，最深处超过6米。有土木结构、砖土结构、砖木结构、砖结构和单行道、平行双道、上下两层道、立体交叉道等几种形式。道内转弯处均为"T"形道口连接，中间砌有方形传话孔，设有猫耳洞、掩体、障碍券、障碍墙、绊腿板、陷阱等军事设施，还有通气孔、灯龛等附属设施。出土有汉、唐、宋各代文物，对研究古代军事建筑、军事战术以及曹操军事思想有重要价值。

【月身宝殿】全国重点寺院。原名金地藏塔。位于九华山神光岭。始建于唐代贞元年间。僧地藏于化城寺圆寂后第三年，即贞元十三年（797年），僧徒开函，见肉身颜面如生，摇动骨节，发出金锁响声，便据佛经"菩

◎ 月身宝殿

萨钩锁，百骸鸣矣"之说，认为是菩萨降世应化的征兆。遂在僧地藏晚年读经的南台之上建三层石塔，安葬其肉身，俗称肉身塔，又称地藏坟。因基塔之地曾现"圆光"，故后人名其地为神光岭。宋代诗人陈岩在《地藏塔》诗中描绘："八十四级山头石，五百余年地藏坟。风撼塔铃天半语，众人都向梦中闻。"可以想见当年塔院之雄伟、庄严。月身宝殿于1993年9月15日重建落成，仍保持原样。铁瓦覆盖，琉璃生辉。脊高16米，主体长16米、宽16米，建筑面积256平方米。殿四周回廊上方雕栋画梁，20根石柱昂然挺立。殿内金地藏塔依然如故。

【化城寺】坐落于九华街，是九华山开山祖寺，又是地藏菩萨道场，是九华山寺院的"总丛林"。东晋隆安五年（401年），僧人杯渡曾在此筑室为庵。唐至德年间（756—758年）改建，定名为化城寺。"化城"源出于《法华经》中的佛教故事。化城寺迎面是一座圆形广场，广场中间有一个月牙形的莲池，名月牙池，传说为当年地藏放生池。寺殿前后有四进，分门厅、大雄宝殿、后进和藏经楼。此四进随地势渐高，结构自然，门槛窗棂、斗拱梁柱和台阶基石均刻有精巧美观的图案。殿内有康熙御书"九华圣境"横匾和乾隆御书"芬陀普教"横匾。后殿首为明代崇祯皇帝御书"为善最乐"横匾。化城寺为四进院落式民居建筑，四进殿宇分别部署在三个台基上，层层升高，错落有致。化城寺历经兴废，前三进殿宇为清末修建，第四进藏经楼仍保持明代建筑风貌，建筑面积1705平方米，属全国重点寺院。

【祗园寺】全国重点寺院。原名祗树庵，又名"祗园禅寺"。位于九华街东北、插霄峰西麓。始建于明代，清康熙年间为化城寺东寮之一。祗园寺是九华山宫殿式与民居式组合规模最大的寺院，由灵宫殿、弥勒殿、大雄宝殿、客堂、斋堂、库院、退居寮、方丈寮和光明讲堂、藏经楼等10座单体建筑组成，建筑面积6600平方米。该寺按山门—天王殿—大雄宝殿—其他配殿的传统格式布局，依山就势，曲折多变。天王殿中央前供弥勒佛，背面供韦驮，两侧立有四大天王，气氛威严。大雄宝殿中央供有高12米的3尊大佛。殿内两侧供十八罗汉坐像，后墙两侧为文殊和普贤菩萨塑像。祗园寺巧用地势，高低错落，回环曲折，结构精妙，气宇轩昂。寺院还借松林、溪流天然景致衬托，更引人入胜。

◎ 冰雪祗园

【慧居寺】全国重点寺院。原名慧庆庵。位于九华山天台山西麓中闵园东。始建于清代，清末重修，扩展为丛林大寺，改名为"慧居禅寺"，简称"慧居寺"。古时杉树丛生，高叠如塔，人称"杉木塔"，故《山志》记载，寺"在杉木塔下"。古人题咏为"密树藏金碧，山空应鼓钟"。慧居寺大殿高3丈多，宽4丈多，进深3丈。殿内供奉释迦、药师、阿弥陀3尊大佛和文殊、普贤菩萨像，两旁是十八罗汉像。佛像全用干漆夹苎制成，造型优美，栩栩如生。观音楼供奉的"净水观音"，持净水瓶，拿杨柳枝，作滴洒甘露状，在九华山佛寺所塑的观音像中造型独一无二。

走进安徽 2024版

◎ 天台禅寺

【天台寺】全国重点寺院。原名地藏寺，又名地藏禅林，位于九华山天台与玉屏峰之间。相传唐时新罗僧地藏在此禅居，留有"金仙洞"遗迹。宋代高僧宗杲《游九华山题天台高处》诗云："踏遍天台不作声，清钟一杵万山鸣。"原天台寺横卧于天台、玉屏峰间的洼地上，坐北朝南，块石木结构，硬山顶，是一座三层走马通楼的民居式殿宇。因地就势，布局奇巧，古朴和谐，浑然一体。其山门在大殿山墙南面，镌有"中天世界"和"非人间"两方石刻。入山门，过弥勒佛像后，三进殿堂相互通连。东、北两侧为对峙的悬岩，径直可入二层的大雄宝殿和地藏殿。在天台寺与十王峰之间有一长100余米、高近30米、宽10余米的青色岩石，人称"青龙背"。"青龙背"西侧石壁上有"龙华三会""登峰造极""东方极乐"及"高哉九华与天接，我来目爽心胸扩"等摩崖石刻。

【甘露寺】全国重点寺院。坐落九华山北麓，半山定心石下。原名"甘露庵"，又名"甘露禅林"。与祇园寺、百岁宫、东崖禅寺并称九华山"四

◎ 雪后甘露

大丛林"。清康熙六年（1667年），玉林国师朝礼九华，途经此地，赞曰："此地山水环绕，若构兰若，代有高僧。"时居伏虎洞的洞安和尚闻之旋即离洞，并得青阳老田村吴尔俊等人资助破土建寺。动工前夜，满山松针尽挂甘露，人称奇迹，故得"甘露庵"名。光绪末年甘露寺都监僧常恩，91岁时自以香汤沐浴，更衣礼佛，与众辞行，端坐蒲团安详而逝。装缸三年零六个月，肉身不腐，其徒装金曾供奉于寺中。寺依山而建，高达5层，琉璃瓦顶，金光闪耀，四周翠竹修林，蔽天遮日。今存大雄宝殿、配殿、寮房、钟鼓、碑刻等文物。全寺建筑面积3500平方米。

【百岁宫】全国重点寺院。坐落在九华山插霄峰上，5层高楼融山门、大殿、肉身殿、库院、斋堂、僧舍和客房等为一整体，远观恰似通天拔地的古城堡。这种形制在我国现存寺庙建筑中极为少见。百岁宫的布局，充分利用由南向北下跌的坡势，楼层由低爬高，层层上升，形成曲折幽深、恢宏多变的迷宫。大殿宽19米，进深14米，中有"九龙戏珠"藻井；佛龛则因地就势筑在长4.5米、高2米的岩石上。4个楼层内有巨岩横陈，有磐石镶嵌，岩石与建筑、建筑与山峰有机结合，巧夺天工，令人叹为观止。百岁宫建于明代，清末民初屡次修葺、扩建，为九华"四大丛林"之一。建筑面积2987平方米。

【广济寺】全国重点寺院。原名永清寺，位于芜湖镜湖区大赭山西南坡。殿宇依山构筑，分三重，殿殿相接，层层相叠，后殿比前殿高出10多米。自下而上有天王殿、药师殿、大雄宝殿、地藏殿等，共有88级台阶。最上一层为主殿地藏殿，是仿九华山的月身宝殿而建。相传唐永徽四年（653年），新罗太子金乔觉云游中华抵芜湖，先到四合山，后到赭山，曾在此开坛讲经说法，后定居九华，世称"金地藏"。旧时凡朝九华山者，必先于此进香，故其又有"小九华"之称。寺内藏传世金印，是唐至德二年（757年）寺僧为纪念金地藏，用沙金铸成，重7斤，印纽饰以九龙戏珠，刻阳文"地藏利成方印"，另刻有"唐至德二年"字样。广济寺塔坐落在广济寺内，在历史也被称作"白塔""舍利塔"。塔原高63米，存高57米，为八角十三层实心密檐砖塔。

◎ 广济寺塔

【龙兴寺】坐落在凤阳城北凤凰山，建于洪武十六年（1383年），是明朝皇家寺庙建筑。前身是朱元璋出家礼佛的於皇寺，因该寺为明代开国皇帝朱元璋的发祥之地，数百年来一直为国内名刹之一。1981年被列为全国重点文物保护单位。原寺殿后山腰钟亭内悬挂的一口大钟，为建寺时所铸。此钟高2.05米，重约4吨。明清时，每当旭日东升或红日西坠，"凤岭鸣钟"，其声响彻云霄，龙兴寺众僧随着钟声开始早晚功课。特别是在夜晚，钟声格外幽清，远传数十里，俗有"改朝换代江河变，唯独钟声绕凤阳"之说。人们称为"龙兴晚钟"。

◎ 龙兴寺全貌

【独山苏维埃城（独山革命旧址群）】坐落于六安市裕安区独山镇境内。1929 年 11 月 8 日，独山爆发了独山暴动，打响了六霍起义第一枪。这里诞生了 16 位开国将军。现存 9 处革命旧址，是安徽唯一完整保存着红军时期集党、政、军、文化、教育、司法、经济于一体的县级机构旧址，是全国重点文物保护单位，国家 4A 级旅游景区。独山苏维埃城全长 1642 米，9 处革命旧址为清朝中晚期至民国初年的古建筑，灰砖墙，木结构，砂瓦屋面，飞檐翘角，雕梁画栋，建筑精美，气势恢宏；兼收并蓄大别山的民居特色和徽州民居的建筑风格，素有"大别山区民居博物馆"之称。是全国 30 条红色旅游精品线路中一百个经典景区之一，也是研究中共党史、开展爱国主义教育的重要基地。

◎ 独山苏维埃城旧址

【徽园】国家 4A 级旅游景区，位于合肥经济技术开发区，占地 20 万平方米。1999 年为庆祝新中国成立 50 周年而建设的大型安徽纪念园。整体规划以安徽行政区划为基本框架，长江、淮河环绕其间，东部皖北园区采用皇家园林建筑风格，西部皖南园区以徽派建筑水口园林为主要思路。

◎ 梦幻徽园

大门 5 根花冠状圆柱，寓意为新中国成立 50 周年，改革开放取得丰硕成果。各省辖市在相应区位上均建有代表地方文化特色的标志性建筑，既独立成园，又相得益彰。融人造景观和现代化展馆于一体，是了解安徽的一扇窗口。

休闲类

【芜湖方特旅游区】芜湖方特旅游区坐落于安徽省芜湖市，是国家 5A 级旅游景区，包含主题乐园、主题演艺、度假酒店等相关配套设施。2010 年起，方特梦幻王国、方特水上乐园、方特东方神画相继开园纳客。方特梦幻王国乐园采用高科技演绎特色主题，融合动漫卡通、电影特技等国际时尚娱乐元素和中国传统文化符号，创造充满幻想和创意的神奇天地。方特水上乐园是首座以水景为特色、水上活动为内容、华东地区占地面积最大、游玩项目最丰富的水上乐园，是国内最具世界水准的水上游乐园之一。方特东方神画是充满传奇故事的大型高科技主题乐

◎ 方特乐园

园,利用最新的科技手段,展示华夏五千多年历史文明精粹和"非遗"魅力。

【万佛湖】位于舒城县中部,国家水利风景区、国家 5A 级旅游景区,有"安徽千岛湖"之誉。湖面 50 平方公里,容水 8.2 亿立方米,水质达国家二级地表水标准。万佛湖是大型人工湖,周围群山环抱,波光潋滟,水面开阔,一碧万顷,港汊曲折,绿岛浮动,鸥鸟翔集,舟楫点点。中国农民用手挖肩挑方式筑成千米大坝,堪称世界之最。湖区内有龙河大坝、梅山晓烟、金牛卧坡、龙王擎柱、五老炼丹、白鹿衔花、乌沙夜雨和高山望母等八大景点。现已建成开放有徽萃山林、万佛阁、金海岸、桃花岛、燕子岛、梅仙岛、藏仙岛、风情岛、松渡和白鹭洲等十大景点。

【半汤温泉养生度假区】位于安徽巢湖经开区,地处合肥市东部、美丽的巢湖之滨,2018 年获批安徽省首家国家级旅游度假区,总体规划面积 31 平方公里。半汤温泉养生度假区依托独特的区位优势、深厚的文化底蕴、优美的生态环境和稀缺的温泉资源等要素,不断完善基础设施配套,丰富旅游度假产品,提升服务运营能力,围绕"温泉小镇、原野之旅、田园生活、山地激情、科技之光"等系列主题,持续培育了国家 4A 级景区——郁金香高地、深业御泉庄等一批具有影响力的文旅项目。半汤温泉养生度假区先后荣获"全国乡村旅游重点村""中国最美特色小镇 50 强""中国美丽休闲乡村""省级特色小镇"等诸多荣誉称号。

【焦岗湖】位于淮南市西南部,国家 4A 级旅游景区,景区规划面积 50 平方公里,其中焦岗湖面积 6 万亩,水深长年保持在 1.8 米左右,湖面年平均水温 20℃,光照充足,雨量充沛,水质清新无污染,是淮河水系天然湖泊。湖内水生生物资源丰富,有万亩芦苇荡、千亩荷花淀。素有"华东白洋淀、淮南焦岗湖"之美称,是皖北地区最大的生态湿地。旅游资源独具特色,有数千年淮河民俗文化、东方芭蕾——花鼓灯、华东地区最大的芦苇荡、独具特色的水上渔村、鲜美丰盛的渔家美食。主要旅游项目有芦荡迷津探险、渔家乐、活鱼宴、轻舟观荷、花鼓灯表演、焦岗雁舞、垂钓休闲、水上游乐等。

【八里河】位于颍上县城南约 6 公里的八里河镇,占地 246 万平方米,又名"南湖公园"。被联合国环境规划署授予"环保全球 500 佳",是国家 5A 级旅游景区。现有鸟语林、世界风光、锦绣中华和碧波游览区 4 个主要观赏区。"鸟语林"内有数百种珍稀鸟类;"世界风光"园内微缩了法国凯旋门、希腊宙斯神庙和美国大峡谷等世界著名建筑和景观;"锦绣中华"园主要有苏式园林、白雀寺、观音山、长城和纪念碑等景点;"碧波游览区"由互相联结的 12 个小岛组成,各种水上游乐设施齐全。景区内还有大型游乐场和湖滨沙滩浴场。

【迪沟生态旅游区】全国农业旅游示范点,国家 4A 级旅游景区。位于颍上县汤店镇。占地面积 3.8 平方公里,林木覆盖率 54%,有"淮北绿色明珠"的美誉。主要景区包括生态园、竹音寺和五百罗汉堂,生态园占地约 30 万平方米,园内有狮虎山、猴园、鹿苑、天鹅湖和植物园等。竹音寺占地 40 万平方米,建筑面积 8200 平方米,规模宏大、布局严谨;五百

◎ 迪沟美景

罗汉堂位于竹音寺大雄宝殿下，五百罗汉的塑像全部由香樟木整雕而成，形态各异，栩栩如生，堪称中国雕塑艺术宝库中璀璨的明珠。

【恩龙山庄生态度假区】国家 4A 级旅游景区，位于宁国市郊 8 公里处，占地 1.5 平方公里。建有千亩银杏园、特色果林园、水上乐园、木屋别墅、恩龙民俗风情园等景点，民俗风情园集中展示了不同民族的风土人情

◎ 恩龙山庄——世界木屋村

和建筑风格，拥有占地 4 万平方米的原始森林——板桥自然保护区。

【金孔雀温泉度假村】国家 4A 级旅游景区，位于庐江县汤池镇。这里空气清新，古树参天，奇花遍布，有天然氧吧相思林、田园风情的垂钓中心、鸵鸟园、金汤湖、极具徽派特色和现代设计理念的怡园和全国罕见的温泉游泳馆等，总占地面积 356.4 万平方米，集餐饮、住宿、休闲、旅游、度假、健身为一体。

图书馆、博物馆、纪念馆

【安徽省图书馆】国家一级图书馆。创建于 1913 年 2 月，前身是安徽省立图书馆。1953 年 4 月在原皖北区合肥图书馆的基础上正式建立安徽省图书馆，新馆于 2003 年 11 月正式对外开放，馆舍建筑面积 3.69 万平方米。馆藏文献已达 402 万余册（件），涉及各类学科。普通古籍 40304 部319015 册，善本古籍 3247 部 33134 册，最早的版本为宋刻元明递修本《三国志》、元至顺三年（1332 年）瑞州路儒学刻《隋书》等，其他较为珍贵的

◎ 省图书馆

有明正统十二年（1447 年）司礼监刻《周易》、明正统十三年（1448 年）善敬堂刻《增广注释音辨唐柳先生集》、明嘉靖三十七年（1558 年）刻《四书七十二朝人物考》、清道光二十四年（1844 年）翟金生泥活字印本《泥板试印初编》等。积极推进数字化建设，建成中国数字图书馆安徽分馆，建立全国文化信息资源共享工程安徽省分中心，现有电子图书 164 万余册，数字资源存储总量达到 909.7TB。全年免费对外开放，设有 19 个对外服务窗口、1500 余个阅览座位，实行文献阅览一体化，并在全省范围内设立 18 家分馆和 66 家图书服务点。作为国务院批准的首批全国古籍重点保护单位，安徽省图书馆现有 132 部古籍入选前六批《国家珍贵古籍名录》，85 部古籍入选《安徽省珍贵古籍名录》，先后整理出版了《红楼梦图咏》《馆藏历代人物手札选》《中国历代帝王翰墨选》《米芾书法精粹》《包公故里遗踪》《新安画派精品选》等。

【安徽博物院】国家一级博物馆。博物院现为一院两馆运行模式。老馆位于合肥市安庆路 268 号，建筑面积 21300 平方米，1956 年 11 月开放，2013 年入选第七批全国重点文物保护单位，常设展览有"安徽革命史陈

◎ 安徽博物院新馆

列""安徽古生物陈列""安徽好人馆"等；新馆位于合肥市怀宁路 87 号，建筑面积 40430 平方米，地上 6 层，地下局部 1 层，建筑高度 37.70 米，建筑造型体现了五方相连、四水归堂的徽派建筑独特风格，于 2011 年 9 月正式对外开放，常设展览有"安徽文明史陈列"以及"徽州古建筑""安徽文房四宝""江淮撷珍""欧豪年美术馆"等专题。博物院现藏文物 31 万余件套，特色藏品包括商周青铜器、汉代画像石、古代陶瓷器、宋元金银器、文房四宝、明清书画、徽州雕刻、古籍善本、契约文书、近现代文物及潘玉良美术作品等。"徽州古建筑陈列""皖风徽韵——安徽历史文化陈列""明德至善 家国天下——徽州优秀传统文化展"分别荣获第七届、第十、第十三届全国博物馆十大陈列展览精品奖。

【渡江战役纪念馆】位于合肥市云谷路 299 号，面向八百平方公里的浩瀚巢湖，占地面积 22 万平方米。2012 年 11 月 28 日正式对外开放。纪念馆由南向北为胜利塔、总前委群雕和纪念馆主馆、解放广场。胜利塔高达 99 米，整体建设从空中俯瞰呈五角星的形状。总前委群雕为全铜铸制，从东向西分别为谭震林、陈毅、刘伯承、邓小平和粟裕五位总前委成员。

纪念馆主馆建筑面积 16550 平方米，展陈面积 7000 平方米，馆内基本陈列《百万雄师过大江》，通过各个阶段历史人物、历史事件相关的文物、图

◎渡江战役纪念馆

片和视频展示及场景再现，全景式描绘了 400 万军民奋勇向前的壮阔场景，讴歌了人民战争的伟大胜利。纪念馆收藏各类革命文物 2000 余件，展出 956 件，其中一级文物 11 件（套）、二级文物 38 件（套）。2020 年 8 月 19 日，习近平总书记参观渡江战役纪念馆，发表了 "淮海战役的胜利是靠老百姓用小车推出来的，渡江战役的胜利是靠老百姓用小船划出来的" 的重要讲话。

【安徽创新馆】2019 年 4 月 24 日正式开馆，是全国首座以创新为主题的展馆，位于合肥市滨湖新区最南端，占地面积 150 亩，总建筑面积 8.2 万平方米。创新馆由省市共同投资建设，旨在集聚创新要素和服务功能，构建科技成果转化交易的大机制，构造具有全国重要影响力的科技大市场，构架安徽全产业链创新体系的大支点，打造长三角区域重要的科技成果转化中心。创新馆由 1 号馆、2 号馆、3 号馆三大场馆组成，以科技成果转化交易为核心，三大场馆交织关联，体现 "展示窗口、实用平台、先行示范" 三大功能定位，形成 "聚集展示、捕捉寻找、研发转化" 的环形功能链。馆内设施先进，配套齐全，充满科技感、现代感、未来感，是举办科技成果发布和路演、高科技产品展览展示、会议培训、创新创业等活动的理想场所。2020 年获批国家技术转移人才培养基地。

◎ 安徽创新馆

【安徽名人馆】建于 2009 年，位于合肥市滨湖新区，占地面积 6.5 万平方米，总建筑面积 3.8 万平方米。名人馆将安徽历史和文化精髓相融合，通过展现史前至现代安徽历史上的杰出人物，体现安徽物华天宝、人杰地灵的美好形象，既是重要的校外素质教育基地，也是海内外游客了解安徽、认识安徽的重要窗口。场馆一层由蜡像馆、3D 影院、临时展厅、互动体验厅、国学讲堂、数位智库组成；二、三层为基本展陈区，展陈面积 1 万平方米，由序厅和八大展厅组成，共收录了 5000 多位名人，其中重点展出 95 组 120 余位。展厅遵照时间脉络，分为"文明曙光中的先祖"（远古至先秦）、"智慧星空中的先知"（秦汉至南北朝）、"文化繁荣时先贤"（隋唐至宋元）、"巩固金瓯中的先驱"（明朝）、"学派林立时的先进"（清朝）、"变革中探索的先导"（晚清至民国）、"烽火中前行的先锋"（民国至新中国）、"艺苑奇葩中的先伶"（清朝至新中国）8 个板块。

【安徽省美术馆】2022 年 5 月建成开放，是我省目前规模最大、功能最全的专业公共美术馆。地处合肥市滨湖新区，位于巢湖北畔，建筑面积 5 万平方米，是一座传统与现代交融，科技与艺术结合的建筑群，能同时

◎ 安徽省美术馆

人文篇

举办多个高质量、高规格的国内外大型美术展览。艺术 MALL 设有咖啡驿站、阅读空间、艺学小屋、乐陶工坊、文创商店等，可举办各类美育公开课、艺术沙龙等活动，让大众走近艺术，让艺术融入生活。省美术馆坚持立足本土、面向世界，弘扬传统、讴歌时代，积极发挥美术在服务经济社会发展中的重要作用，常年举办大师展、大画派展、全国大展，常设展览有"安徽省重大历史题材美术作品展""安徽当代工艺美术作品展"，"美成在久——潘玉良艺术研究展"入选"2022 年全国美术馆青年策展人扶持计划"，重点征集安徽本土艺术家作品以及反映安徽美术发展历程的作品、文献，逐步完善安徽地域美术的馆藏序列，促进安徽美术馆事业的繁荣发展。

【安徽省科技馆】安徽省科技馆新馆位于合肥市滨湖新区环湖北路与香港路交口东北角，毗邻巢湖北岸，由省科技馆和省青少年科技活动中心两部分组成，于 2023 年 11 月正式开馆。占地 75 亩，建筑面积 6 万平方米（省科技馆部分 5 万平方米，省青少年科技活动中心部分 1 万平方米），建筑高度 45 米，地上 5 层、地下 1 层，1—3 层为省科技馆展览教育区，4 层为省青少年活动中心区，5 楼为办公区。新馆建筑整体设计采用宇宙动态运行的科普理念，通过优美的空间螺旋曲线，形象展示太空运行的奥秘，共设置 9 个常设主题展厅、1 个科学秀场、1 个临时展厅，建有全国首个量子科技主题展厅、全国首个数字孪生科技馆。

【安徽省地质博物馆】坐落于合肥市政务区安徽博物院内，占地面积约 80 亩，总建筑面积 26495 平方米，其中陈列面积 16902 平方米。地质博物馆围绕"自然和谐、科学发展"主题，以"宇宙、地球、生物、人类、资源"为展示主线，布设了序厅、地球厅、生命演化厅、恐龙厅、矿物岩石厅、资源与环境厅六个常设展厅，附设临时展厅、特效影院、科普教室（实验室）、综合商店、学术报告、互动体验、地质文化餐饮休闲、室外景观等区域。现有馆藏标本 5 万余件，包括不同地质时期各类化石、各类矿物岩石宝玉石等，如贵州海生爬行动物群、辽西热河生物群、山东山旺动物群等国内著名生物群化石系列，淮南生物群、巢湖鱼龙动物群、皖南恐龙动物群等安徽特色化石群标本。2018年列为国家二级博物馆，2020年入选"第四批国家一级博物馆名单"。

【**徽州文化博物馆**】国家一级博物馆，第二批全国重点古籍保护单位，国内唯一全面体现徽州文化主题的博物馆。位于黄山市屯溪机场迎宾大道50号，占地面积157亩，建筑面积14000平方米，展出面积6000平方米。馆舍建筑以天人合一为主导思想，是以徽州文化为基本内容、徽州地理山水为背景、徽州建筑风格为基调的一组多功能综合建筑及徽派风景园林。博物馆展示区域由基本陈列、专题陈列和非物质文化遗产展示园组成，基本陈列"徽州人与徽州文化"，包括"走进徽州""天下徽商""徽州教育""徽州建筑""徽州艺术""徽州科技"六大版块，先后成功举办"明月清风——故宫博物院藏新安八家书画作品展"等80余个国内外临时展览。馆藏文物97351件，其中一级文物34件，二级文物144件，三级文物3913件，徽墨、歙砚、新安书画、徽州文献、徽州三雕是馆内的特色藏品，其中宋墓出土的"文府墨"是我国目前发现最早的徽墨。徽州文化博物馆已成为中外游客了解、体验徽州文化的窗口，市民接受爱国主义教育和徽州文化熏陶的"大课堂"。

◎ 徽州文化博物馆

【蚌埠市博物馆】国家一级博物馆。蚌埠市博物馆坐落于龙子湖西侧、市政府以南，是一座以展示蚌埠市古代历史、近现代城市发展史以及淮河流域历史文化为主题的综合性博物馆。成立于1974年，原址位于蚌埠市科学文化宫，2015年迁入现址。现址建筑外观取意于"大禹劈山导淮"，总建筑面积3.4万平方米，展厅面积1.2万平方米，馆藏各类文物藏品1万余件（套），其中一级文物81件（套）、二级文物98件（套）、三级文物1289件（套）。馆内设有"孕沙成珠——蚌埠历史文化陈列""流动的文明——淮河历史文化陈列"、七千年前的微笑——双墩文化陶塑雕题纹面人头像专题陈列、"记忆流年——蚌埠市非物质文化遗产展""铲释天书——考古体验厅""翰墨丹青——馆藏书画作品展"和"梳影宝鉴——馆藏精品铜镜展"等特色陈列。

【宿州市博物馆】国家一级博物馆，安徽省爱国主义教育基地。位于宿州市政务中心对面，占地50亩，建筑面积1万平方米，2010年10月建成开放。建筑风格充分吸纳了汉文化元素，仿汉式高台大屋顶规制，正立面镶嵌着取自汉画像石图案的浮雕。全馆共分为三层：一层为临时展厅和民间艺术馆，其中民间艺术馆包括地方戏曲、埇桥马戏、民间工艺、书画艺术和灵璧奇石5个部分。二、三层是展示宿州历史文化展厅，包括九州通衢、人文溯源、秦汉雄风、汴水咽喉、明清遗韵、现代风云、人杰地灵等7个部分。展陈文物700余件，馆内集展览、收藏、陈列、研究、传播于一体，史料翔实、图文并茂。

【淮北市博物馆】国家一级博物馆。成立于1976年，由著名考古学家、文学家、诗人郭沫若先生题写馆名。博物馆新馆坐落在风景秀丽的新城区中心，占地40余亩，建筑面积10670平方米，陈列面积6000平方米，馆藏文物数万余件。收藏的新石器时期至秦汉时期出土文物，从不同侧面再现了相城作为区域性政治、经济、文化中心曾有过的辉煌。1999年"全国十大考古新发现"之一的隋唐大运河淮北柳孜遗址为博物馆增加了众多的文物珍品。2009年加挂中国著名古建筑专家罗哲文先生题写的"隋唐大运河博物馆"馆名。2014年6月22日中国大运河申报世界文化遗产成功，为淮北市博物馆增加了新的魅力。常设展览有"古代文明""淮北汉画像石""淮北历史名人""运河遗韵""运河瓷器""柳孜盛景"等六大专题。

【阜阳市博物馆】国家一级博物馆。始建于1958年,1963年郭沫若题写馆名。原馆址于1987年建设,2017年3月开工建设新馆。新馆位于城南新区中清河西侧、八里松路北,外形为"石开玉现"造型,建筑面积约3.9万平方米,其中地上面积2.97万平方米,地下面积0.9万平方米,展厅面积1.14万平方米,上展文物2000余件。2021年下半年新馆开始布展,展示区分三层,其中一楼为临时展厅和多媒体互动厅、二楼为阜阳通史展览、三楼为四个专题展厅。馆藏文物12.6万件,其中国家一级文物64件、二级文物296件、三级文物2303件,有国务院公布的国家级珍贵古籍13部。藏品分青铜器、陶器、瓷器、玉器、石器、书画、古生物化石等十几个门类,其中商代龙虎铜尊、战国楚"郢大府"铜量器、阜阳汉简、西汉天文仪器、东汉青铜辟邪、新莽"井田"铭铜镜、北魏纪年鎏金铜佛像、唐真子飞霜镜、宋金纪年银铤等,具有较高的历史、艺术、科学价值。

【安庆博物馆】国家一级博物馆。原址位于安庆市沿江东路150号,2020年9月在安庆市潜江路8号建成新馆,与安徽中国黄梅戏博物馆、安庆市革命文物陈列馆为三块牌子一个机构,是以地方历史文物,尤其是近现代革命和戏剧文物为主体的综合性博物馆,现为全国重点博物馆、国家二级博物馆。馆藏文物藏品一万三千余件,其中具代表性的有:新石器时期石雕人面像、战国越王丌北古剑、明孔雀牡丹纹梅瓶、明史可法"戒衱绸桑碑"、清邓石如隶书联、太平天国圣库砝码、太平天国铁炮、清末黄梅戏手抄唱本、民国黄梅戏梓板、1946年国共和平谈判时期黄镇同志的谈判代表证等。新馆总建筑面积40034平方米,其中展陈面积11368平方米,内设6个固定陈列:"安庆古代文明陈列""安庆近代文明陈列""黄梅戏艺术陈列""安庆书画陈列""安庆城市记忆""安庆钱币陈列"。馆内另设有2个临展厅、报告厅、社教活动室、图书阅览区、5D影院、非遗展示区等。

【潜口民宅博物馆】坐落在黄山第一峰——潜口紫霞山麓,依山傍水、

◎ 潜口民宅

环境优雅，占地面积近 2 万平方米，是国家 5A 级旅游景区古徽州文化旅游区组成部分。1988 年被国务院公布为全国重点文物保护单位，1993 年被国家文物局评为"全国优秀博物馆"。从 1984 年开始，为集中保护古建筑，按照拆迁原建、修旧如旧、不改变原状的原则，将分散在歙县和徽州的郑村、许村、潜口、西溪南等地的 10 余处较典型而又不宜就地保存的明代建筑拆迁复原，移建于此。到 1994 年年底，先后迁建 3 座祠堂、5 幢民宅、1 座路亭、1 座石牌坊。馆内明代徽派建筑 13 栋（座）、清代徽派建筑 10 栋，保存着明、清两代最典型的各式古民居、古祠堂、古牌坊、古亭、古桥等古建筑群，是研究中国古建筑史和建筑学的珍贵实例，被誉为"我国明代民间艺术的活专著""人文景观与自然景观高度和谐统一的典范"。著名古建筑专家、故宫博物院副院长单士元先生曾叹之曰："观皇宫去北京，看民宅到潜口。"

【安徽楚文化博物馆（寿县博物馆）】寿县博物馆于 1958 年建馆，位于寿县寿春镇西大街南侧，建筑面积 6558 平方米，是全省最早的博物馆之一，2009 年成为国家二级博物馆和国家 4A 级旅游景区。珍藏文物藏品 10000 余件套，涉楚文物 700 余件套，其中国家一级文物 230 件套、三级以上文物 2200 余件套。楚金币、汉八龙金带扣、越王者旨于赐剑、羊首尊等皆为代表性藏品。2015 年 6 月，在省委省政府的直接推动下，寿县开始筹建安徽楚文化博物馆，亦即寿县博物馆新馆，历时 7 年，于 2022 年 6 月 11 日正式开放。2024 年 5 月被评定为国家一级博物馆。新馆位于寿县新城区寿春城国家考古遗址范围内，建筑面积 15510 平方米，展厅面积 4222 平方米。常设展览包括"安徽楚文化""寿县文明史"两个基本陈列

走进安徽
2024版

和"寿春寿文化"专题陈列。"安徽楚文化"陈列包括"立国江汉""东进江淮""徙都寿春""楚韵悠长"四个单元；《寿县文明史》陈列包括"淮夷旧邦""两汉寿春""秦晋纷争""隋唐寿州""寿州之战""宋清寿州""革命沃土"七个单元，

◎镇馆之宝——宋金棺

展出文物 1600 余件套。安徽楚文化博物馆在继承传统的基础上，充分运用现代博物馆建设、展陈理念和现代技术设备，较好展示了安徽楚文化和寿县历史文化，是安徽楚文化的重要收藏、研究、展示基地。

【古井酒文化博物馆】国家 4A 级旅游景区，坐落于亳州市谯城区古井镇。博物馆为仿明清宫廷建筑，是全国最早兴建的白酒博物馆之一（仅次于汾酒、五粮液）。连同古井酒厂、魏井、宋井，被国家旅游局命名为"工业旅游示范点"。建于 1994 年，占地 3200 平方米，建筑面积 2200 平方米，1996 年对外开放。整座建筑风格独特，整体布局巧妙，汉式阙门，明式主体，院中左右草坪上竖立两座重 9 吨、高 2.7 米的商代造型的石罍，显得格外凝重。尤为引人注目的是大殿明柱上的一副贴金楹联"佳酿千年传魏井，浓香万里发汤都"系启功先生题赠。

【云岭新四军军部旧址纪念馆】位于泾县城西 24 公里处云岭镇罗里村，旧址为新四军军部驻扎云岭时留下的主要革命遗址，1963 年正式建馆，建筑面积 20000 平方米。1961 年国务院公布为首批全国重点文物保护单位，为全国保存最为完整的革命旧址群之一，国家重点保护的中国近现代八大革命史迹之一。基本陈列"旧址原状陈列"利用新四军军部进驻云岭留下的革命遗址，开辟了军部司令部参谋处、秘书处、大会堂、修械所、政治部、战地服务团、教导总队及中共中央东南局原状陈列展，均以原物原貌真实再现新四军在云岭时期生活和战斗的场景。"新四军在皖南"主要

◎ 新四军军部旧址纪念馆

综合运用文物、图片、模型、雕塑等多种表现形式，充分展示新四军广大指战员在皖南3年为中华民族的独立与解放而英勇斗争的光辉历程以及震惊中外的"皖南事变"的悲壮历史。此展荣获2000年度全国博物馆十大陈列精品奖。馆藏文物4000余件，其中国家一级文物6件。曾协助拍摄《张云逸大将》《新四军》《叶挺将军》等纪录片和电视剧，先后获评全国中小学爱国主义教育基地、全国爱国主义教育示范基地先进单位、国家4A级旅游景区、中国红色旅游经典景区、首批国家国防教育基地等。

【渡江战役总前委旧址纪念馆】位于肥东县撮镇瑶岗村，原为渡江战役总前委旧址。1949年3月中旬，由邓小平、陈毅率总前委机关进驻于此，统一指挥渡江战役。在此制定了《京沪杭战役实施纲要》，对渡江作战作出了具体部署。渡江战役胜利后，总前委离开此地向江南进发。原住民房115间，面积2519平方米，后在旧址内进行了复原陈列，并于1985年7月正式设立渡江战役总前委旧址纪念馆，1996年国务院将其列为全国重点文物保护单位。纪念馆现有实物、图片（表）700余件，以及将帅题词、书画作品108幅。总前委旧址原是清末五品顶戴中书科、中书衔、太学生王景贤的宅第，三进四厢两座四合院，房子屏门格扇，雕梁画栋，古朴典雅。

【大别山烈士纪念馆】坐落于六安市皖西烈士陵园内，始建于1953年，是国家为纪念鄂豫皖革命根据地、红四方面军发源地、刘邓大军千里

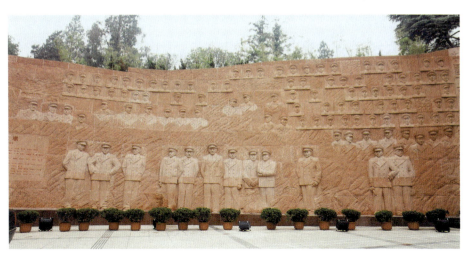

◎ 将星璀璨——浮雕

挺进大别山等重大历史事件和革命先烈而建造的重要标志。纪念馆占地面积85亩，园内已建烈士纪念塔、纪念馆、塑像、雕塑、碑林、亭廊、悼念广场等10多项纪念设施。1989年被国务院批准为全国重点烈士纪念建筑物保护单位。2009年被中宣部公布为全国爱国主义教育示范基地。烈士纪念馆设上下两层，建筑面积2700平方米。采用沙盘、文物、雕塑、图片、油画、文字、场景等形式，运用声光电等现代化高科技手段，陈列展示了大别山区特别是皖西地区优秀儿女在革命战争年代的丰功伟绩和革命精神。"将星璀璨"大型浮雕长30米，高10米，镌刻着从大别山革命根据地走出的皖西籍108位开国将军全身、半身和头像雕塑。《八月桂花遍地开》《千里跃进大别山》两座雕塑分别展示了发生在大别山区黄麻、立夏节、六霍三大起义场景和刘邓大军千里跃进大别山的战斗实况。

【中国人民抗日军事政治大学第八分校纪念馆】位于天长市铜城镇龙岗社区，建筑面积3500平方米，仿古民居风格，清代四合院样式，设有成列展厅、书画浮雕长廊和反映抗大学员生活的大型花岗岩群雕。该馆古色古香、结构精致、造型美观、陈列丰富，共分为5个单元陈列展厅，2008年12月对外开放。龙岗整个古民居建筑群分布面积50万平方米，建筑占地面积4.5万平方米，是明清与近现代建筑相结合的建筑群体，现已成为全国红色旅游基地。

【"大包干"纪念馆】坐落于中国农村改革第一村——凤阳县小岗村，占地面积20000平方米，建筑面积2600平方米，2005年建成开放。纪念馆以图片、文字、实物等形式，真实再现了当年"大包干"从酝酿到发生、发展的惊心动魄的历史过程。馆内资

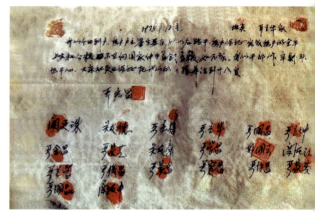

◎ 18个红手印

料丰富、翔实，包括文字、图片、雕塑、音像资料以及实物等。其中一些鲜为人知的珍贵图片和史料尚属首次向观众公开展出。当年按有18个村民红手印"包产到户"生死契约的图片，悬挂在展览厅入口处。

【王稼祥故居纪念馆】坐落于泾县桃花潭镇厚岸村，2006年9月正式开放，占地面积5070平方米，建筑面积1130平方米，由王稼祥故居和故居纪念馆两大块构成。纪念馆正面为仿徽派民居风格，内庭广场侧面为仿欧式风格，中西文化结合，象征着王稼祥成长和战斗的一生。基本陈列"永远的稼祥"，各类展品共1385件，以"风华年代""忠诚战士""三大贡献""卓越领导""杰出外交""永远缅怀"六大板块，再现了王稼祥献身于中国革命事业光辉战斗的一生。

◎ 王稼祥铜像

【戴震纪念馆】戴震，屯溪隆阜人，清代著名哲学家及考据学家，"乾嘉学派"皖派中的代表人物。纪念馆地处中国十

大历史文化名街——屯溪老街立新巷 1 号，称为"摇碧楼"。占地面积 420 平方米，建筑面积 600 平方米。基本陈列有戴震生平展、戴震书房展示、戴震著作、戴氏族谱展及研究戴震成果展几个部分，形象地描绘了戴震"治学不为媚时语，独寻真知启后人"坎坷求索的一生。馆内分别收藏了 9167 册戴震藏书和后世文人学者研究戴震的理论书籍，其中精心保存了 20 多部戴震著作，均为民国时期版本，是目前国内现存最早的戴震著作。

◎ 戴震纪念馆

【陶行知纪念馆】坐落在歙县城内。纪念馆旧为崇一学堂，为人民教育家陶行知幼年就读之所，内陈有陶行知遗物和著名遗联——"捧着一颗心来，不带半根草去"。宋庆龄为陶行知纪念馆题词称之为"万世师表"。纪念馆建成于 1984 年，展厅分 7 个时期展示陶行知先生光辉的一生：出生于农村清寒家庭，留美归来后站在五四运动前列，任《新教育》杂志主编和中华教育改进社总干事，最早注意乡村教育，成为新教育运动的旗手，走遍全国进行抗日教育的宣传，积极投入反内战反饥饿争民主的运动。

遗址、遗迹、墓葬

【武王墩墓】位于淮南市高新区三和镇徐洼村，地处淮南市山南新区城市近郊，北倚舜耕山，南临瓦埠湖，西距寿县古城及寿春城遗址约 14 公里。武王墩一号墓是一座带封土的"甲"字形竖穴土坑墓，由封土、墓道、墓圹、椁室四部分组成。经过勘探，基本探明了以一号墓为中心的独立陵园布局。陵园平面近方形，以周长约 5 千米的围壕为界，面积近 150 万平方米，目前已发现有车马坑、陪葬墓、祭祀坑等重要遗迹。1981 年 9 月，武王墩墓被公布为省级文物保护单位。因历史上多次被盗，武王墩墓文物地下埋藏环境发生变化，文物安全存在隐患。2019年，国家文物局批准安徽省对武王墩墓进行抢救性考古发掘。2020年，列入"考古中国"课题的重点考古项目。2020年9月，开始发掘。目前已提取漆木器、青铜器等编号文物超过3000件，包含青铜礼器、生活用器、漆木器、乐器、俑等珍贵文物。2024年4月16日，国家文物局在淮南市发布"考古中国"重大项目进展工作会议，首次发布武王墩墓阶段性发掘成果，确定武王墩墓是经科学发掘的迄今规模最大、等级最高、结构最复杂的大型楚国高等级墓葬。武王墩墓葬形制、营建工艺、出土文物代表了楚文化的最高成就，全面反映出战国时期楚国的政治、经济、文化、社会图景。目前，正在规划建设考古遗址公园。

【人字洞遗址】位于芜湖市繁昌区癫痴山，是一处洞穴堆积，其地质时代为早更新世早期（距今约256万～220万年），是目前亚欧大陆已知时代最早的古人类活动遗存，是我国百万年人类史最重要的实证地之一。人字洞遗址自1998年10月正式开始考古发掘，先后进行了11次系统发掘。出土脊椎动物化石计有龟鳖类、鸟类、翼手类、啮齿类、食肉类、长鼻类等近50种，哺乳动物群的成员几乎全是灭绝种，属一级灭绝种比例占总属数35%以上。目前遗址中已发现了有200多件人工石制品、人工骨制品，上万件、上百种脊椎动物化石，这在中国境内其他早期人类活动遗址中是较为少见的，为将中国古人类生存时间推前到距今200多万年前提供了又一重要的证据。2006年，被公布为全国重点文物保护单位。目前，正在积极谋划遗址公园项目。

【和县猿人遗址】位于马鞍山市和县陶店乡汪家山龙潭洞，海拔23米，是江淮地区的旧石器时代早期人类化石洞穴遗址，洞内埋藏着丰富的古脊椎动物化石，以及鸟类、爬行类动物化石。1979年、1980年、1981年中国科学院古脊椎动物与古人类研究所等科研单位对和县猿人遗址进行了三次发掘，发掘出一具完整的古人类头盖骨化石，距今约41.2万年。它的发现是继北京人、蓝田人之后，我国旧石器考古中又一重大发现，首次揭示了长江下游地区古人类活动的奥秘，提出了"该地区是研究人类起源和演化重要地区之一"的科学命题，在人类起源特别是东亚人类起源以及南北方古人类共性和差异研究上具有重要意义。1981年，和县猿人遗址被公布为省级文物保护单位。1988年，被国务院批准为全国重点文物保护单位。

【华龙洞遗址】位于池州市东至县尧渡镇梅源山南麓，海拔44米。遗址发现于1988年，经过2006、2014、2020年多次发掘和清理，累计发现包括1件古人类头骨化石在内的30余件古人类化石，百余件古人类制作使用的石器、大量具有人工切割、砍砸痕迹的骨片，40余种脊椎动物化石，以及20余种小哺乳动物化石。华龙洞遗址是继周口店之后，在中国发现的同时包含有丰富人类化石以及石器等人类活动证据的更新世中晚期古人类化石遗址。华龙洞古人类生存的年代为距今30万年左右，体质特征位于直立人和现代人之间，在演化上属于古老型智人，2015年被命名为"东至人"。东至人是迄今为止在我国发现的唯一同时保存有完整面部和下颌骨的更新世中晚期人类化石，对于探讨东亚古人类的演化、分布与变异具有重要的价值。2019年10月，华龙洞遗址被国务院公布为第八批全国重点文物保护单位。

【凌家滩遗址】位于马鞍山市含山县铜闸镇长岗村，总面积约160万平方米，是一处距今约5800至5300年的新石器时代晚期中心聚落遗址。遗址被认定为中华文明"古国时代"第一阶段代表性遗址，实证中华文明五千多年文明起源。自1987年首次发掘至今，先后开展了14次考古发掘，发现墓葬、祭坛、围壕、大型红烧土块等重要遗迹，出土精美玉礼器、石器、陶器等珍贵文物3000多件。1998年，凌家滩遗址入选全国十大考古新发现；2001年，被公布为全国重点文物保护单位；2012年，被命名为凌家滩文化，与红山文化、良渚文化一起，并称为"中国史前三大玉文化"。2019年，凌家滩遗址被纳入国家文物局"考古中国：长江下游区域文明模式研究"重大课题，并作为长江流域5处区域核心聚落之一被纳入新一轮的"中华文明探源研究"课题。2021年，入选中国"百年百大考古发现"。

近年来，结合遗址保护和国家考古遗址公园建设，凌家滩遗址的考古发掘工作持续开展。2023年，发现在墓葬区西侧岗地及平地区域存在一处大型凌家滩时期祭祀遗存，相关发掘工作正在进行。凌家滩遗址先后被纳入国家"十一五""十二五""十三五""十四五"重要大遗址保护规划；2013年国家文物局批准凌家滩国家考古遗址公园立项，2022年经国家文物局评定挂牌。

【双墩遗址】位于蚌埠市淮上区小蚌埠镇双墩村，距今约7000年，是淮河中游地区已发现的年代最早的新石器时代文化遗存。遗址保存范围大体上为南北长180米，东西宽140米左右，约2.5万平方米，遗址台地中心区约12000平方米。双墩遗址在1986、1991和1992年先后进行三次发掘，累计发掘面积375平方米，出土了陶器、石器、蚌器、骨角器等大量珍贵文物。其中一级文物陶塑人头像国内罕见，不仅历史研究价值高，而且在中国美术史上占有重要地位。双墩遗址出土的600余件刻划符号，是迄今新石器时代考古中发现的年代很早、数量最多、内容最丰富的考古资料，透露出文明起源的曙光，是研究淮河流域史前先民生活的重要材料，也是中国古代文明探源的重要资料之一。2013年，被国务院公布为全国重点文物保护单位。

名优特产

传统工艺品

【宣纸】宣纸发明于唐代宣州泾县，因在宣州集散而故名。唐代被列为贡品，为"文房四宝"之首，迄今已有1500多年的历史。宣纸质地纯白

◎ 巨幅宣纸

细密、纹理清晰、绵韧而坚、百折不损，有"轻似蝉翼白如雪，抖似细绸不闻声"之誉；光而不滑、吸水润墨、宜书宜画、防腐防蛀，有"纸寿千年""纸中之王"之称。宣纸自诞生以来品种不断增多，新中国成立后宣纸生产得到了飞速发展，生产出各种规格的棉料、净皮、特种净皮、纯皮等品种，并不断创新，成功捞制了"丈二""二丈"等新品种。"二丈"宣纸作为迄今为止捞制的最大尺幅的宣纸，于 2000 年被载入上海大世界吉尼斯纪录。还有一些特殊纸，在加工时加入植物花卉，用作窗棂纸、灯笼纸，既传统又典雅。1964 年，郭沫若视察泾县宣纸厂，并题词"宣纸是中国劳动人民所发明的艺术创造，中国的书法和绘画离了它便无从表达艺术的妙味"。艺术大师刘海粟曾多次来泾县并多次题词"纸寿千年，墨韵万变""白如云、柔如棉"等。2001 年 5 月，时任中共中央总书记江泽民同志视察泾县宣纸厂，并挥笔题词"传承优秀文化，弘扬中华文明"。

【歙砚】中国四大名砚之一，一称"龙尾砚"，因产于歙县而得名。唐代开元年间，歙砚之名始传，并流行全国。歙砚雕刻精湛，造型浑朴，刀法挺秀有力，美观实用大方，历来被文人墨客誉为稀世珍宝。歙砚石质美如

人文篇

◎ 歙砚

碧玉，腻如肌肤，暗含锋芒，缜涩发墨，油润生辉，具有下墨快、不损笔锋、墨水不干等特点。因此有"龙尾歙砚天下冠"之说。歙砚雕刻具有徽派石雕的风格，即浑厚朴实，美观大方，刀法刚健，花式多变。它的图案，多取于黄山胜境、新安风光、小桥流水或神话传说、名人逸事等。歙砚曾作为国家礼品，先后赠送给越南胡志明主席、朝鲜金日成主席等外国领导人。

【徽墨】徽墨是我国制墨工艺中的一朵奇葩。徽墨以松烟、桐油烟、漆烟、胶为主要原料，经炼烟、制胶、和剂、做墨、晾墨、打磨、填字等工序，制作而成的一种主要供传统书法绘画使用的特种颜料。史料记载，唐代末期，河北易水人李廷珪父子"流离渡江，睹歙中可居造墨，故有名焉"。1915年胡开文制"苍珮室牌地球墨"，获得巴拿马世界博览会金奖。徽墨有桐油烟墨、松烟墨、漆烟墨等几大类型，具有拈来轻、磨来清、嗅来馨、坚如玉、研无声、一点如漆、万载存真的品质，是书画家的必备用品。同时墨模上由能工巧匠雕刻出名人的书画，集绘画、书法、雕刻、造型等艺术于一体，使墨本身成为一

◎ 徽墨

种综合性的艺术珍品。宣城市绩溪县，黄山市屯溪区、歙县是徽墨的主要生产地，所制徽墨，千姿百态，异彩纷呈。徽墨还以精美的墨式著称于世，并出现了《程氏墨苑》《墨谱》《墨海》等一批墨谱。

【宣笔】宣笔产于泾县青弋江上游的花林，因此地古属宣州，故而得名，相传已有2000多年历史。大书法家王羲之、柳公权为了取得宣笔，曾向宣州笔工陈氏和诸葛氏写过"求笔帖"。书画家刘海粟盛赞宣笔为"宣

笔纵横，蝉蜕龙变"。宣笔选料精良，工艺要求严格，主要以兔毛、羊毛、狼毛、鸡毛与獾毛为原料，经过选料、修笔、套装、刻字等工序，层层严格把关，非一人一手或一朝一夕可就。一支上品宣笔至少要修整两次，并用放大镜检查，足见宣笔制作之

◎ 宣笔

精湛和笔工艺人之辛苦。宣笔有"装潢雅致、毛纯耐用、刚柔得中、尖圆齐健"的独特风格，共有 260 多个品种，以"古法胎毫""玉管宣笔""安吴遗训""黄山烟雾""梦笔生花"等最为珍贵。目前，除泾县宣笔厂外，安徽尚有六安一品斋、临泉谭棚笔厂等。

【徽州"三雕"】徽州木雕、砖雕、石雕简称徽州"三雕"，是徽州古建筑中的精华部分，是古建筑艺术中灿烂的篇章。明清时代，由于徽商的

◎ 木雕

人文篇

◎ 石雕

◎ 砖雕

崛起，不计其数的徽州牌坊、祠堂、民宅出现在这一群山环抱之地，形成了封建晚期社会典型的村落景观。由于明清时期等级制度森严，住宅的营造规模受严格按制，徽州商贾不敢越礼。因此，徽贾建宅时争奇斗富，不在于房屋规模的大小，而在于建筑雕刻是否精湛。在典雅、华丽上另觅蹊径，为木雕、砖雕、石雕艺术提供了表现空间。"三雕"中，木雕数量最多，内容最丰富，楼上楼下，触目之处几乎都是木雕；房内陈设的老式家具上也都精雕细刻。砖雕主要在民居的门楼上。石雕主要是在祠堂的石栏板、民居石库门的础石以及石牌坊上。"三雕"的布局之工、结构之巧、装饰之美、营造之精，使人叹为观止。徽州"三雕"体现了深厚的文化底蕴，具有极高的艺术价值，是研究明清时期建筑学、民俗学和社会学的重要载体。

【徽派盆景】起源于唐代，属树桩盆景，是中国盆景重要流派之一，以古朴、遒劲、凝重、师法自然景物、风姿神韵的风格而闻名。徽派盆景以枝干虬曲的木本植物为培育对象，经移栽、修凿、剪扎、摘心、去芽等手法，创作出较自然树木更富神韵的艺术品。如松柏之葱郁劲健，竹子之潇洒清秀，梅桩之古雅幽芳，榔榆、鹊梅之朴质苍古，黄杨之清朗茂密等。用于树桩造型的主要树种有梅、松、榔榆、天竹、南天竺、紫薇、山茶等，以梅花、茶花为上品。地处新安江南岸沟谷腹地的歙县卖花渔村，是闻名海内外的徽派盆景的主要产地。徽派盆景主要形式有游龙式、三台式、迎客式、圆台式、扭旋式、疙瘩式、劈干式、枯干式、悬崖式、提根式和自然式等，以游龙式梅桩盆景最具代表性。

【徽州漆器】清代已驰名于世，一称"螺钿漆器"，主产于黄山市、绩溪县。徽州盛产国漆，以国漆做原料，掺以绿松石、丹砂、珊瑚、青筋蓝、朱砂等，经过一系列工艺处理，制成漆器，五彩斑斓，绚丽夺目。漆工黄大成《髹饰录》，为我国最早一部漆工专著，对世界漆艺都有影响。1959—1960年，屯溪艺人曾

◎ 剔犀如意云纹漆盒

为人民大会堂安徽厅精制一幅图案为"全国各民族百子图"的刻漆大屏风以及餐具、烟具等。产品多次获轻工业部工艺美术总公司和省轻工厅优秀产品奖。现代产品继承了传统细嵌螺钿漆的风格，髹漆打磨抛光，需经几十道工序。成品图案花纹瑰丽，光彩鲜艳照人，人立其上，不见损迹；沸水茶杯置其上，不伤漆面丝毫。漆器的色泽丰富，制作品种有镶嵌、刻漆、描金彩绘、磨漆、堆漆五大类。产品有挂屏、台屏、屏风、炕几、书橱、果盘等。漆器工艺品装饰画，历来被视为艺术珍品。

【徽州竹编】始于唐宋，盛于明清。传世的明清竹编实物，以碗、杯、盘、瓶等为主，还有篾盒、书箱、礼盘、果盒等。安徽省博物馆收藏的明万历年间"描金五彩漆果盒"和清代"金漆堆花圆果盒"，均用竹制骨架，外用细篾编织出花纹，涂彩描金。近年来，徽州竹编突破原来的长、圆、方、扁造型和简单图案，发展成竹编画、竹雕、竹制人物、竹编兽禽等。其中，山水花鸟、珍禽异兽造型复杂，图案纷繁，篾工往往要把不到一寸宽的竹片分成 100～140 根细篾条，软似丝绵，细如发丝。目前，徽州竹编还增加了烫金、烫花、贴花、染篾、漂白和防霉、防蛀等工艺。竹编的色彩，也由黑色和本色两种增加了红、黄、绿、蓝、紫等多种颜色，运用编花、透空、夹筋等手工编织手段，使竹编工艺品更加绚丽多彩。

【芜湖铁画】原名"铁花"，为绘画与锻铁技艺结合而成的特殊工艺品。

◎ 人民大会堂安徽厅摆放的迎客松铁画屏风

芜湖铁画以锤为笔，以铁为墨，以砧为纸，锻铁为画，鬼斧神工，气韵天成；以历史悠久、风格独特、工艺精湛、技艺高超著称于世。铁画始于康熙年间，由芜湖铁工汤天池与芜湖画家萧尺木相互砥砺而成。铁画源于国画，具有国画中新安画派落笔瘦劲、简洁、风格冷峭奇倔的基本艺术特征，是纯手工锻技艺术。以铁为原料，经红炉冶炼后，再经锻、钻、抬压焊、锉、凿等技巧制成。既具有国画的神韵又具雕塑的立体美，还表现了钢铁的柔韧性和延展性，是一种区别其他、独具风格的艺术。先后参加了巴黎世界博览会、匈牙利布达佩斯造型艺术展，并赴20多个国家展出。主要代表作有《四季花鸟》《柳蝉》《迎客松》《奔马》等。《迎客松》长4.5米，高2.5米，悬挂在人民大会堂安徽厅。现在，芜湖铁画在传统形式的尺幅小景、画灯、屏风基础上，又创有立体铁画、盆景铁画、瓷板铁画和镀金铁画，形成了座屏、壁画、书法、装饰陈设和文化礼品等五大系列200多个品种。

【舒席】一称"龙舒贡席"，产于安徽潜山、舒城、怀宁一带，因这里古称舒国，故名"舒席"。舒席原料独特，只能用天柱山脚下几十平方公里内生产的小叶水竹（元竹）制造，选料讲究，经过剖、刮、煮、晒、编等10多道工序精制而成，具有篾纹细致、色泽鲜艳、莹洁润滑、折卷不断、经久耐用、清爽消汗、不生虫蛀等优点，被誉为"细如棉纺，薄如纸张"。舒席不但是有实用价值的夏令佳品，而且是优美典雅的手工艺品。凡古今字画，不论山水人物、流云花卉、飞禽走兽、神话故事，或楷书行草、横幅条屏，均能编织入席。席面的景物远近相宜，浓淡对比鲜明，空间层次清晰，形成了舒席工艺的独特风格。1873年，舒席在巴拿马国际商品展销会上获一等篾业奖。1953年，舒席在莫斯科国际经济展览会上获手工艺美术品奖。

【灵璧磬石】是一种用黑色大理石雕刻的美术工艺品。宋代诗人方岩有诗赞曰："灵璧一石天下奇，宝落世间何巍巍。声如青铜色如玉，秀润四时岚岗翠。"古时多用黑色大理石制作砚台。明清以来，制磬工艺有了新的发展，除生产专作乐器的编磬外，还设计制作出多种多样的透雕纹磬（又名"磬石"）。磬雕精细，整体镂空，构思巧妙，图案优美，刀法精湛，叩之有声，高大的民族建筑和庙宇的梁柱多有悬挂。灵璧还盛产奇石（观赏石），以"灵璧石"代名，造型天然奇特，峰峦洞壑，浑然天成，骨秀色青，集漏、透、瘦、皱、怪、丑、清、奇、形、响诸美于一身，色泽秀丽雅致，质地细腻光洁，居中国四大美石之首，民间收藏甚广。

安徽名茶

【黄山毛峰】中国十大名茶之一。产于黄山云谷寺、松谷庵、钓桥庵、慈光阁周围。这里山高林密，荫蔽高湿，雾海云霞，茶树生长健壮，茶芽鲜嫩，叶片肥厚，经久浸泡。黄山毛峰采制加工技术十分精细，一芽一叶、一芽二叶分级摊放，随采随制，要求在清明至谷雨时节采摘。因芽小叶嫩不便炒制，经过杀青、揉捻等10多道工序后，以烘代炒。"黄山毛峰"外形美观，每片茶叶约半寸，绿中略泛微黄，色泽油润光亮，尖芽紧偎叶中，酷似雀舌，全身披白色绒毫。冲泡时，雾气结顶，香气馥郁似白兰，滋味醇爽甘甜，汤色淡黄明澈，多次冲泡余香犹存，沁人心脾。据统计，500克特级毛峰，需要采摘2.4万个鲜嫩芽头。历史上，"黄山毛峰"是历代皇帝的贡茶。1949年以后，"黄山毛峰"一直作为外事交往馈赠国宾的礼茶。

【祁门红茶】一称"祁红"，中国十大名茶之一，与印度大吉岭茶、斯里兰卡乌伐茶，并称世界三大高香名茶。主要产于祁门、东至、贵池、石台、黟县等地。1875年问世以来，3次荣膺国际金质大奖。祁门红茶品质优异，工艺精湛。刚采新芽鲜嫩碧绿，叶面张开；经过萎凋，色变暗绿，叶变柔软；再经揉捻，暗绿色变成浅绿色，叶成条状；经过发酵，颜色变成紫铜色，叶紧卷成条；最后烘干，色泽乌黑油润，体积变小。初制干毛茶，经过毛筛、抖筛、分筛、撩筛、切断、风选、捡剔、补火、清风、拼和、装箱工序，方为成品。祁门红茶香气高超，独具一格，既有蜜糖香，又似苹果香，国际上称之为"祁门香"，远销英、德、北欧、日本及东南亚等50多个国家和地区。

◎ 太平猴魁

【太平猴魁】中国十大名茶之一。产于黄山市猴坑、猴岗及颜村等地。因品质超群，人称"尖茶魁首"，冠以地名，故名"太平猴魁"。20世纪初，由猴坑茶农王元志所创。茶园大多分布在崇山峻岭，林壑幽深，低温多湿，土壤肥沃，终日云雾蔽嶂，并伴生兰花，色泽、白毫、香气、口感等别具一格，因地势险峻和气候特殊，产量较少。每朵茶都是两叶抱一芽，芽藏而不露，有"两刀夹一枪"之说；平扁挺直，不散不翘不曲，魁伟匀整；全身披白毫，含而不显，叶面色泽苍绿，叶背浅绿，叶脉绿中藏红，入杯似有小猴在杯中伸头缩尾之势；汤青叶翠，清香四溢，滋味浓醇。1915年，获巴拿马万国博览会金质奖章。

【六安瓜片】中国十大名茶之一。主要产于皖西大别山区六安市金安区、裕安区和金寨、霍山等县，尤以金寨县所产"齐山云雾"品质最佳。"齐山云雾"瓜片已有300多年历史，明、清时代均为贡品。乾隆年间，诗人袁枚在《随园诗话》中将其列为片茶名品。六安瓜片由单片叶制成，不含芽头和茶梗，其外形直顺完整，叶边背卷平摊，宛如瓜子，色泽宝绿润亮；汤色清澈晶亮，滋味甘甜鲜醇，尤以浓郁的清香沁人心脾。1982年全国名茶评比会上获全国名茶称号。

走进安徽 2024版

【屯溪绿茶】中国传统名茶，有"绿色黄金"之誉，是皖南地区数县绿茶的统称，距今已有1200多年历史。屯溪绿茶采制精细，多为一芽二叶或三叶嫩梢，制作方法分炒青和烘青两种。炒青是将鲜嫩叶揉捻以后，在茶锅里炒制成茶，芳香馥郁，茶汁浓厚，汤色碧绿清新。烘青是鲜叶揉捻以后，在烘笼里用木炭烘制成茶，颜色深厚，茶叶醇和，汤色明净。屯溪绿茶条索紧结，匀整壮实，色泽绿润，冲泡后汤色明绿，香气清高，滋味浓厚醇和。花色品种繁多，有珍眉、贡熙、特针、雨花、秀眉、绿片等6个花色18个不同级别。1988年，屯溪绿茶获雅典第27届世界优质食品评选大会银质奖。

【涌溪火青】一称"鹰窝岩茶"，中国极品绿茶之一。产于泾县黄田涌溪，已有300余年历史。相传由明代涌溪村秀才刘金所创制，扬州八怪之一的汪士慎饮后称它为"香灵芽"，以后一直列为贡品。外形呈颗粒状，似螺丝形，紧实细润，墨绿白毫，香气浓厚鲜爽，有独特的花香。入杯冲泡，枝枝成朵，如盛开兰花，滋味醇厚，回味甘甜，更具艺术欣赏价值。1982年在全国名茶评比会被评为名茶。

【敬亭绿雪】产于宣州区敬亭山。茶形如雀舌，芽叶肥壮，身披白毫，色泽翠绿；汤清色碧，白毫翻滚，如雪茶飞舞，香气鲜浓，似绿雾结顶，爽口醇浓，回味芳甜，有"酌向素瓷浑不辨，气凝花气扑山泉"之誉。该茶制作精良，清明后、谷雨前按照"两叶一茶"样式采摘，经过杀青、翻炒、揉捻、烘焙等工序，已成为出口名茶之一。"敬亭绿雪"久负盛名，明、清时被列为贡茶。

【雾里青】历史名茶，宋代叫"嫩蕊"，清代称"雾里青"。1990年恢复试制成功称"仙寓香芽"。产于佛教圣地九华山和国家级自然保护区牯牛降及其周边地域，主产区位于石台县珂田、占大、大演一带。雾里青（芽蕊茶）全芽肥嫩，茸毫披露，嫩香持久，滋味鲜醇，汤色浅黄明亮，叶底嫩绿完整。1745年，瑞典当时最先进的远洋商船哥德堡号，历经种种磨难第三次从中国远航归来，却在进入哥德堡市的港口时，触礁沉没。令人惊奇的是，船上所载名茶"雾里青"经过海水200多年的浸泡，1984年被考古专家打捞出后，仍能饮用。260多年后，按传统工艺重造的哥德堡号，重走"海上丝绸之路"，哥德堡号古船与古茶的故事让徽茶文化与瑞典海洋文化结下了不解之缘，"雾里青"名茶再度沿古"海上丝茶之路"重返瑞典，香飘欧洲。

安徽名酒

【古井贡酒】产于亳州市古井镇，全国八大名酒之一，浓香型白酒。据《魏武集》载，曹操曾令用古井之水酿造"九酿春"酒，进献汉献帝。明万历年间，此酒被正式列为贡品，故称"古井贡酒"。该酒以优质高粱为原料，用大麦、小麦、豌豆制曲，采用传统老五甑操作法精酿而成。荣获全国名酒评比会金质奖章。

【口子酒】产于濉溪县，浓香型白酒。口子酒历时千年，素有"名驰冀北三千里，味占江南第一家"之誉。酿酒地泉，清凉碧绿，富含矿物质，盈杯不溢，加上独特的酿造工艺，具有无色透明、芳香浓郁、入口柔绵、清冽甘爽、余香回甜等特点。

【迎驾贡酒】史载汉武帝刘彻巡狩霍山，官民为迎武帝大驾，捧淠水精酿琼浆出城二十里以相迎。帝饮后大悦，赞此"酒天香液也"！迎驾贡酒因此得名。霍山拥有华东地区最大的"五粮型"优质曲酒生产基地，依托大别山山涧泉水，采用泥池老窖，秉承多粮酿酒传统工艺，精选大别山绿色生态优质高粱、大米、糯米、小麦等5种粮食，科学配比，形成了一种"香气悠久、味浓醇厚、入口甘美、入喉爽净"的浓郁复合型香气。

【怀远石榴酒】具有怀远石榴酸、甜、涩、鲜的独特风味，浓郁的酒香、果香和谐，酒体纯正，醇厚爽口，回味余长。内含大量氨基酸和多种维生素，有较高的营养价值，并具有生津化食、健脾益胃、清凉润肺等功能。

干鲜果品

【砀山酥梨】被誉为"优梨之品"。砀山酥梨果实硕大，黄亮美观，皮薄多汁，肉多核小，甘甜酥脆，入口无渣，酥梨亦因之得名。品种有金益酥、白皮酥、青皮酥、伏酥等，以金益酥最佳。

【徽州雪梨】一称"歙县雪梨"，1934 年获得东南亚国际博览会果品银质奖章。栽培方法奇特，在刚抽出绿叶的梨树上挂上用稀漆水浸过的淡褐色毛边纸袋，果实长到纽扣大小时用纸包裹起来，直到梨子成熟。包梨袋既防虫害，又使梨皮雪白，"雪梨"由此而来。

【萧县葡萄】约有 100 多个品种，以"玫瑰香"最佳，果粒圆满，紫里透红，像珊瑚玛瑙，穗大、粒饱、肉脆、多汁、甘甜、清香，食后生津。萧县葡萄营养丰富，含有糖、多种维生素和氨基酸，并有药用价值，能活筋骨，治疗瘿痹。葡萄皮中可以提炼丹宁、酒石酸，用于镇静和食物防腐。

【怀远石榴】以籽粒大、浆液多、皮薄色好、甘甜耐贮而著名。品种发展到 13 个，分白花、红花两大类。白花、白实、白粉，名为"三白石榴"。红花分青皮、粉皮、观赏三系列。全国石榴有五大名贵品种，其中以怀远玉石籽石榴为最佳，曾作为贡品。

【三潭枇杷】产于歙县新安江沿岸的漳潭、锦潭、瀹潭，故而得名，为全国四大枇杷产区之一。所产枇杷以果大、味甜、汁多著称，民间有"天上王母蟠桃，世上三潭枇杷"的赞语。三潭枇杷历史悠久，尚存树龄百年以上年产 500 千克的大古树，现有品种 15 个，其中"大红袍""光荣"最优。

【猕猴桃】皖南山区、大别山区猕猴桃资源丰富，是全国重点产区之一。主要品种有软枣猕猴桃、中华猕猴桃、狗枣、大籽、梅叶、阔叶、葛枣等 15 个品种。猕猴桃营养丰富，含维生素、脂肪、蛋白质及钙、磷等多种矿物质，已用其酿酒，加工罐头、果汁、果脯、果酱等。

特色水产

【巢湖银鱼】古称"脍残鱼""玉余鱼""白小""冰鱼"等，历来被誉为"鱼类皇后"。鱼体细长、透明、光滑。因其体白如银，透明似水，故得此名。巢湖银鱼不仅形体色美，而且骨软无刺，鲜嫩可口，营养丰富。

◎ 巢湖银鱼

【鲥鱼】长江三鲜之首，位列天下鳞品第一。该鱼银白色，体侧扁，呈长椭圆形，尖头，燕尾，窄背，宽腹。一般长 25 ～ 40 厘米，重 1 ～ 2 千克，脂肪厚，肉细味美，营养丰富。每年 4—5 月进入长江，形成鱼汛，仅四五十天，此为捕捞季节。宋人梅尧臣诗曰："四月鲥鱼逐浪花，渔舟出没浪为家。"安徽境内长江段为重点产区之一。

【淮王鱼】淮河稀有鱼种，又称"回王鱼"，主产于凤台、怀远、寿县等地淮河段。相传淮南王刘安爱食此鱼，曾以此鱼宴请淮南"八公"，因而得名。该鱼斑斓鲜艳，极为悦目，体长，无鳞片，呈粉红色，吻部肥厚并呈锥形突出，腹部浑圆呈乳白色，尾部侧扁，鳍灰黑色。一般重 1 ～ 2 千克，以味鲜、肉嫩、滑利、爽口著称。

◎ 琴鱼

【泾县琴鱼】因产于泾县琴溪而得名。琴鱼"龙鳍果腹，长不盈寸"，宋朝列为贡品。琴鱼以水生昆虫为食料，每年 4—6 月产卵。琴鱼洗净后浸于煮沸伴有佐料（食盐、糖、茴香、茶叶等）的水中泡熟，用文火烘干而成琴鱼干。琴鱼干味咸甜、鲜美、酥脆，佐茶食、羹汤。如用琴鱼干沏茶，可见琴鱼上下团团游动，别具特色。

【大闸蟹】学名"中华绒螯蟹"，又名"清水大闸蟹"。安徽为全国重点产地之一，主产于安庆、芜湖、巢湖、当涂等地，尤以巢湖产量最大。大闸蟹青壳白肚，十肢矫健，个大体重，肉质细嫩，黄多油重，含有蛋白质、脂肪、碳水化合物、钙、磷、铁等多种物质，营养丰富。

名贵药材

【茯苓】安徽四大栽培名药之一，产于岳西、金寨、霍山、潜山等地。据清光绪《霍山县志》等记载，由潜山人用鲜茯苓做种，以松木为原料经培植而成，自此人工培植茯苓便流行于大别山一带。茯苓为一种真菌，以其干燥后的菌核入药，性平，味甘淡，有利水渗湿、健脾胃、宁心安神功效，是一味常备中药，素以"白如雪，薄如纸，面如镜，纹如云"而闻名。

【亳白芍】安徽四大栽培名药之一，产于亳州市谯城区和涡阳县涡河两岸。白芍是芍药花的根，为圆柱形或纺锤形，呈赭色，上市前需削去表皮，露出白基，故名"白芍"。性微寒，味苦酸，功能调肝、理脾、营血，对血虚肝旺引起的头晕、头痛、胸肋疼痛、腹痛、痢疾等多种疾病皆有良效，对妇科病症疗效尤佳。

© 芍花盛开

【潜厚朴】主产于潜山市。厚朴为落叶乔木，以树皮入药，为著名的"三木"（杜仲、厚朴、黄檗）药材之一，系国家重点保护珍稀名贵药材。潜厚朴皮厚肉细，油性大，断面紫红有光泽，香气浓郁，嚼之无渣，性温，味辛苦，具有广谱抗菌、温中理气、燥湿消积之功效。

【祁术】主产于祁门县。祁术品种独特，系白术中之珍品，故此专名。古为御医皇室药品，清末在南洋国际土特产博览会上荣获金奖。祁术为多年生草本植物，以块茎入药，性温，味苦，具有健脾益胃、燥湿利水等功能。1958年开展变野生为家种试验，经多年培植，获得成功。

【安徽"三菊"】主产于亳州、滁州、歙县三地，分别称为亳菊、滁菊和贡菊。歙县菊花曾为贡品，故称"贡菊"，为"菊中之冠"，产量80%出口。安徽"三菊"和浙江杭菊，并称四大药用名菊。具有清热解毒、平肝明目之功效，为安徽四大栽培名药之一。滁菊和贡菊还可"以菊代茶"，

◎ 黄山贡菊

四季适用，老少皆宜，有"久服利血轻身、耐老延年"之功效。

【宣木瓜】产于宣州、泾县、宁国等地，尤以宣州栽培历史悠久，品质优良，产量高，故名宣木瓜，名贵中药材。南朝时，宣木瓜就被列为贡品。明代李时珍《本草纲目》中评曰："木瓜处处有之，而宣城者为佳。"宣木瓜果肉厚实，皮有皱纹，呈紫红色，主要用于入药，能治脚痛、痉挛及腰膝酸痛、关节不适等症，有镇痛、敛肝、和脾、化湿、舒筋等功效。"宣木瓜"与"甘枸杞""川杜仲""藏红花"并称为我国中药材四大名产。

【铜陵凤丹】安徽四大栽培名药之一。药用牡丹根部的皮叫丹皮，因其产于铜陵凤凰山，故名凤丹。凤丹根壮、皮细、肉厚、粉足、木心细，久贮不易变质，气味清香，煎汤呈乳白色。有清血热、散瘀血、抗菌、降压等功用。

◎ 凤丹花开

【霍山石斛】主产于霍山、金寨、岳西等地，有"健康软黄金"之称，为兰科多年生草本植物，1987年国务院将其列为野生药材二级保护品种，

有铁皮石斛、铜皮石斛、米斛等品种，以米斛最优。石斛大多生长在云雾缭绕的悬崖峭壁崖石缝隙间和参天古树上，茎直立，黄绿色，有纵棱和明显的节。夏季开淡色花朵，形似兰花，极为素雅。药用部分为茎，性寒、味甘，具有益胃润肺、养阴生津之功效。

◎ 霍山石斛

【绞股蓝】新兴中药材，一称"七叶胆"。主要分布于黄山、九华山地区，为多年生草本植物，以根状茎或全株入药，性寒、味苦，具有消炎解毒、止咳祛痰之功效。绞股蓝含有50多种皂甙，其中4种与人参皂甙相似，且总甙量高，故有"第二人参"之誉。具有滋补、镇静、防衰老、降血脂、治溃疡、减白发等功效，对20多种癌症有明显的抑制效果。

【黄精】野生于皖南山区，多年生百合科草本植物，又名"鸡头参""老虎姜"。一枝多叶，花梗下垂，根茎横生，肥大肉质。九华山历来有采制黄精的习惯，一般经九蒸九晒工序，通称"九制黄精"，既可药用，也可食用，能补血益气，久服神清气爽。相传明僧海玉在九华山百岁宫苦修，不进米饭，以黄精为生，110岁圆寂。

皖美味道

皖南风味

【**徽州臭鳜鱼**】相传200多年前，沿江鱼贩用木桶装鳜鱼，贩运到徽州山区。为防止鳜鱼变质，鱼贩们在鱼层上撒盐并经常翻动，七八天后运到徽州山区时，鳜鱼鳃仍是鲜红色，且鳞不脱、质不变，散发出似臭非臭的特殊气味。人们把这种鳜鱼洗净做成菜，不但没有臭味，反而比新鲜鳜鱼更鲜香好吃，流传至今，盛誉不衰。

◎ 徽州臭鳜鱼

【**徽州刀板香**】相传由明朝抗倭名臣胡宗宪命名。其返绩溪龙川时，路过歙县问政山拜访恩师。为款待爱徒，师母将家中的腌猪肉平铺于山笋上面，放置在刀板上一同蒸，捞起切成薄片，

◎ 徽州刀板香

与刀板一同端上桌，胡宗宪吃后，胃口大开，命名此菜为"刀板香"，沿用至今。腊肉质地肥而不腻、熟而不烂，气味"刀板留香"，鲜咸相宜。

【胡适一品锅】清乾隆年间，皇帝微服出行来到绩溪上庄，村民将四样冷菜码在锅中蒸熟上桌，皇帝食后赐名一品锅。后来，著名学者、绩溪上庄人胡适常用一品锅宴请宾朋，此菜荤素搭配、风味独特、口感丰富，每一层都散发出不同香味，令人赞不绝口。

◎ 胡适一品锅

【水阳三宝（干子、鸭脚包、鸭翅）】水阳三宝是宣城地方特色美食。鸭脚包是用鸭脚与鸭舌用鸭肠缠绕裹制、经特殊腌制而成；鸭翅同样经过特殊腌制；水阳干子口感细腻、色泽油亮、绵柔无渣。将三样东西烩在一起，做成一锅煲，名为"水阳三宝"，咸中带甜，口味独特，被众多美食家称赞。

◎ 水阳三宝

◎ 石台富硒土猪肉

【石台富硒土猪肉】石台县是高含量富硒区。富硒土猪肉营养价值高，具有"三高三低"（高蛋白、高氨基酸、高亚油酸，低脂、低胆固醇、低热量）特点。其肉质细嫩，呈玫瑰色，烧制后滋味醇厚，香而不腻，回味无穷。

【九华黄精饼】相传，新罗国王子金乔觉至九华山修行，因饥饿难忍，挖野菜为生。一日挖得黄

◎ 九华黄精饼

精，食之甘甜可口，多次食后，日渐身体强壮，精神振奋，面色红润，须发黑亮。于是一直以此为食，活到九十九岁。金乔觉在《酬惠米》中说："而今飧食黄精饭，腹饱忘思前日饥。"当地人用黄精为主料制作出黄精饼，口感脆甜，营养颇高。

沿江风味

【当涂大肉面】相传，李白族叔李阳冰任当涂县令，有一年洪水导致瘟疫肆虐，百姓饥寒交迫。他搭建医棚，支起大锅，把猪肉、辣椒和药材煮熟，猪肉切块，又用卤水煮面，连汤带面分给百姓。从此，"大肉面"声名鹊起。大肉面汁浓味醇、肥而不腻，备受市民青睐，2014年入选"舌尖上的中国"。

◎ 当涂大肉面

【采石矶茶干】相传在清嘉庆年间，采石镇住着一对以卖茶为生的老夫妻。采石矶的水质极好，沏出的茶水清香四溢，深受游客赞赏。后来老

◎ 采石矶茶干

◎ 芜湖煮干丝

夫妻用黄豆做成豆腐干，并用酱汁浸煮，提供给游人作为佐茶小吃。卖茶生意随之兴旺起来，甘香筋道的采石矶茶干由此扬名。

【芜湖煮干丝】煮干丝是芜湖著名的传统小吃，在清乾隆时称"九丝汤"。据清《调鼎集》记载，煮干丝用料考究，常用原料有火腿丝、笋丝、银鱼丝等，四季均宜入席。

◎ 无为板鸭

【无为板鸭】相传，清道光年间，无为张姓孤儿与邻居女孩青梅竹马，却无钱提亲，一日鼓足勇气携板鸭上门，被女孩父母婉言拒绝，板鸭也被退回。回家后，小伙无精打采，随手将鸭子挂在焖灶上，添了把柴火便和衣睡去。半夜闻香而起，发现板鸭被

木屑青烟熏得通体金黄、芳香扑鼻，大喜，又作简单卤焖，顿时显得肉嫩色美，再将鸭子送去女方家，终于打动对方父母，成就了一段好姻缘。后来小夫妻俩精心经营板鸭生意，日子越过越好。无为板鸭以其先腌后熏再卤的独特制法、层次丰富的味觉体验，广受欢迎，名扬天下。

【铜陵白姜】铜陵白姜始于春秋，北宋年代被列入朝廷贡品，是中国国家地理标志产品、安徽省省级非物质文化遗产代表性项目，有"中华白姜"之美誉。因姜嫩皮白、品质上乘、瓣粗肥厚、姜指饱满、块大皮薄、汁多渣少、肉质脆嫩、香味浓郁、味辣不呛口而久负盛名。

◎ 铜陵白姜

【大通特色小杂鱼】大通名门望族"佘氏家族"，曾在明代出过

◎ 大通特色小杂鱼

◎ 老鸡汤泡炒米

一位与汤显祖齐名的文学家佘翘，他著有《量江记》等多部名作。据传，佘翘四岁即能授书成诵，由于他一直喜欢清煮小杂鱼，又因民间有吃鱼会让人聪明的说法，故让这道美食流传下来。

【老鸡汤泡炒米】在安庆，家家户户在腊月里都要制作炒米，为的就是在大年初一早上搭配那一碗热烫浓郁的老鸡汤。炒米的脆香与鸡汤的醇厚实乃天作之合，令人唇齿留香、久久回味。

◎ 桐城水碗

【桐城水碗】桐城水碗即大关水碗，相传源自清初，系汤类食物，采用清一色精细蓝边大碗盛装，故名。水碗选料精良，有肉类、禽类、蛋类、大枣、莲子、豆制品等。做工考究，花样异彩纷呈，常见有肉片水碗、肉圆水碗、鱼片水碗、鱼圆水碗、蛋圆水碗。寓意年年有余、一帆风顺、团团圆圆。

皖中风味

【李鸿章大杂烩】李鸿章大杂烩是合肥地方传统名菜。相传当年晚清名臣李鸿章宴请宾客时，因菜肴可口，宾客不舍下席，此时主菜已用完，厨师只得将剩余配菜烩烧而成。因其味道丰富，醇香不腻，咸鲜可口，得

◎ 李鸿章大杂烩

走进安徽 2024版

到宾客盛赞，遂成名菜。

【三河米饺】1858年太平军在三河大败清军，史称"三河大捷"。相传，太平军将士爱护百姓，所到之处秋毫无犯，当地百姓为感谢太平军将士，纷纷送上米饺犒劳。随着太平军南征北战，三河米饺的美誉享遍大江南北。

◎ 三河米饺

【秦栏卤鹅】据《二十四孝》记载，宋熙宁二年（1069年），朱寿昌弃官寻母，历时14个多月，徒步逾千里，终于母子团圆。为让母亲乐享天年，朱寿昌研制卤鹅与母同食。卤鹅表面光洁发亮，香气清新醇厚，油而不腻，烂而不散，美味可口。后卤鹅的秘制工艺流传乡里被誉为"寿昌孝母鹅"，现名"秦栏卤鹅"。

◎ 秦栏卤鹅

◎ 炉桥手擀面

【炉桥手擀面】清朝康熙年间，炉桥方氏家族出了一位才子，官居翰林大学士。有一年，方翰林回乡探母，其母重病久日不起，吃不下饭。为解母忧，方翰林与妻亲选精面手擀、以母鸡汤为料，其母品尝后胃口大开，不久便康复。因此面系翰林为孝敬其母所创，故称"孝面"，后经传承称"炉桥手擀面"。如今，"炉桥手擀面"已走向全国。

【金寨吊锅】吊锅历史悠久，可追溯到元朝末年，相传元末红巾军起义头领徐寿辉在大别山聚义反元，每逢战事或重大节庆，都要悬铁锅，用

◎金寨吊锅

◎万佛湖清炖鱼头

柴火烹煮鸡肉，与将士共享。金寨吊锅便由此流传开来。如今，金寨吊锅已成为独特的地方美食。

【万佛湖清炖鱼头】舒城县万佛湖地处大别山东南麓，水质优良，水域富含浮游生物等天然养料，是理想的渔业养殖场。万佛湖砂锅鱼头，精选野生鳙鱼，用湖水久煨而成，原汁原味，是难得的美味佳肴。

皖北风味

【淮北周氏面皮】清同治年间，淮北文人周茂宣喜以画会友。其贤妻周董氏把装裱作品时制作浆糊剩下的澄粉水置于浅盘中蒸熟食用，这就

◎淮北周氏面皮

◎榴园地锅鸡

是面皮的原型。其工艺经多年改良，制作方法越来越精细，使得面皮口感筋弹、绵柔，具有"白、薄、光、软、筋、香"等特点。

【榴园地锅鸡】地锅鸡起源于皖北，具有软滑与干香并存的特点。在石榴园里散养本地鸡，喂食石榴籽和青草，用石榴干枝生火、地锅烹饪，经过改良后称之为"榴园地锅鸡"。

◎ 亳州华佗十全汤

【亳州华佗十全汤】相传东汉末年，赤壁之战后，曹操一度元气大伤，身心疲惫，又不愿吃药调理。神医华佗观其身心双亏，为其开出了十全大补的药膳食疗方，令其厨师做成美味汤品，曹操食用后逐渐恢复，精神倍增，不久病愈，遂召华佗询问药方，华佗答曰："乃大十全补汤也。"曹操曰："可名'华佗十全汤'！"从此，具有补中益气、延年益寿之功效的"华佗十全汤"便在曹操和华佗家乡亳州流传下来。

【义门熏牛肉】也称"伯俞孝母肉"。相传，汉代孝子韩伯俞，因其母爱吃牛肉，每次外出都买回大量黄牛肉孝敬母亲。因短时难吃完，为延长牛肉保存时间，韩伯愈经反复尝试研制出熏制牛肉技法。后来，义门老乡仿效他的做法：凡闺女走娘家，儿子外出归来，都送上熏牛肉，作为孝敬父母之礼。义门熏牛肉因此流传至今，成为地方名菜。

【符离集烧鸡】符离镇烧鸡历史悠久，源远流长。相传乾隆皇帝第二次南巡时，宿州知州张开仕进贡符离集卤鸡，乾隆品尝后称赞不已。1956

◎ 义门熏牛肉

◎ 符离集烧鸡

◎ 萧县羊肉汤

年被评为中国名菜，现为中国国家地理标志产品、安徽省省级非物质文化遗产代表性项目。其造型盘腿填腹、饱满俊秀；口感肥而不腻，肉烂丝连，嚼骨而有余香，可谓色香味形俱佳。

【萧县羊肉汤】萧县民间素有食羊肉的传统，有无羊不成席之说。清朝同治年间，萧县籍御厨彭玉山制作的羊肉汤汁浓味厚，备受皇宫青睐，后制作技艺在民间流传开来。萧县羊肉汤所用羊肉讲究，煮汤工艺严格，汤汁乳白、醇厚，鲜而不膻，肥而不腻，食而难忘，享有盛名。萧县羊肉汤一年四季皆可食用，尤以三伏天食用最佳。当地每年盛夏有举办伏羊节的传统。

【沱湖螃蟹】沱湖是淮河水系中的天然淡水湖，盛产螃蟹、鱼虾、野鸭等。沱湖螃蟹是五河特产，"中国十大名蟹"之一，中国国家地理标志产品。具有"青壳、白肚、金爪、褐螯"的显著特征，体色纯正，壳肉盈实，膏脂丰

◎ 沱湖螃蟹

腴，蟹肉微甜、味鲜，富含蛋白质、脂肪、碳水化合物和维生素 A 等营养成分。

【河蚌烧粉丝】蚌埠地处淮河之滨，湿地滩涂众多，盛产河蚌、珍珠，故称"珠城"。蚌埠人以肥美的河蚌肉为主料，用独特的烹饪手法制作这道地方名菜，口感鲜美软滑，回味无穷。

◎ 河蚌烧粉丝

【枕头馍】相传南宋初年顺昌之战，枕头馍成就了刘锜抗金的胜利，是中国历史上一次著名的以少胜多的战例。自那以后，枕头馍流传至今。枕头馍又称阜阳大馍或大卷子馍，其形状似枕头，所以名为枕头馍，是阜阳颇具特色的传统小吃。每个重2~6斤，堪称馍中之王。馍焦金黄，厚约半寸，馍瓣洁白，层层相包，吃在口中香酥柔润，虽干不燥，耐嚼而又松软，存放数日不霉不硬，实为旅行食用佳品。

◎ 枕头馍

343

【格拉条】相传，苏东坡在颍州任知府时，与友人白老先生相约尝遍当地美食。一日，其友突发奇想，随意制作了一份面条，用料独特、香气扑鼻，东坡食欲大开，问此为何物。白某不知如何回答，只说先格拉格拉（搅拌搅拌）；东坡闻言，"原来格拉条也"。此后流传至今。其味咸偏辣、口感筋道、软硬适中，是阜阳地方名小吃，颇受当地人喜爱。

◎ 格拉条

【刘安点丹】淮南王刘安醉心于长生不老丹的研制。结果仙丹没炼成却炼成了豆腐。刘安配以佐料食用，味道极好，将其命名为"来其"，也就是豆腐。"刘安点丹"现场还原了豆汁变豆腐的过程，是当地流传甚广的百姓美食。

◎ 刘安点丹

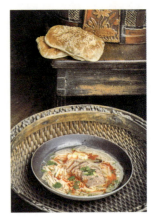

◎ 淮南牛肉汤

【淮南牛肉汤】淮南牛肉汤是驰名全国的名小吃，汤浓醇鲜，香辣适口，原料丰富，味足味厚，令人回味无穷。营养美味，四季皆宜，有滋补养生的食疗功效。

安徽

【附 录】

2023 年安徽主要经济指标

指标	单位	绝对数	居全国位次	比上年增长（%）
一、生产总值	亿元	47050.6	11	5.8
第一产业	亿元	3496.6	12	3.9
第二产业	亿元	18871.8	9	6.1
第三产业	亿元	24682.2	12	5.8
二、规模以上工业增加值	亿元			7.5
三、社会消费品零售总额	亿元	23008.3	8	6.9
四、一般公共预算收入	亿元	3939.2	10	9.8
一般公共预算支出	亿元	8643.6	11	3.1
五、进出口总额	亿元	8052.2	10	7.8
出口	亿元	5231.2	10	11.3
进口	亿元	2821.0	13	1.8
六、固定资产投资	亿元			4.0
七、月末金融机构人民币存款余额	亿元	82561.4	11	10.8
月末金融机构人民币贷款余额	亿元	77706.7	12	15.8
八、城镇居民人均可支配收入	元	47446	12	5.1
农村居民人均可支配收入	元	21144	13	8.0
九、居民消费价格指数	%	100.2	16	0.2
十、全社会用电量	亿千瓦时	3214.1	13	7.4
其中：工业用电量	亿千瓦时	2027.6		10.8

2023 年全省分市主要经济指标

	年末常住人口		地区生产总值			人均生产总值	
	绝对量（万人）	总量居全省位次	绝对量（亿元）	比上年增长（%）	总量居全省位次	绝对量（元）	总量居全省位次
全 省	6121	——	47051	5.8	——	76830	——
合 肥	985	1	12674	5.8	1	130074	1
淮 北	194	13	1366	5.3	13	70135	9
亳 州	490	4	2216	6.3	8	44941	14
宿 州	526	3	2292	5.8	7	43387	15
蚌 埠	326	9	2116	5.6	9	64402	11
阜 阳	808	2	3324	5.8	4	40970	16
淮 南	302	10	1602	5.1	12	53005	12
滁 州	406	7	3782	6.4	3	93325	5
六 安	434	5	2113	6.2	10	48462	13
马鞍山	219	12	2591	5.7	6	118371	3
芜 湖	376	8	4741	5.7	2	126648	2
宣 城	249	11	1952	5.9	11	78358	8
铜 陵	130	16	1230	5.6	14	94530	4
池 州	132	14	1112	6.5	15	83906	6
安 庆	412	6	2878	5.7	5	69583	10
黄 山	132	15	1046	4.5	16	79295	7

续表

	第一产业增加值			第二产业增加值			第三产业增加值		
	绝对量（亿元）	比上年增长(%)	总量居全省位次	绝对量（亿元）	比上年增长(%)	总量居全省位次	绝对量（亿元）	比上年增长(%)	总量居全省位次
全省	3497	3.9	——	18872	6.1	——	24682	5.8	——
合肥	377	3.5	2	4642	7.1	1	7654	5.1	1
淮北	90	3.6	14	585	6.1	13	691	5.0	13
亳州	286	3.8	5	772	7.4	9	1157	6.3	8
宿州	338	4.0	3	739	5.2	10	1214	6.9	7
蚌埠	280	3.7	6	683	6.0	11	1153	5.8	9
阜阳	433	3.9	1	1169	4.9	6	1721	6.9	3
淮南	152	3.3	11	658	4.0	12	792	6.2	12
滁州	295	3.7	4	1863	7.5	3	1624	5.8	4
六安	272	4.5	7	825	6.9	8	1017	6.2	10
马鞍山	109	4.0	12	1205	5.2	5	1276	6.3	6
芜湖	183	4.1	9	2181	5.9	2	2377	5.6	2
宣城	180	4.2	10	906	5.8	7	866	6.5	11
铜陵	64	4.3	16	569	4.7	14	597	6.5	15
池州	97	4.0	13	489	6.8	15	526	6.8	16
安庆	257	4.5	8	1224	6.0	4	1398	5.8	5
黄山	80	4.2	15	360	2.4	16	607	5.7	14

续表

	一般公共预算收入			粮食产量		
	绝对量 （亿元）	比上年 增长（%）	总量居 全省位次	绝对量 （万吨）	比上年 增长（%）	总量居 全省位次
全 省	3939.2	9.8	—	4150.8	1.18	—
合 肥	929.6	2.2	1	298.7	1.39	7
淮 北	104.8	8.0	14	152.6	0.86	10
亳 州	160.0	8.0	11	518.2	0.30	2
宿 州	161.8	4.1	10	460.2	0.49	4
蚌 埠	179.7	3.3	8	290.7	1.65	8
阜 阳	194.7	5.4	6	537.2	0.76	1
淮 南	130.5	8.5	12	322.4	1.49	6
滁 州	298.2	7.3	3	477.1	2.26	3
六 安	173.6	7.7	9	362.2	1.72	5
马鞍山	208.4	1.7	4	108.4	1.54	13
芜 湖	414.3	6.6	2	141.6	1.45	11
宣 城	197.9	5.0	5	128.5	0.51	12
铜 陵	112.1	8.0	13	58.5	1.20	15
池 州	92.1	10.8	15	67.3	1.15	14
安 庆	193.5	10.7	7	197.4	1.47	9
黄 山	84.3	−7.1	16	29.6	1.34	16

续表

	规模以上工业增加值比上年增长(%)	固定资产投资比上年增长（%）	战略性新兴产业产值比上年增长(%)	规模以上工业企业利润总额		
				绝对量（亿元）	比上年增长（%）	总量居全省位次
全省	7.5	4.0	12.2	2418.4	7.1	——
合肥	10.6	3.0	11.1	473.5	10.4	1
淮北	6.6	3.0	10.8	130.3	−15.1	4
亳州	8.1	10.5	21.1	116.3	18.1	6
宿州	4.4	8.0	21.1	59.0	−11.8	14
蚌埠	5.4	7.2	5.2	61.7	−23.2	13
阜阳	7.5	−14.3	12.0	89.0	1.9	10
淮南	4.0	7.2	9.4	118.1	67.6	5
滁州	9.0	9.5	16.1	358.9	30.1	3
六安	7.8	9.0	7.5	116.1	28.6	7
马鞍山	5.7	7.5	10.8	88.6	−19.0	12
芜湖	6.5	−0.7	16.7	448.9	24.7	2
宣城	6.2	6.9	7.3	113.2	−13.0	8
铜陵	4.5	8.2	3.7	88.9	−17.2	11
池州	9.2	13.8	17.9	30.9	−57.2	15
安庆	6.2	10.2	17.3	99.7	−5.4	9
黄山	4.4	−10.1	2.2	25.4	18.7	16

	社会消费品零售总额			进出口总额			出口额		
	绝对量（亿元）	比上年增长（%）	总量居全省位次	绝对量（亿元）	比上年增长（%）	总量居全省位次	绝对量（亿元）	比上年增长（%）	总量居全省位次
全省	23008.3	6.9	——	8052.2	7.8	——	5231.2	11.3	——
合肥	5270.8	5.0	1	3588.1	−0.6	1	2327.1	1.2	1
淮北	524.6	6.0	14	107.4	15.4	11	97.0	15.8	10
亳州	1301.6	9.5	8	41.2	5.2	16	35.2	13.9	16
宿州	1312.4	7.2	7	66.2	−32.8	15	60.4	−33.2	14
蚌埠	1347.6	7.3	6	177.9	−9.8	8	116.2	−2.2	8
阜阳	2502.1	9.0	2	153.3	12.7	9	138.0	17.6	7
淮南	922.7	4.5	11	107.0	35.1	12	102.6	33.6	9
滁州	1694.4	8.9	4	409.4	5.1	5	345.9	8.7	3
六安	1283.9	8.5	9	103.1	2.1	13	91.3	−2.9	11
马鞍山	1047.7	9.3	10	435.5	−1.8	4	222.7	5.7	5
芜湖	2091.8	4.8	3	1274.8	40.6	2	1034.7	63.7	2
宣城	851.7	9.7	12	212.7	−3.8	7	194.4	−4.2	6
铜陵	433.0	7.4	16	793.4	20.5	3	84.8	14.2	12
池州	486.2	4.4	15	137.7	20.3	10	35.5	8.3	15
安庆	1409.1	7.8	5	358.5	36.9	6	270.1	31.0	4
黄山	528.6	3.7	13	86.2	−28.2	14	75.2	−31.1	13

续表

	实际使用外资			城镇居民人均可支配收入			农村居民人均可支配收入		
	绝对量（亿元）	比上年增长（%）	总量居全省位次	绝对量（元）	比上年增长（%）	总量居全省位次	绝对量（元）	比上年增长（%）	总量居全省位次
全省	145.4	4.3	——	47446	5.1	——	21144	8.0	——
合肥	72.3	−6.3	1	59609	6.1	2	31140	8.4	3
淮北	3	6.0	8	43786	5.0	9	18807	7.5	13
亳州	1.9	78.8	11	41726	6.0	13	19391	8.5	11
宿州	1.1	−20.1	14	40895	5.1	16	18282	8.2	15
蚌埠	1.6	27.9	12	46796	4.8	6	22334	8.0	7
阜阳	4.5	−47.8	6	41359	5.4	14	18232	8.1	16
淮南	4.8	123.2	5	45477	4.9	8	19105	7.8	12
滁州	13.2	25.9	3	43423	5.8	12	20176	8.3	9
六安	2.1	90.8	10	41279	6.2	15	18696	8.6	14
马鞍山	12.3	31.6	4	62510	5.2	1	32670	7.6	1
芜湖	18.4	18.1	2	54189	5.3	3	31517	7.9	2
宣城	2.8	−31.1	9	51318	5.6	4	23979	8.7	4
铜陵	1.4	136.7	13	48767	5.0	5	21865	7.9	8
池州	1.1	12.9	14	43440	5.9	11	22415	8.8	6
安庆	4.2	63.0	7	43609	5.2	10	19526	7.7	10
黄山	0.7	162.0	16	45859	4.7	7	23465	8.1	5

2023 年全省各县（市）主要经济指标

	常住人口		地区生产总值			第一产业增加值		
	绝对量（万人）	总量居全省位次	绝对量（亿元）	比上年增长（%）	总量居全省位次	绝对量（亿元）	比上年增长（%）	总量居全省位次
长丰县	83.3	16	946.4	14.3	2	86.5	3.2	2
肥东县	90.9	14	902.0	5.8	3	86.4	3.9	3
肥西县	100.5	9	1153.8	7.7	1	76.8	4.4	6
庐江县	88.7	15	633.5	5.9	6	65.4	3.8	16
巢湖市	72.8	21	633.0	5.8	7	52.5	3.6	24
濉溪县	91.5	13	603.6	7.3	9	60.9	3.8	20
涡阳县	114.5	6	470.6	5.9	15	68.1	3.8	12
蒙城县	107.6	7	480.2	6.1	14	69.8	3.9	11
利辛县	115.1	5	414.9	7.4	20	60.8	3.9	21
砀山县	75.6	19	271.5	6.0	41	48.1	4.4	26
萧　县	102.8	8	443.9	5.7	18	74.9	3.5	8
灵璧县	96.3	10	333.4	5.9	32	62.9	4.1	19
泗　县	74.6	20	301.7	6.2	35	67.1	4.6	15
怀远县	92.5	12	379.0	7.8	26	85.1	3.3	5
五河县	52.1	30	292.7	7.7	37	74.0	3.8	9
固镇县	49.4	32	305.1	6.5	34	85.7	3.5	4
临泉县	163.0	1	489.1	7.6	13	102.4	4.7	1
太和县	135.8	2	530.5	5.0	10	65.1	3.7	17
阜南县	116.1	4	338.5	5.9	31	67.6	3.0	13

353

续表

	常住人口		地区生产总值			第一产业增加值		
	绝对量（万人）	总量居全省位次	绝对量（亿元）	比上年增长（%）	总量居全省位次	绝对量（亿元）	比上年增长（%）	总量居全省位次
颍上县	118.7	3	510.8	4.9	12	72.0	4.2	10
界首市	63.0	25	419.9	7.3	19	36.4	4.6	34
凤台县	62.7	26	355.5	3.7	27	41.0	3.3	31
寿　县	83.2	17	273.2	7.2	40	59.7	3.4	22
来安县	42.4	40	411.9	7.4	21	28.4	2.8	44
全椒县	40.2	44	353.7	7.5	29	30.4	4.0	42
定远县	67.6	23	393.3	4.8	23	75.3	2.9	7
凤阳县	63.9	24	524.4	8.4	11	48.4	4.5	25
天长市	61.3	27	701.4	3.1	4	43.1	3.5	28
明光市	48.8	34	306.5	6.9	33	45.1	4.6	27
霍邱县	92.8	11	297.3	5.5	36	67.1	3.7	14
舒城县	68.4	22	389.2	5.5	24	41.8	4.9	29
金寨县	49.0	33	252.1	7.1	43	29.2	5.1	43
霍山县	28.1	51	220.1	8.0	46	24.6	4.6	48
当涂县	41.8	42	605.7	7.5	8	38.2	4.1	32
含山县	33.9	48	276.9	7.8	38	25.0	3.7	47
和　县	41.1	43	380.9	8.5	25	31.4	4.3	40
南陵县	43.9	38	354.9	4.9	28	41.5	4.6	30
无为市	82.7	18	650.1	7.0	5	64.5	4.7	18
郎溪县	31.2	50	220.0	7.1	47	21.4	4.9	50

	常住人口		地区生产总值			第一产业增加值		
	绝对量（万人）	总量居全省位次	绝对量（亿元）	比上年增长（%）	总量居全省位次	绝对量（亿元）	比上年增长（%）	总量居全省位次
泾　县	27.0	52	160.4	7.1	52	21.3	4.7	51
绩溪县	13.6	56	103.1	5.5	55	14.4	4.4	55
旌德县	10.9	57	66.4	6.7	57	8.7	4.4	57
宁国市	38.7	46	460.4	7.0	17	28.2	4.3	45
广德市	50.3	31	410.0	1.9	22	31.1	3.0	41
枞阳县	46.0	36	201.9	5.5	50	34.6	4.3	37
东至县	39.0	45	262.7	7.0	42	36.3	3.9	35
石台县	7.8	58	35.3	6.5	59	5.7	4.2	58
青阳县	24.3	53	195.8	6.9	51	15.1	4.3	54
怀宁县	48.8	34	353.4	4.9	30	26.4	4.6	46
潜山市	43.3	39	244.7	5.2	45	32.2	4.8	39
太湖县	42.4	40	217.8	5.5	48	32.7	4.4	38
望江县	45.1	37	209.7	5.6	49	35.8	4.4	36
岳西县	31.7	49	137.2	5.6	54	19.1	4.9	52
桐城市	58.5	29	467.4	5.5	16	37.3	4.5	33
宿松县	60.2	28	273.5	6.2	39	53.6	4.6	23
歙　县	35.1	47	251.5	5.5	44	23.5	4.5	49
休宁县	20.4	54	141.1	3.4	53	18.4	4.2	53
黟　县	7.4	59	56.9	4.1	58	5.6	4.0	59
祁门县	14.2	55	94.5	3.4	56	9.3	4.3	56

355

续表

	第二产业增加值			第三产业增加值			一般公共预算收入		
	绝对量（亿元）	比上年增长（%）	总量居全省位次	绝对量（亿元）	比上年增长（%）	总量居全省位次	绝对量（亿元）	比上年增长（%）	总量居全省位次
长丰县	508.6	28.7	1	351.3	2.0	3	60.6	10.5	3
肥东县	316.7	10.4	5	498.9	3.4	2	63.9	6.3	2
肥西县	492.7	8.3	2	584.3	7.5	1	73.7	15.4	1
庐江县	247.5	6.6	10	320.6	5.9	5	32.5	24.1	12
巢湖市	247.6	9.2	9	332.9	3.7	4	27.7	5.7	18
濉溪县	306.3	9.8	7	236.4	5.6	13	33.6	18.4	10
涡阳县	172.6	7.5	21	229.8	5.5	15	22.1	5.1	30
蒙城县	123.4	7.2	27	287.0	6.2	6	29.2	5.1	15
利辛县	128.3	11.3	26	225.7	6.2	16	20.6	7.6	32
砀山县	67.7	5.4	49	155.8	6.9	33	15.2	4.7	45
萧　县	172.2	4.7	22	196.8	7.5	19	22.2	7.9	29
灵璧县	75.4	6.8	47	195.1	6.2	21	17.4	22.0	38
泗　县	76.2	6.1	46	158.4	7.1	32	16.2	7.8	42
怀远县	77.5	17.9	44	216.4	5.9	17	28.1	6.4	16
五河县	54.1	11.3	52	164.6	8.3	30	17.5	8.1	37
固镇县	84.3	6.7	41	135.0	8.6	38	17.0	2.2	40
临泉县	117.6	10.0	30	269.0	7.7	8	17.9	−3.9	35
太和县	190.3	2.2	16	275.2	7.8	7	25.5	18.4	22
阜南县	95.9	8.4	38	175.0	5.8	25	15.6	0.3	43
颍上县	203.6	3.5	15	235.2	6.2	14	32.4	4.0	13
界首市	229.7	7.6	12	153.8	7.5	34	21.4	5.4	31

	第二产业增加值			第三产业增加值			一般公共预算收入		
	绝对量（亿元）	比上年增长（%）	总量居全省位次	绝对量（亿元）	比上年增长（%）	总量居全省位次	绝对量（亿元）	比上年增长（%）	总量居全省位次
凤台县	179.4	1.3	19	135.0	6.6	37	35.8	9.7	9
寿　县	80.2	14.0	43	133.3	5.4	40	19.9	3.6	33
来安县	210.1	13.0	14	173.4	1.7	27	28.0	10.2	17
全椒县	154.3	7.7	24	169.0	8.1	29	27.0	10.1	20
定远县	122.0	3.8	29	196.0	6.2	20	27.3	5.9	19
凤阳县	232.6	12.1	11	243.4	5.6	12	45.0	11.1	5
天长市	409.0	−1.1	3	249.3	10.7	11	50.5	8.0	4
明光市	87.8	10.8	40	173.7	5.6	26	24.6	10.0	24
霍邱县	96.5	7.7	37	133.7	5.2	39	26.2	4.6	21
舒城县	184.4	6.5	18	163.0	4.6	31	23.4	7.2	27
金寨县	112.2	7.0	32	110.7	7.7	46	23.5	17.6	26
霍山县	97.9	9.3	36	97.6	7.5	49	18.8	11.6	34
当涂县	309.3	8.3	6	258.2	7.1	10	36.9	0.9	8
含山县	123.4	10.2	28	128.5	6.5	41	17.6	6.2	36
和　县	160.4	9.0	23	189.2	8.8	23	32.0	7.1	14
南陵县	137.7	4.7	25	175.8	5.2	24	25.0	5.5	23
无为市	318.2	10.4	4	267.4	3.4	9	33.4	8.5	11
郎溪县	115.5	8.2	31	83.1	6.0	51	23.0	4.2	28
泾　县	64.6	7.5	50	74.5	7.4	52	17.0	2.2	41
绩溪县	44.5	5.0	54	44.2	6.4	56	9.4	5.3	53

357

续表

	第二产业增加值			第三产业增加值			一般公共预算收入		
	绝对量（亿元）	比上年增长（%）	总量居全省位次	绝对量（亿元）	比上年增长（%）	总量居全省位次	绝对量（亿元）	比上年增长（%）	总量居全省位次
旌德县	27.0	8.5	57	30.8	5.9	58	6.9	1.0	56
宁国市	262.5	7.3	8	169.8	6.8	28	39.0	4.9	7
广德市	186.7	−2.5	17	192.2	6.6	22	40.0	11.5	6
枞阳县	52.5	6.7	53	114.8	5.3	43	14.2	15.1	47
东至县	111.8	8.3	33	114.7	6.7	44	14.5	9.6	46
石台县	8.1	5.7	59	21.5	7.5	59	3.5	20.8	59
青阳县	72.2	7.9	48	108.5	6.7	47	13.0	9.5	48
怀宁县	175.1	4.5	20	151.9	5.5	35	17.2	4.1	39
潜山市	100.5	4.7	35	112.0	5.9	45	12.1	9.2	49
太湖县	76.8	6.8	45	108.4	4.9	48	9.3	8.6	54
望江县	80.7	6.5	42	93.3	5.4	50	9.4	9.0	52
岳西县	44.0	4.8	55	74.0	6.4	53	9.2	13.3	55
桐城市	229.3	4.6	13	200.8	6.7	18	23.7	6.2	25
宿松县	101.5	7.4	34	118.5	5.9	42	11.7	10.9	50
歙县	91.3	4.0	39	136.8	6.7	36	15.3	2.8	44
休宁县	56.8	4.1	51	65.9	2.6	54	10.6	0.3	51
黟县	18.7	3.1	58	32.6	4.8	57	4.4	0.5	58
祁门县	27.5	−1.2	56	57.7	5.6	55	5.3	−14.9	57

	粮食产量		规模以上工业增加值比上年增长（%）	固定资产投资比上年增长（%）	社会消费品零售总额		
	绝对量（万吨）	总量居全省位次			绝对量（亿元）	比上年增长（%）	总量居全省位次
长丰县	66.4	20	45.5	−5.7	354.4	3.9	2
肥东县	65.0	23	29.7	−11.9	326.0	1.7	4
肥西县	43.0	29	0.1	24.9	284.1	8.3	6
庐江县	76.3	18	5.0	1.1	237.8	8.0	13
巢湖市	40.6	31	10.9	1.9	228.3	0.3	16
濉溪县	126.3	7	11.2	19.2	165.8	7.0	33
涡阳县	129.3	5	3.6	23.7	292.7	9.1	5
蒙城县	158.0	3	10.1	5.2	275.9	8.5	7
利辛县	139.4	4	13.8	21.8	273.5	9.5	8
砀山县	31.8	38	3.9	12.9	213.2	9.2	19
萧　县	79.1	17	4.7	11.4	217.1	10.1	18
灵璧县	110.0	9	6.9	17.9	187.1	2.0	25
泗　县	95.4	13	5.7	13.2	165.7	8.6	34
怀远县	127.6	6	16.1	15.5	227.0	7.2	17
五河县	65.1	22	15.0	3.3	167.7	8.0	31
固镇县	65.3	21	6.7	23.3	139.6	8.2	39
临泉县	107.3	10	8.0	−5.7	351.5	11.3	3
太和县	100.7	12	2.9	−37.5	470.0	10.8	1
阜南县	90.0	14	6.7	−6.3	250.9	8.4	12
颍上县	100.8	11	7.5	−0.8	265.1	7.9	11
界首市	40.3	32	7.5	−1.0	234.2	9.9	14

续表

	粮食产量		规模以上工业增加值比上年增长（%）	固定资产投资比上年增长（%）	社会消费品零售总额		
	绝对量（万吨）	总量居全省位次			绝对量（亿元）	比上年增长（%）	总量居全省位次
凤台县	61.7	24	2.8	1.2	129.3	3.3	42
寿　县	179.9	2	13.3	14.2	175.1	6.6	28
来安县	47.4	26	17.0	-1.6	165.6	7.9	35
全椒县	43.6	28	7.6	13.6	199.8	9.8	22
定远县	120.2	8	1.0	11.1	207.7	8.2	21
凤阳县	85.1	16	23.4	10.7	270.1	8.5	9
天长市	86.7	15	-5.7	11.9	269.1	10.7	10
明光市	69.3	19	7.9	5.7	194.9	9.3	23
霍邱县	182.7	1	6.5	0.1	173.3	8.2	30
舒城县	36.9	34	7.9	17.6	189.1	8.4	24
金寨县	14.3	47	18.1	12.1	179.4	9.1	27
霍山县	11.3	49	8.5	31.5	108.4	9.4	46
当涂县	31.6	39	7.5	10.8	208.6	11.2	20
含山县	26.2	43	10.6	17.9	130.2	8.9	41
和　县	39.5	33	8.0	12.5	165.9	11.4	32
南陵县	36.3	35	12.4	-14.4	158.5	10.5	36
无为市	55.9	25	15.0	-2.5	233.9	5.6	15
郎溪县	27.9	42	9.7	10.6	85.3	9.7	52
泾　县	11.8	48	11.4	17.6	92.9	10.5	50
绩溪县	3.7	56	7.0	11.8	40.2	8.9	56

续表

	粮食产量		规模以上工业增加值比上年增长（％）	固定资产投资比上年增长（％）	社会消费品零售总额		
	绝对量（万吨）	总量居全省位次			绝对量（亿元）	比上年增长（％）	总量居全省位次
旌德县	5.3	55	12.9	14.5	25.1	10.5	57
宁国市	6.7	54	9.0	10.0	148.7	11.5	38
广德市	23.3	44	−3.2	−16.7	186.6	10.7	26
枞阳县	43.7	27	9.9	8.8	103.6	9.5	49
东至县	29.0	41	13.1	18.5	106.4	4.5	47
石台县	1.6	59	15.7	18.2	16.1	4.8	59
青阳县	10.9	50	9.0	18.5	84.1	4.9	53
怀宁县	33.2	36	−2.6	14.5	151.1	7.7	37
潜山市	21.7	46	3.0	5.8	138.4	7.0	40
太湖县	21.9	45	5.8	13.5	122.9	7.3	43
望江县	30.9	40	4.9	6.0	105.7	7.5	48
岳西县	8.4	51	3.8	11.8	89.4	6.8	51
桐城市	32.0	37	−2.8	9.7	173.3	7.9	29
宿松县	41.7	30	3.5	14.0	122.8	6.6	44
歙　县	7.5	53	−0.5	4.1	108.8	4.0	45
休宁县	7.5	52	5.3	−6.8	71.2	3.5	54
黟　县	3.0	58	1.2	−4.5	24.8	3.9	58
祁门县	3.3	57	7.0	−30.1	43.5	3.7	55

续表

	城镇居民人均可支配收入			农村居民人均可支配收入		
	绝对量(元)	比上年增长(%)	总量居全省位次	绝对量(元)	比上年增长(%)	总量居全省位次
长丰县	48272	6.3	9	29910	8.4	6
肥东县	50511	6.1	5	32749	8.5	4
肥西县	53275	6.2	3	33479	8.4	3
庐江县	45106	6.0	15	29018	8.3	8
巢湖市	48206	6.1	10	30543	8.2	5
濉溪县	39797	5.1	38	18661	7.4	38
涡阳县	36899	5.6	50	18143	8.2	45
蒙城县	41776	5.3	26	19935	8.7	31
利辛县	40690	6.1	36	18000	8.4	47
砀山县	39381	5.1	40	18655	8.0	39
萧　县	38820	5.1	42	18136	8.2	46
灵璧县	36861	4.9	51	18383	8.4	43
泗　县	37104	5.2	48	17508	8.1	53
怀远县	41446	4.9	29	22623	8.2	21
五河县	40945	4.5	33	22486	8.0	23
固镇县	41512	3.8	28	22588	7.8	22
临泉县	38108	5.6	44	17640	8.2	50
太和县	41388	5.4	30	18454	7.5	41
阜南县	37913	5.3	46	17373	8.2	57
颍上县	40926	5.3	34	18403	8.1	42
界首市	43307	5.5	20	19933	8.3	32

	城镇居民人均可支配收入			农村居民人均可支配收入		
	绝对量（元）	比上年增长（%）	总量居全省位次	绝对量（元）	比上年增长（%）	总量居全省位次
凤台县	44106	4.6	19	21218	7.4	27
寿　县	34897	4.9	59	16371	8.0	58
来安县	45699	6.0	14	20204	8.6	30
全椒县	41133	6.3	32	20574	8.1	29
定远县	39353	6.2	41	18733	8.2	37
凤阳县	36130	6.4	55	17811	8.4	48
天长市	46526	6.0	11	28232	8.8	10
明光市	39714	6.0	39	18790	8.8	36
霍邱县	36309	6.2	53	17454	8.3	54
舒城县	38253	5.8	43	18844	8.8	35
金寨县	35287	5.8	58	17672	8.9	49
霍山县	40726	6.5	35	20678	8.3	28
当涂县	52857	5.4	4	37351	8.1	1
含山县	44616	5.4	16	28922	7.6	9
和　县	46203	5.8	12	29036	7.2	7
南陵县	48859	5.3	8	34014	7.4	2
无为市	49645	5.7	7	27959	7.9	11
郎溪县	49648	4.7	6	23190	8.9	17
泾　县	41935	5.2	24	21333	8.0	26
绩溪县	45845	5.7	13	19709	8.0	33

续表

	城镇居民人均可支配收入			农村居民人均可支配收入		
	绝对量(元)	比上年增长(%)	总量居全省位次	绝对量(元)	比上年增长(%)	总量居全省位次
旌德县	36802	5.8	52	19022	7.9	34
宁国市	56670	5.9	1	26741	7.8	13
广德市	55399	4.7	2	27229	8.7	12
枞阳县	35357	4.7	57	18569	7.1	40
东至县	41306	5.7	31	22398	8.8	24
石台县	37846	6.2	47	16214	8.5	59
青阳县	44268	5.5	17	23555	8.9	15
怀宁县	44113	5.1	18	22221	7.7	25
潜山市	41996	4.9	22	18183	8.0	44
太湖县	37093	4.8	49	17436	7.9	55
望江县	38043	5.3	45	17587	7.5	51
岳西县	36095	5.0	56	17534	8.1	52
桐城市	42791	5.4	21	23007	7.6	20
宿松县	36219	5.2	54	17423	7.8	56
歙　县	41867	4.4	25	23330	8.4	16
休宁县	41955	4.7	23	23097	7.8	18
黟　县	40510	4.2	37	23783	8.5	14
祁门县	41742	4.1	27	23032	7.8	19

2024 年 1—9 月安徽主要经济指标

指标	单位	绝对数	居全国位次	比上年增长(%)
一、生产总值	亿元	37257.2	10	5.4
第一产业	亿元	2054.2	12	2.7
第二产业	亿元	15410.6	9	7.2
第三产业	亿元	19792.4	12	4.3
二、规模以上工业增加值	亿元			8.8
三、社会消费品零售总额	亿元	17963.7		4.3
四、一般公共预算收入	亿元	3047.2	10	0.3
一般公共预算支出	亿元	6413.5	10	−0.6
五、进出口总额	亿元	6282.7	9	6.3
出口	亿元	4198.5	9	8.5
进口	亿元	2084.2	13	2.2
六、固定资产投资	亿元			4.2
七、月末金融机构人民币存款余额	亿元	90432.8	11	9.8
月末金融机构人民币贷款余额	亿元	85214.0	12	11.4
八、城镇居民人均可支配收入	元	37793	12	4.2
农村居民人均可支配收入	元	17139	10	6.5
九、居民消费价格指数	%	100.6	3	0.6
十、全社会用电量	亿千瓦时	2736.7	10	14.0
其中：工业用电量	亿千瓦时	1660.7		11.3

2024 年 1—9 月全省分市主要经济指标

	地区生产总值		
	绝对量（亿元）	比上年增长（%）	总量居全省位次
全　省	37257	5.4	——
合　肥	9697	5.4	1
淮　北	1073	4.1	13
亳　州	1811	5.6	8
宿　州	1864	4.5	7
蚌　埠	1746	4.7	9
阜　阳	2672	5.4	4
淮　南	1274	4.4	12
滁　州	3024	4.7	3
六　安	1678	5.1	10
马鞍山	2113	5.8	6
芜　湖	3769	5.7	2
宣　城	1554	5.4	11
铜　陵	969	6.5	14
池　州	878	6.4	15
安　庆	2335	5.5	5
黄　山	787	5.2	16

	第一产业增加值			第二产业增加值			第三产业增加值		
	绝对量 （亿元）	比上年 增长(%)	总量居 全省位次	绝对量 （亿元）	比上年 增长(%)	总量居 全省位次	绝对量 （亿元）	比上年 增长(%)	总量居 全省位次
全省	2054	2.7	——	15411	7.2	——	19792	4.3	——
合肥	196	2.8	3	3563	8.6	1	5938	3.7	1
淮北	59	1.9	13	450	4.1	14	563	4.4	13
亳州	189	2.8	4	662	9.4	9	960	3.8	8
宿州	215	1.7	2	634	5.1	10	1015	4.7	7
蚌埠	166	2.3	6	625	5.5	11	956	4.5	9
阜阳	254	2.3	1	998	7.5	6	1420	4.7	3
淮南	84	2.4	11	533	3.8	12	658	5.1	12
滁州	153	3.0	8	1534	5.5	3	1337	4.0	4
六安	162	3.7	7	678	8.6	8	839	2.8	10
马鞍山	62	3.4	12	1015	6.4	5	1036	5.4	6
芜湖	109	2.9	9	1783	7.5	2	1877	4.1	2
宣城	105	3.7	10	756	6.9	7	694	4.0	11
铜陵	34	3.0	16	466	8.3	13	469	5.1	15
池州	52	3.4	14	406	8.5	15	421	4.8	16
安庆	171	3.0	5	1032	6.7	4	1132	4.9	5
黄山	44	3.0	15	271	6.6	16	472	4.7	14

续表

	一般公共预算收入			粮食产量		
	绝对量（亿元）	比上年增长（%）	总量居全省位次	绝对量（万吨）	比上年增长（%）	总量居全省位次
全 省	3047	0.3	——	1859.3	0.92	——
合 肥	729	0.1	1	83.2	0.68	8
淮 北	88	1.9	14	104.5	1.33	7
亳 州	131	1.9	10	325.9	0.79	2
宿 州	118	−3.2	11	282.7	0.80	3
蚌 埠	139	1.9	9	157.7	1.38	5
阜 阳	145	−7.2	6	333.9	0.72	1
淮 南	107	2.5	12	123.7	0.94	6
滁 州	232	1.0	3	189.6	1.63	4
六 安	141	2.1	8	79.0	0.98	9
马鞍山	163	3.5	4	27.2	1.72	13
芜 湖	305	2.2	2	39.7	1.07	11
宣 城	145	−2.8	7	31.1	0.31	12
铜 陵	92	1.9	13	15.9	−0.33	15
池 州	77	2.5	15	19.5	−0.63	14
安 庆	152	2.5	5	45.7	−0.14	10
黄 山	59	−8.0	16	0.1	−0.88	16

	规模以上工业增加值比上年增长(%)	固定资产投资比上年增长（%）	战略性新兴产业产值比上年增长(%)	规模以上工业企业利润总额		
				绝对量（亿元）	比上年增长（%）	总量居全省位次
全省	8.8	4.2	10.8	1673.8	2.2	——
合肥	15.2	3.5	11.7	383.6	61.4	2
淮北	4.3	0.5	11.7	91.8	−13.4	6
亳州	9.7	6.5	15.5	97.5	5.3	4
宿州	2.2	5.8	9.0	38.8	6.3	13
蚌埠	6.0	1.0	2.2	42.0	−26.4	12
阜阳	8.1	0.8	4.8	64.6	−1.9	9
淮南	0.1	6.4	2.4	80.4	−17.8	7
滁州	7.4	6.4	−4.1	118.3	−39.4	3
六安	8.4	4.6	10.5	92.0	9.2	5
马鞍山	5.9	5.0	10.1	30.8	−31.2	14
芜湖	8.9	5.9	22.0	387.4	7.9	1
宣城	8.7	5.6	6.5	76.4	−10.0	8
铜陵	8.9	−5.8	27.7	63.2	−15.5	10
池州	12.2	9.0	17.9	24.5	1.2	15
安庆	6.3	6.5	11.8	60.7	2.3	11
黄山	8.7	5.6	3.4	21.7	22.9	16

369

续表

	社会消费品零售总额			进出口总额			出口额		
	绝对量（亿元）	比上年增长(%)	总量居全省位次	绝对量（亿元）	比上年增长(%)	总量居全省位次	绝对量（亿元）	比上年增长(%)	总量居全省位次
全省	17963.7	4.3	——	6282.7	6.3	——	4198.5	8.5	——
合肥	4199.6	3.7	1	2705.1	4.1	1	1859.1	8.2	1
淮北	412.9	3.2	14	82.6	14.3	11	76.9	20.8	9
亳州	1022.2	5.2	8	32.9	12.0	16	28.0	13.1	15
宿州	1031.0	5.2	7	45.9	−9.0	14	42.6	−6.7	13
蚌埠	1062.2	4.7	6	118.4	−17.1	8	76.6	−16.2	10
阜阳	1931.2	5.9	2	100.8	−11.9	10	88.4	−14.5	8
淮南	699.1	3.5	11	41.5	−48.6	15	37.7	−51.9	14
滁州	1294.1	3.3	4	306.3	−0.7	5	263.9	1.5	3
六安	990.9	3.6	9	56.3	−30.2	13	48.6	−31.4	12
马鞍山	813.1	5.1	10	326.6	4.3	4	195.4	26.3	5
芜湖	1600.7	3.6	3	1077.1	14.8	2	878.3	15.3	2
宣城	662.0	3.7	12	189.9	22.7	7	170.8	20.3	6
铜陵	334.6	4.6	16	759.0	28.1	3	140.2	101.2	7
池州	386.9	4.5	15	103.8	−0.6	9	26.2	−0.3	16
安庆	1107.6	5.8	5	268.6	2.9	6	205.2	3.4	4
黄山	415.3	4.8	13	67.7	−0.7	12	60.7	2.0	11

Zoujin Anhui

	实际使用外资			城镇居民人均可支配收入			农村居民人均可支配收入		
	绝对量（亿元）	比上年增长（%）	总量居全省位次	绝对量（元）	比上年增长（%）	总量居全省位次	绝对量（元）	比上年增长（%）	总量居全省位次
全省	93.8	−21.9	——	37793	4.2	——	17139	6.5	——
合肥	37.7	−39.5	1	48029	4.6	2	22392	6.6	3
淮北	0.6	−74.1	16	34288	3.9	11	16785	6.2	10
亳州	2.3	25.7	7	32922	5.0	13	16187	7.2	12
宿州	0.9	−8.8	13	31626	4.2	15	15815	6.5	13
蚌埠	0.7	−31.0	15	36070	4.0	6	17645	6.0	7
阜阳	1.5	−65.1	9	31611	4.4	16	15188	7.1	16
淮南	4.7	9.8	5	35646	4.3	7	15591	5.9	15
滁州	10.8	−2.4	3	34809	3.5	10	17330	6.5	8
六安	1.2	−9.4	11	32571	3.6	14	15601	6.7	14
马鞍山	10.2	−5.3	4	48740	4.7	1	23254	7.0	1
芜湖	15.1	18.7	2	43663	4.5	3	22659	6.1	2
宣城	1.7	6.8	8	40854	3.8	4	19161	6.3	4
铜陵	1.4	2.7	10	39709	4.9	5	17165	7.3	9
池州	1.0	11.8	12	34190	4.8	12	18270	6.9	6
安庆	3.2	14.1	6	34985	4.4	9	16205	6.4	11
黄山	0.8	26.6	14	35163	3.7	8	18795	6.8	5

2024 年 1—9 月全省各县（市）主要经济指标

	地区生产总值			第一产业增加值		
	绝对量（亿元）	比上年增长（%）	总量居全省位次	绝对量（亿元）	比上年增长（%）	总量居全省位次
长丰县	686.3	9.3	2	43.0	2.7	11
肥东县	646.3	3.5	3	45.1	3.3	6
肥西县	923.0	10.5	1	40.0	2.9	16
庐江县	468.4	5.6	8	40.9	2.8	13
巢湖市	468.9	5.2	7	21.3	2.5	35
濉溪县	441.9	5.9	9	39.7	2.0	17
涡阳县	369.2	5.5	17	40.2	2.7	15
蒙城县	391.8	5.7	13	44.6	2.7	8
利辛县	339.9	5.5	20	43.9	2.9	9
砀山县	229.6	5.1	38	34.0	1.3	22
萧　县	359.0	5.6	18	45.4	1.6	5
灵璧县	264.4	5.1	32	40.6	1.7	14
泗　县	243.5	5.7	35	42.0	2.1	12
怀远县	317.7	4.9	23	48.2	1.4	3
五河县	235.9	6.7	37	44.8	4.9	7
固镇县	248.8	6.3	34	49.7	−0.4	2
临泉县	378.6	4.4	14	59.3	1.2	1
太和县	429.3	5.6	10	37.5	1.4	19
阜南县	266.5	5.6	31	39.6	2.8	18

	地区生产总值			第一产业增加值		
	绝对量（亿元）	比上年增长（%）	总量居全省位次	绝对量（亿元）	比上年增长（%）	总量居全省位次
颍上县	404.2	5.4	12	43.2	3.5	10
界首市	350.8	6.7	19	21.8	2.6	34
凤台县	284.4	5.0	27	19.6	2.4	37
寿　县	210.7	7.0	41	36.3	2.4	21
来安县	305.5	−3.3	24	16.3	2.0	46
全椒县	279.0	5.0	30	16.4	2.8	45
定远县	301.4	5.7	25	33.9	3.2	23
凤阳县	428.4	5.3	11	24.2	2.9	29
天长市	556.8	6.7	4	26.2	3.2	26
明光市	253.0	5.7	33	21.9	3.4	33
霍邱县	207.3	5.3	42	32.2	3.7	25
舒城县	330.2	5.6	21	32.7	3.9	24
金寨县	199.3	5.9	43	17.9	4.0	43
霍山县	172.3	5.5	49	16.1	3.8	47
当涂县	484.2	6.7	6	22.6	3.1	32
含山县	219.6	7.6	39	13.6	3.3	49
和　县	296.8	7.0	26	17.8	3.4	44
南陵县	283.9	5.1	28	25.2	4.0	27
无为市	511.2	5.0	5	36.9	3.3	20
郎溪县	176.1	6.0	47	9.0	4.2	53

373

续表

	地区生产总值			第一产业增加值		
	绝对量（亿元）	比上年增长（%）	总量居全省位次	绝对量（亿元）	比上年增长（%）	总量居全省位次
泾 县	126.9	7.2	52	12.6	3.4	50
绩溪县	82.9	5.5	55	11.3	4.6	51
旌德县	50.2	5.4	57	4.6	2.2	57
宁国市	372.6	6.5	16	19.4	3.9	38
广德市	326.0	4.0	22	19.3	2.6	39
枞阳县	144.9	4.4	51	18.4	2.3	41
东至县	215.9	7.4	40	24.1	3.3	30
石台县	29.1	6.5	59	3.8	3.4	58
青阳县	162.4	6.3	50	8.0	3.6	55
怀宁县	280.9	6.6	29	19.0	2.0	40
潜山市	197.7	5.8	44	18.3	2.8	42
太湖县	178.2	5.5	46	22.9	2.8	31
望江县	173.2	6.7	48	24.6	2.7	28
岳西县	108.3	6.1	53	9.3	5.4	52
桐城市	373.0	5.4	15	20.4	1.8	36
宿松县	239.2	6.3	36	45.9	4.3	4
歙 县	197.3	6.0	45	14.7	3.1	48
休宁县	101.8	5.4	54	8.3	2.6	54
黟 县	44.3	5.3	58	3.6	3.3	59
祁门县	70.4	5.4	56	5.3	3.6	56

	第二产业增加值			第三产业增加值			一般公共预算收入		
	绝对量（亿元）	比上年增长（%）	总量居全省位次	绝对量（亿元）	比上年增长（%）	总量居全省位次	绝对量（亿元）	比上年增长（%）	总量居全省位次
长丰县	364.0	16.6	2	279.3	2.0	3	44	−10.7	2
肥东县	221.7	0.6	7	379.5	5.4	2	43	−13.4	4
肥西县	420.5	17.4	1	462.5	5.4	1	66	10.7	1
庐江县	175.6	7.7	13	251.9	4.7	4	27	19.6	11
巢湖市	201.8	7.6	10	245.8	3.5	5	22	4.6	14
濉溪县	224.7	10.3	6	177.5	2.0	17	28	6.5	9
涡阳县	139.8	8.7	21	189.2	4.0	14	19	1.2	22
蒙城县	109.4	10.9	27	237.8	4.1	6	24	0.7	13
利辛县	112.9	10.2	26	183.1	3.4	15	16	0.1	29
砀山县	64.2	7.5	46	131.5	5.0	33	11	17.8	45
萧　县	151.7	8.4	18	161.9	4.3	20	14	−26.9	37
灵璧县	62.2	8.4	48	161.7	4.8	21	11	−18.5	43
泗　县	68.8	8.1	43	132.7	5.8	32	12	−12.7	39
怀远县	88.5	9.1	36	181.0	4.2	16	21	3.3	19
五河县	54.3	13.2	51	136.7	4.9	30	12	6.2	38
固镇县	90.6	11.0	34	108.5	6.3	40	14	7.6	35
临泉县	98.4	6.4	32	220.8	4.6	8	11	−25.1	46
太和县	164.0	6.9	16	227.9	5.4	7	18	−11.8	25
阜南县	82.5	8.4	38	144.4	4.8	25	12	1.0	41

续表

	第二产业增加值			第三产业增加值			一般公共预算收入		
	绝对量（亿元）	比上年增长（%）	总量居全省位次	绝对量（亿元）	比上年增长（%）	总量居全省位次	绝对量（亿元）	比上年增长（%）	总量居全省位次
颍上县	166.3	6.8	14	194.7	4.7	13	21	-18.8	16
界首市	201.2	8.1	11	127.8	5.2	34	16	-4.3	29
凤台县	150.4	4.0	19	114.5	6.6	36	28	-4.1	10
寿　县	64.5	15.0	45	109.8	4.3	39	16	-3.8	31
来安县	147.9	-7.9	20	141.3	1.8	26	21	0.3	15
全椒县	123.4	5.7	24	139.2	4.6	27	20	1.0	21
定远县	100.8	9.2	29	166.7	4.0	18	21	0.2	18
凤阳县	205.0	7.6	9	199.2	3.3	11	34	9.0	5
天长市	331.6	7.7	3	199.0	5.4	12	44	2.2	3
明光市	77.6	6.2	40	153.6	5.8	22	18	2.0	26
霍邱县	61.9	10.9	49	113.2	3.3	37	21	0.4	20
舒城县	164.1	9.0	15	133.4	2.0	31	15	-9.5	32
金寨县	89.0	7.3	35	92.4	5.0	43	19	0.1	23
霍山县	78.0	11.0	39	78.2	0.5	49	16	4.2	28
当涂县	250.1	5.5	5	211.6	8.7	9	29	7.6	8
含山县	103.6	12.2	28	102.4	4.0	41	14	0.6	36
和　县	130.2	9.8	23	148.8	5.2	24	26	4.1	12
南陵县	121.0	5.6	25	137.7	4.8	29	19	-1.9	24
无为市	269.9	6.6	4	204.4	3.2	10	21	-5.9	17
郎溪县	100.4	7.0	30	66.8	4.7	51	17	-4.1	27

	第二产业增加值			第三产业增加值			一般公共预算收入		
	绝对量（亿元）	比上年增长（%）	总量居全省位次	绝对量（亿元）	比上年增长（%）	总量居全省位次	绝对量（亿元）	比上年增长（%）	总量居全省位次
泾　县	54.4	11.3	50	59.8	4.3	52	12	−11.1	40
绩溪县	36.7	8.3	55	34.9	2.8	56	7	0.6	54
旌德县	21.7	8.4	56	23.9	3.4	58	4	−7.2	56
宁国市	214.0	7.3	8	139.2	5.7	27	29	1.0	6
广德市	155.8	5.3	17	150.8	2.9	23	29	−3.3	7
枞阳县	37.5	9.3	54	89.0	3.1	47	11	6.9	47
东至县	100.0	11.4	31	91.8	4.3	45	11	0.8	44
石台县	7.7	13.2	59	17.6	4.5	59	3	0.1	59
青阳县	62.8	8.8	47	91.7	4.8	46	11	3.1	42
怀宁县	137.8	7.6	22	124.1	6.1	35	14	12.3	34
潜山市	87.5	7.0	37	91.9	5.5	44	8	−8.0	51
太湖县	67.7	7.7	44	87.5	4.6	48	8	5.3	52
望江县	71.8	8.4	42	76.8	6.6	50	8	13.6	50
岳西县	39.2	8.1	53	59.8	5.0	52	7	17.5	53
桐城市	187.6	6.5	12	165.0	4.7	19	14	−23.6	33
宿松县	97.7	7.8	33	95.6	5.8	42	10	1.3	49
歙　县	71.9	6.3	41	110.7	6.3	38	10	−7.4	48
休宁县	43.1	8.3	52	50.4	3.6	54	6	−9.8	55
黟　县	14.2	5.7	58	26.4	5.3	57	3	−4.7	58
祁门县	20.9	7.1	57	44.1	4.8	55	4	0.2	57

续表

	粮食产量		规模以上工业增加值比上年增长（％）	固定资产投资比上年增长（％）	社会消费品零售总额		
	绝对量（万吨）	总量居全省位次			绝对量（亿元）	比上年增长（％）	总量居全省位次
长丰县	17.0	25	28.6	−0.6	282.8	2.0	2
肥东县	11.2	29	5.1	−19.3	266.9	6.1	4
肥西县	8.8	36	27.9	13.3	238.8	6.8	5
庐江县	35.1	19	9.4	−4.3	191.8	4.9	13
巢湖市	9.2	35	16.4	−0.7	184.2	2.9	14
濉溪县	86.9	3	12.6	1.7	125.6	3.4	35
涡阳县	92.1	1	7.4	9.0	238.3	4.5	6
蒙城县	90.1	2	15.2	0.9	219.0	4.5	8
利辛县	82.0	4	12.4	5.5	226.7	4.7	7
砀山县	21.2	24	9.4	11.0	172.7	6.4	18
萧　县	44.5	15	8.9	9.5	174.8	6.0	17
灵璧县	64.6	8	9.8	2.9	147.8	6.8	23
泗　县	58.5	11	9.4	10.1	138.1	6.1	27
怀远县	70.5	6	12.0	1.1	166.3	4.1	19
五河县	33.9	20	19.0	−3.3	131.8	6.3	32
固镇县	36.8	18	14.1	−6.8	112.8	6.4	39
临泉县	68.3	7	10.9	1.3	271.3	6.4	3
太和县	72.0	5	9.3	10.4	373.3	5.2	1
阜南县	53.0	13	8.9	2.2	199.5	5.7	11

	粮食产量		规模以上工业增加值比上年增长（%）	固定资产投资比上年增长（%）	社会消费品零售总额		
	绝对量（万吨）	总量居全省位次			绝对量（亿元）	比上年增长（%）	总量居全省位次
颍上县	59.7	10	8.8	0.1	196.0	4.6	12
界首市	23.8	23	10.9	10.3	175.1	5.0	16
凤台县	29.2	22	0.8	3.8	90.1	5.9	45
寿 县	61.6	9	18.4	8.2	134.5	5.4	30
来安县	13.7	27	−16.5	−13.4	130.1	1.2	34
全椒县	11.7	28	10.2	12.4	149.6	4.2	22
定远县	47.1	14	12.8	4.0	137.7	−3.0	28
凤阳县	37.8	17	11.2	16.2	206.5	3.2	10
天长市	38.5	16	8.4	15.4	212.4	4.9	9
明光市	33.4	21	18.6	4.5	150.2	4.6	21
霍邱县	55.8	12	2.4	4.0	131.8	5.2	33
舒城县	7.0	41	13.1	−1.6	144.4	1.3	25
金寨县	1.2	48	11.1	8.6	141.1	5.5	26
霍山县	0.0	54	10.4	14.5	90.8	5.0	44
当涂县	9.7	34	4.4	4.2	163.6	6.4	20
含山县	5.1	44	8.7	16.3	105.1	6.2	41
和 县	9.8	33	10.3	8.4	133.0	5.3	31
南陵县	11.0	30	15.0	6.0	123.3	4.5	36
无为市	10.6	32	6.1	3.9	179.2	5.5	15
郎溪县	8.4	37	9.5	6.6	65.5	3.7	53

379

续表

	粮食产量		规模以上工业增加值比上年增长（%）	固定资产投资比上年增长（%）	社会消费品零售总额		
	绝对量（万吨）	总量居全省位次			绝对量（亿元）	比上年增长（%）	总量居全省位次
泾 县	0.8	49	9.3	9.2	73.2	5.4	50
绩溪县	0.1	52	10.1	9.0	31.1	3.1	56
旌德县	0.0	55	7.6	9.0	19.5	2.7	57
宁国市	0.6	50	9.0	5.7	116.6	5.3	37
广德市	3.5	46	7.8	0.3	145.9	2.9	24
枞阳县	14.4	26	7.2	−6.3	82.5	5.5	48
东至县	7.6	40	20.3	18.4	86.1	4.2	47
石台县	0.0	53	13.7	10.3	12.9	5.4	59
青阳县	3.0	47	11.4	10.8	68.2	5.3	52
怀宁县	6.5	42	9.7	8.9	116.2	5.8	38
潜山市	4.6	45	6.9	4.1	109.4	7.8	40
太湖县	5.8	43	7.7	8.8	96.7	5.3	43
望江县	8.1	39	11.0	8.6	81.3	7.6	49
岳西县	0.3	51	11.5	8.1	69.7	6.9	51
桐城市	11.0	31	7.9	5.8	136.6	7.0	29
宿松县	8.2	38	9.0	9.1	97.2	7.4	42
歙 县	0.0	56	5.5	3.0	88.6	4.5	46
休宁县	0.0	56	9.2	15.1	56.7	5.0	54
黟 县	0.0	56	13.8	−3.7	18.9	4.5	58
祁门县	0.0	56	5.7	3.8	34.1	4.5	55

	城镇居民人均可支配收入			农村居民人均可支配收入		
	绝对量(元)	比上年增长（%）	总量居全省位次	绝对量(元)	比上年增长（%）	总量居全省位次
长丰县	40445	4.8	8	22055	6.8	8
肥东县	41020	4.7	6	22467	6.7	5
肥西县	43125	5.0	2	22796	6.5	4
庐江县	39481	4.8	10	22224	6.6	7
巢湖市	39818	4.9	9	22415	6.6	6
濉溪县	31828	3.6	32	16880	6.3	31
涡阳县	29445	4.5	49	15883	7.6	36
蒙城县	30440	4.3	40	16502	7.1	33
利辛县	31639	5.1	34	15469	7.0	42
砀山县	30288	4.2	44	15200	6.4	45
萧　县	30055	4.4	47	16457	6.3	34
灵璧县	28821	4.0	53	15796	6.7	38
泗　县	28711	4.3	54	15174	6.6	46
怀远县	32124	4.4	29	17238	5.9	28
五河县	31441	3.9	35	18313	6.2	21
固镇县	31238	3.7	36	18076	6.3	25
临泉县	28997	4.1	52	13884	7.3	57
太和县	32121	4.7	30	16108	7.1	35
阜南县	29242	4.5	50	14245	7.2	53

续表

	城镇居民人均可支配收入			农村居民人均可支配收入		
	绝对量（元）	比上年增长（%）	总量居全省位次	绝对量（元）	比上年增长（%）	总量居全省位次
颍上县	31749	4.4	33	15611	7.0	41
界首市	33243	4.6	23	16929	7.4	29
凤台县	37348	4.6	15	17283	5.9	27
寿　县	27864	4.8	58	13512	6.2	58
来安县	36947	3.3	16	18963	6.3	15
全椒县	33085	3.5	25	18155	7.1	24
定远县	30959	3.8	37	14610	6.1	50
凤阳县	25479	3.6	59	14835	6.0	48
天长市	39398	3.7	11	26488	7.2	3
明光市	30387	3.2	43	15265	7.0	44
霍邱县	28603	3.4	55	15640	6.8	40
舒城县	30736	3.6	38	14633	7.0	49
金寨县	28007	3.8	56	14513	7.2	51
霍山县	33223	3.9	24	16637	6.6	32
当涂县	42948	4.7	3	28789	7.2	1
含山县	37659	4.5	14	19999	7.1	12
和　县	37967	5.1	13	20042	7.0	11
南陵县	41091	4.2	5	26999	6.2	2
无为市	40502	4.3	7	17547	5.7	26
郎溪县	38092	4.4	12	18258	6.2	23

	城镇居民人均可支配收入			农村居民人均可支配收入		
	绝对量（元）	比上年增长（%）	总量居全省位次	绝对量（元）	比上年增长（%）	总量居全省位次
泾　县	35892	4.1	18	16915	6.6	30
绩溪县	36644	3.8	17	15783	6.8	39
旌德县	32865	3.4	26	15830	6.1	37
宁国市	44764	3.6	1	20695	6.5	10
广德市	42166	3.9	4	21584	5.9	9
枞阳县	29057	4.6	51	15436	7.5	43
东至县	32533	4.9	28	18264	6.8	22
石台县	30230	5.0	45	13072	6.8	59
青阳县	34671	4.7	21	19380	7.1	14
怀宁县	35025	4.5	19	18460	6.3	20
潜山市	34810	4.4	20	14956	6.7	47
太湖县	30389	4.8	42	14068	6.1	55
望江县	30160	4.6	46	14412	6.6	52
岳西县	30426	4.3	41	14058	6.5	56
桐城市	33256	4.7	22	19930	6.2	13
宿松县	27980	4.9	57	14243	6.4	54
歙　县	30648	4.4	39	18596	6.7	19
休宁县	32772	3.6	27	18788	7.3	17
黟　县	29911	3.7	48	18925	6.6	16
祁门县	31986	3.6	31	18693	7.1	18

中央驻皖科研院所名录

统计时间：2024.09

序 号	科研院所名称	所在市
1	中国科学院合肥物质科学研究院	合肥
2	中国电子科技集团公司第三十八研究所	合肥
3	中建材蚌埠玻璃工业设计研究院有限公司	蚌埠
4	合肥通用机械研究院有限公司	合肥
5	东华工程科技股份有限公司	合肥
6	中钢集团马鞍山矿山研究总院有限公司	马鞍山
7	合肥水泥研究设计院有限公司	合肥
8	中国电子科技集团公司第十六研究所	合肥
9	中冶华天工程技术有限公司	马鞍山
10	中国电子科技集团公司第四十一研究所	蚌埠
11	中国电子科技集团公司第四十三研究所	合肥
12	中机第一设计研究院有限公司	合肥
13	中国兵器工业集团第二一四研究所	蚌埠
14	中国电子科技集团公司第四十研究所	蚌埠
15	中国电子科技集团公司第八研究所	淮南
16	中煤科工集团淮北爆破技术研究院有限公司	淮北

安徽省普通高等学校基本情况

序号	机构名称	学校类型	所在地区划二级	举办者/主管部门详细名称
1	中国科学技术大学	大学	合肥市	中国科学院
2	合肥工业大学	大学	合肥市	教育部
3	安徽大学	大学	合肥市	省级教育部门
4	安徽师范大学	大学	芜湖市	省级教育部门
5	安徽农业大学	大学	合肥市	省级教育部门
6	安徽医科大学	大学	合肥市	省级教育部门
7	安徽工业大学	大学	马鞍山市	省级教育部门
8	安徽理工大学	大学	淮南市	省级教育部门
9	安徽财经大学	大学	蚌埠市	省级教育部门
10	淮北师范大学	大学	淮北市	省级教育部门
11	安徽工程大学	大学	芜湖市	省级教育部门
12	安徽中医药大学	大学	合肥市	省级教育部门
13	安徽建筑大学	大学	合肥市	省级教育部门
14	安庆师范大学	大学	安庆市	省级教育部门
15	阜阳师范大学	大学	阜阳市	省级教育部门
16	蚌埠医科大学	大学	蚌埠市	省级教育部门
17	合肥大学	大学	合肥市	合肥市人民政府
18	皖南医学院	学院	芜湖市	省级教育部门
19	安徽科技学院	学院	滁州市	省级教育部门
20	合肥师范学院	学院	合肥市	省级教育部门
21	皖西学院	学院	六安市	省级教育部门

续表

序号	机构名称	学校类型	所在地区划二级	举办者/主管部门详细名称
22	淮南师范学院	学院	淮南市	省级教育部门
23	巢湖学院	学院	合肥市	省级教育部门
24	黄山学院	学院	黄山市	省级教育部门
25	铜陵学院	学院	铜陵市	省级教育部门
26	滁州学院	学院	滁州市	省级教育部门
27	宿州学院	学院	宿州市	省级教育部门
28	蚌埠学院	学院	蚌埠市	省级教育部门
29	池州学院	学院	池州市	省级教育部门
30	亳州学院	学院	亳州市	省级教育部门
31	安徽艺术学院	学院	合肥市	省级教育部门
32	安徽公安学院	学院	合肥市	安徽省公安厅
33	合肥理工学院	学院	合肥市	合肥市人民政府
34	安徽新华学院	学院	合肥市	民办
35	安徽三联学院	学院	合肥市	民办
36	安徽文达信息工程学院	学院	合肥市	民办
37	安徽外国语学院	学院	合肥市	民办
38	安徽信息工程学院	学院	芜湖市	民办
39	皖江工学院	学院	马鞍山市	民办
40	马鞍山学院	学院	马鞍山市	民办
41	蚌埠工商学院	学院	蚌埠市	民办
42	芜湖学院	学院	芜湖市	民办
43	合肥经济学院	学院	合肥市	民办

序号	机构名称	学校类型	所在地区划二级	举办者／主管部门详细名称
44	安徽医科大学临床医学院	独立学院	合肥市	民办
45	淮北理工学院	学院	淮北市	民办
46	合肥城市学院	学院	合肥市	民办
47	阜阳理工学院	学院	阜阳市	民办
48	安徽医学高等专科学校	高等专科学校	合肥市	安徽省卫生健康委员会
49	安徽中医药高等专科学校	高等专科学校	芜湖市	芜湖市人民政府
50	马鞍山师范高等专科学校	高等专科学校	马鞍山市	马鞍山市人民政府
51	安庆医药高等专科学校	高等专科学校	安庆市	安庆市人民政府
52	桐城师范高等专科学校	高等专科学校	安庆市	安庆市人民政府
53	合肥幼儿师范高等专科学校	高等专科学校	合肥市	合肥市人民政府
54	阜阳幼儿师范高等专科学校	高等专科学校	阜阳市	阜阳市人民政府
55	淮南联合大学	高等职业学校	淮南市	淮南市人民政府
56	芜湖职业技术学院	高等职业学校	芜湖市	芜湖市人民政府
57	马鞍山职业技术学院	高等职业学校	马鞍山市	马鞍山市人民政府
58	淮南职业技术学院	高等职业学校	淮南市	淮南矿业集团
59	阜阳职业技术学院	高等职业学校	阜阳市	阜阳市人民政府
60	六安职业技术学院	高等职业学校	六安市	六安市人民政府
61	皖西卫生职业学院	高等职业学校	六安市	六安市人民政府
62	淮北职业技术学院	高等职业学校	淮北市	淮北市人民政府
63	宿州职业技术学院	高等职业学校	宿州市	宿州市人民政府
64	皖北卫生职业学院	高等职业学校	宿州市	宿州市人民政府
65	铜陵职业技术学院	高等职业学校	铜陵市	铜陵市人民政府

续表

序号	机构名称	学校类型	所在地区划二级	举办者/主管部门详细名称
66	合肥职业技术学院	高等职业学校	合肥市	合肥市人民政府
67	滁州职业技术学院	高等职业学校	滁州市	滁州市人民政府
68	滁州城市职业学院	高等职业学校	滁州市	滁州市人民政府
69	池州职业技术学院	高等职业学校	池州市	池州市人民政府
70	宣城职业技术学院	高等职业学校	宣城市	宣城市人民政府
71	亳州职业技术学院	高等职业学校	亳州市	亳州市人民政府
72	安庆职业技术学院	高等职业学校	安庆市	安庆市人民政府
73	黄山职业技术学院	高等职业学校	黄山市	黄山市人民政府
74	安徽职业技术学院	高等职业学校	合肥市	省级教育部门
75	安徽水利水电职业技术学院	高等职业学校	合肥市	安徽省水利厅
76	安徽工业经济职业技术学院	高等职业学校	合肥市	安徽省自然资源厅和安徽省地质矿产勘查局
77	安徽警官职业学院	高等职业学校	合肥市	安徽省司法厅
78	合肥通用职业技术学院	高等职业学校	合肥市	合肥通用机械研究院有限公司
79	安徽交通职业技术学院	高等职业学校	合肥市	安徽省交通运输厅
80	安徽体育运动职业技术学院	高等职业学校	合肥市	安徽省体育局
81	安徽广播影视职业技术学院	高等职业学校	合肥市	省级教育部门
82	安徽商贸职业技术学院	高等职业学校	芜湖市	省级教育部门
83	安徽工贸职业技术学院	高等职业学校	淮南市	淮南市人民政府
84	安徽电子信息职业技术学院	高等职业学校	蚌埠市	安徽省经济和信息化厅
85	安徽艺术职业学院	高等职业学校	合肥市	省级教育部门

序号	机构名称	学校类型	所在地区划二级	举办者／主管部门详细名称
86	安徽国防科技职业学院	高等职业学校	六安市	安徽省人民政府主办、安徽省军民融合办公室管理
87	安徽城市管理职业学院	高等职业学校	合肥市	安徽省省直机关工作委员会
88	安徽中澳科技职业学院	高等职业学校	合肥市	安徽省科技厅
89	安徽工商职业学院	高等职业学校	合肥市	省级教育部门
90	安徽机电职业技术学院	高等职业学校	芜湖市	省级教育部门
91	安徽财贸职业学院	高等职业学校	合肥市	安徽省供销合作联合社
92	安徽国际商务职业学院	高等职业学校	合肥市	安徽省商务厅
93	安徽公安职业学院	高等职业学校	合肥市	安徽省公安厅
94	安徽林业职业技术学院	高等职业学校	合肥市	安徽省林业局
95	安徽审计职业学院	高等职业学校	合肥市	安徽省审计厅
96	安徽新闻出版职业技术学院	高等职业学校	合肥市	安徽省委宣传部
97	安徽电气工程职业技术学院	高等职业学校	合肥市	国网安徽电力有限公司
98	安徽冶金科技职业学院	高等职业学校	马鞍山市	马鞍山钢铁集团控股有限公司
99	安徽邮电职业技术学院	高等职业学校	合肥市	安徽电信实业有限公司
100	安徽工业职业技术学院	高等职业学校	铜陵市	铜陵有色金属集团控股有限公司
101	徽商职业学院	高等职业学校	合肥市	安徽省国资委
102	安徽汽车职业技术学院	高等职业学校	合肥市	合肥市人民政府
103	安徽黄梅戏艺术职业学院	高等职业学校	安庆市	安庆市人民政府
104	安徽卫生健康职业学院	高等职业学校	池州市	安徽省卫生健康委员会

续表

序号	机构名称	学校类型	所在地区划二级	举办者 / 主管部门详细名称
105	安徽粮食工程职业学院	高等职业学校	合肥市	安徽省粮食和储备局
106	万博科技职业学院	高等职业学校	合肥市	民办
107	合肥经济技术职业学院	高等职业学校	合肥市	民办
108	合肥滨湖职业技术学院	高等职业学校	合肥市	民办
109	阜阳科技职业学院	高等职业学校	阜阳市	民办
110	合肥财经职业学院	高等职业学校	合肥市	民办
111	安徽涉外经济职业学院	高等职业学校	合肥市	民办
112	安徽绿海商务职业学院	高等职业学校	合肥市	民办
113	蚌埠经济技术职业学院	高等职业学校	蚌埠市	民办
114	合肥共达职业技术学院	高等职业学校	合肥市	民办
115	安徽旅游职业学院	高等职业学校	阜阳市	民办
116	安徽现代信息工程职业学院	高等职业学校	淮南市	民办
117	安徽矿业职业技术学院	高等职业学校	淮北市	民办
118	合肥信息技术职业学院	高等职业学校	合肥市	民办
119	合肥科技职业学院	高等职业学校	合肥市	民办
120	安徽扬子职业技术学院	高等职业学校	芜湖市	民办
121	黄山健康职业学院	高等职业学校	黄山市	民办
122	宿州航空职业学院	高等职业学校	宿州市	民办
123	芜湖医药健康职业学院	高等职业学校	芜湖市	民办
124	芜湖航空职业学院	高等职业学校	芜湖市	民办
125	蚌埠城市轨道交通职业学院	高等职业学校	蚌埠市	民办

在皖院士基本情况

序号	姓　名	工作单位及职务	研究领域	院别	当选时间
1	朱清时	中国科学技术大学教授	物理化学	科学院	1991
2	王　水	中国科学技术大学教授	空间物理	科学院	1993
3	何多慧	中国科学技术大学教授	粒子加速器	工程院	1995
4	施蕴渝	中国科学技术大学教授	分子生物物理	科学院	1997
5	伍小平	中国科学技术大学教授	实验力学	科学院	1997
6	范维澄	中国科学技术大学教授	火灾科学与安全工程	工程院	2001
7	郭光灿	中国科学技术大学教授	光学和量子信息	科学院	2003
8	李曙光	中国科学技术大学教授	地球化学	科学院	2003
9	吴　奇	中国科学技术大学教授	高分子物理化学	科学院	2003
10	陈国良	中国科学技术大学教授	并行算法和高性能计算	科学院	2003
11	龚知本	中国科学院合肥物质研究院光机所研究员	大气光学	工程院	2003
12	张裕恒	中国科学技术大学教授	物理学	科学院	2005
13	包信和	中国科学技术大学校长、教授	物理化学	科学院	2009
14	郑永飞	中国科学技术大学教授	地球化学	科学院	2009
15	万元熙	中国科学院合肥物质研究院等离子体所研究员	磁约束核聚变	工程院	2009
16	袁　亮	安徽理工大学党委副书记、校长	煤炭开采及瓦斯治理	工程院	2009
17	潘建伟	中国科学技术大学常务副校长、教授	量子通讯	科学院	2011
18	李亚栋	安徽师范大学校长（兼职），清华大学教授	无机功能纳米材料	科学院	2011
19	赵政国	中国科学技术大学教授	实验粒子物理学	科学院	2013
20	谢　毅	中国科学技术大学教授	固体化学	科学院	2013

续表

序号	姓　名	工作单位及职务	研究领域	院别	当选时间
21	杨善林	合肥工业大学教授	管理科学与工程学	工程院	2013
22	刘文清	中国科学院合肥物质研究院光机所研究员	环境光学监测	工程院	2013
23	陈仙辉	中国科学技术大学教授	凝聚态物理	科学院	2015
24	杜江峰	浙江大学校长，中国科学技术大学教授	量子物理及其应用	科学院	2015
25	李建刚	中国科学院合肥物质研究院等离子体所研究员	等离子体物理	工程院	2015
26	陈学东	合肥通用机械研究院有限公司国家压力容器与管道安全工程技术研究中心主任、教授级高工	压力容器与管道安全	工程院	2015
27	田志刚	中国科学技术大学教授	生命科学	工程院	2017
28	常　进	中国科学技术大学校长、党委副书记	暗物质粒子探测	科学院	2019
29	叶向东	中国科学技术大学教授	基础数学	科学院	2019
30	陆夕云	中国科学技术大学教授	生物运动力学与流体力学	科学院	2019
31	杨金龙	中国科学技术大学副校长兼任研究生院院长、教授	理论与计算化学	科学院	2019
32	俞书宏	中国科学技术大学教授	无机材料仿生合成与功能化	科学院	2019
33	吴宜灿	中国科学院核能安全技术研究所首席科学顾问、中科院中子输运理论与辐射安全重点实验室主任	核科学与技术	科学院	2019
34	王运敏	国家非煤矿山安全工程技术研究中心主任、中钢集团马鞍山矿山研究院党委书记兼院长	露天矿开采技术	工程院	2019

续表

序号	姓　名	工作单位及职务	研究领域	院别	当选时间
35	彭　寿	中国建材集团首席科科学家，中建材玻璃新材料研究院集团有限公司党委书记、院长	玻璃工艺与材料	工程院	2019
36	封东来	中国科学技术大学国家同步辐射实验室主任兼核科学技术学院执行院长、教授，上海科技大学校长	实验凝聚态物理	科学院	2021
37	万宝年	中国科学院合肥物质科学研究院等离子体物理所首席科学家	磁约束等离子体物理	科学院	2021
38	吴剑旗	中国电子科技集团公司第三十八研究所科学技术委员会主任	雷达技术	工程院	2021
39	俞汉青	中国科学技术大学教授	水污染控制、环境生物学、污染控制化学	工程院	2023

393

安徽省国家级非物质文化遗产代表性项目名录

类别	序号	项目名称	申报地区或单位
民间文学	1	桐城歌	安徽省桐城市
	2	孔雀东南飞传说	安徽省怀宁县
	3	孔雀东南飞传说	安徽省潜山市
	4	老子传说	安徽省涡阳县
	5	包公故事	安徽省合肥市
传统音乐	6	当涂民歌	安徽省当涂县
	7	巢湖民歌	安徽省巢湖市
	8	唢呐艺术（砀山唢呐）	安徽省砀山县
	9	唢呐艺术（灵璧菠林喇叭）	安徽省灵璧县
	10	五河民歌	安徽省五河县
	11	大别山民歌	安徽省六安市
	12	徽州民歌	安徽省黄山市
	13	道教音乐（齐云山道场音乐）	安徽省休宁县
	14	凤阳民歌	安徽省滁州市
传统舞蹈	15	龙舞（手龙舞）	安徽省绩溪县
	16	龙舞（徽州板凳龙）	安徽省休宁县
	17	花鼓灯（蚌埠花鼓灯）	安徽省蚌埠市
	18	花鼓灯（凤台花鼓灯）	安徽省凤台县
	19	花鼓灯（颍上花鼓灯）	安徽省颍上县
	20	傩舞（祁门傩舞）	安徽省祁门县
	21	傩舞（跳五猖）	安徽省郎溪县

类别	序号	项目名称	申报地区或单位
传统舞蹈	22	灯舞（东至花灯舞）	安徽省东至县
	23	灯舞（无为鱼灯）	安徽省无为市
	24	火老虎	安徽省凤台县
传统戏剧	25	青阳腔	安徽省青阳县
	26	高腔（岳西高腔）	安徽省岳西县
	27	徽剧	安徽省徽京剧院
	28	徽剧	安徽省黄山市
	29	四平调	安徽省砀山县
	30	庐剧	安徽省合肥市
	31	庐剧	安徽省六安市
	32	庐剧（东路庐剧）	安徽省和县
	33	黄梅戏	安徽省安庆市
	34	黄梅戏	安徽省黄梅戏剧院
	35	泗州戏	安徽省宿州市
	36	泗州戏	安徽省蚌埠市
	37	目连戏（徽州目连戏）	安徽省祁门县
	38	目连戏（南陵目连戏）	安徽省南陵县
	39	傩戏（池州傩戏）	安徽省池州市
	40	坠子戏	安徽省宿州市
	41	文南词	安徽省宿松县
	42	花鼓戏	安徽省宿州市

续表

类别	序号	项目名称	申报地区或单位
传统戏剧	43	花鼓戏	安徽省淮北市
	44	花鼓戏	安徽省宣城市
	45	二夹弦	安徽省亳州市
	46	嗨子戏	安徽省阜南县
	47	淮北梆子戏	安徽省宿州市
	48	淮北梆子戏	安徽省阜阳市
	49	淮北梆子戏	安徽省亳州市谯城区
曲艺	50	凤阳花鼓	安徽省凤阳县
	51	渔鼓道情	安徽省萧县
传统体育、游艺与杂技	52	马戏（埇桥马戏）	安徽省宿州市埇桥区
	53	华佗五禽戏	安徽省亳州市
	54	西凉掌（亳州晰扬掌）	安徽省亳州市
	55	临泉杂技	安徽省临泉县
传统美术	56	剪纸（阜阳剪纸）	安徽省阜阳市
	57	挑花（望江挑花）	安徽省望江县
	58	徽州三雕	安徽省黄山市
	59	竹刻（徽州竹雕）	安徽省黄山市徽州区
	60	竹编（舒席）	安徽省舒城县
	61	柳编（黄岗柳编）	安徽省阜南县
	62	柳编（霍邱柳编）	安徽省霍邱县
	63	盆景技艺（徽派盆景技艺）	安徽省歙县
	64	刻铜（杜氏刻铜）	安徽省阜阳市

类别	序号	项目名称	申报地区或单位
传统技艺	65	界首彩陶烧制技艺	安徽省界首市
	66	芜湖铁画锻制技艺	安徽省芜湖市
	67	万安罗盘制作技艺	安徽省休宁县
	68	宣纸制作技艺	安徽省泾县
	69	桑皮纸制作技艺	安徽省潜山市
	70	桑皮纸制作技艺	安徽省岳西县
	71	徽墨制作技艺	安徽省绩溪县
	72	徽墨制作技艺	安徽省歙县
	73	徽墨制作技艺	安徽省黄山市屯溪区
	74	歙砚制作技艺	安徽省歙县
	75	制扇技艺（王氏制扇）	安徽省广德县
	76	陶器烧制技艺 （痘姆陶器烧制技艺）	安徽省潜山市
	77	漆器髹饰技艺 （徽州漆器髹饰技艺）	安徽省黄山市屯溪区
	78	纸笺加工技艺	安徽省巢湖市
	79	宣笔制作技艺	安徽省宣城市
	80	蒸馏酒传统酿造技艺 （古井贡酒酿造技艺）	安徽省亳州市
	81	绿茶制作技艺（黄山毛峰）	安徽省黄山市徽州区
	82	绿茶制作技艺（太平猴魁）	安徽省黄山市黄山区
	83	绿茶制作技艺（六安瓜片）	安徽省六安市裕安区
	84	红茶制作技艺 （祁门红茶制作技艺）	安徽省祁门县

续表

类别	序号	项目名称	申报地区或单位
传统技艺	85	徽派传统民居营造技艺	安徽省黄山市
	86	毛笔制作技艺（徽笔制作技艺）	安徽省黄山市屯溪区
	87	豆腐传统制作技艺	安徽省淮南市
	88	豆腐传统制作技艺	安徽省寿县
	89	徽菜烹饪技艺	安徽省
传统医药	90	中医诊法（张一帖内科疗法）	安徽省黄山市
	91	中医诊疗法（西园喉科医术）	安徽省歙县
	92	中医诊疗法（祁门蛇伤疗法）	安徽省祁门县
民俗	93	灯会（肥东洋蛇灯）	安徽省肥东县
	94	庙会（九华山庙会）	安徽省九华山风景区
	95	抬阁（芯子、铁枝、飘色）（肘阁抬阁）	安徽省寿县
	96	抬阁（芯子、铁枝、飘色）（肘阁抬阁）	安徽省临泉县
	97	祭祖习俗（徽州祠祭）	安徽省祁门县
	98	界首书会	安徽省界首市
	99	珠算（程大位珠算法）	安徽省黄山市屯溪区

安徽省国家级非物质文化遗产项目代表性传承人名单

（共五批计 119 人，按文化和旅游部公布顺序排列）

一、民间文学			
序号	姓名	申报地区或单位	项目名称
1	查月华	安徽省桐城市	桐城歌
2	李智海	安徽省怀宁县	孔雀东南飞传说
3	胡　智	安徽省涡阳县	老子传说
二、传统音乐			
序号	姓名	申报地区或单位	项目名称
4	陶小妹	安徽省马鞍山市	当涂民歌
5	李家莲	安徽省巢湖市	巢湖民歌
6	蒋法杰	安徽省宿州市	唢呐艺术（砀山唢呐）
7	余述凡	安徽省六安市	大别山民歌
8	操明花	安徽省黄山市	徽州民歌
9	詹和平	安徽省休宁县	道教音乐（齐云山道场音乐）
10	欧家玲	安徽省滁州市	凤阳民歌

续表

三、传统舞蹈			
序号	姓名	申报地区或单位	项目名称
11	冯国佩	安徽省蚌埠市	花鼓灯
12	郑九如		
13	杨再先		
14	石春彩		
15	冯国好		
16	梅连社		
17	金 明		
18	娄 楼		
19	陈玉华	安徽省颍上县	
20	王传先		
21	陈敬芝	安徽省凤台县	
22	张士根		
23	邓 虹		
24	孙永超	安徽省凤台县	火老虎
25	汪宣智	安徽省祁门县	傩舞（祁门傩舞）
26	汪顺庆		
27	周国平	安徽省郎溪县	傩舞（跳五猖）
28	曹武根	安徽省绩溪县	龙舞（手龙舞）
29	黄杰海	安徽省东至县	灯舞（东至花灯舞）
30	任俊堂	安徽省无为市	灯舞（无为鱼灯）

四、传统戏剧			
序号	姓名	申报地区或单位	项目名称
31	汪正科	安徽省青阳县	青阳腔
32	蒋小送	安徽省岳西县	高腔（岳西高腔）
33	王琦福		
34	章其祥	安徽省徽京剧院	徽剧
35	李龙斌		
36	谷化民		
37	王丹红		
38	黄 冰	安徽省合肥市	庐剧
39	武克英	安徽省六安市	
40	武道芳	安徽省和县	
41	韩再芬	安徽省安庆市	黄梅戏
42	赵媛媛		
43	黄新德	安徽省黄梅戏剧院	
44	吴亚玲		
45	陈若梅	安徽省宿州市	泗州戏
46	陶万侠		
47	李宝琴		
48	鹿士彬	安徽省蚌埠市	
49	周 斌		
50	余杞敏	安徽省宿松县	文南词
51	张晓东	安徽省宿州市	淮北梆子戏
52	王永兰	安徽省阜阳市	

续表

四、传统戏剧			
序号	姓名	申报地区或单位	项目名称
53	王长松	安徽省黄山市	目连戏（徽州目连戏）
54	叶养滋		
55	王秋来	安徽省祁门县	
56	刘臣瑜	安徽省池州市贵池区	傩戏（池州傩戏）
57	姚家伟		
58	唐茂华	安徽省池州市	
59	丁玉兰	安徽省合肥市	庐剧
60	孙邦栋		
61	周钦全	安徽省淮北市	淮北花鼓戏
62	吕金玲	安徽省宿州市	
63	周玉玲	安徽省淮北市	
64	迟秀云	安徽省宣城市	皖南花鼓戏
65	杨玉屏		
66	朱月梅	安徽省宿州市	坠子戏
67	付红伟	安徽省亳州市	二夹弦

五、曲艺			
序号	姓名	申报地区或单位	项目名称
68	孙凤城	安徽省凤阳县	凤阳花鼓

六、传统体育、游艺与杂技			
序号	姓名	申报地区或单位	项目名称
69	李正丙	安徽省宿州市埇桥区	马戏（埇桥马戏）
70	董文焕	安徽省亳州市	华佗五禽戏

七、传统美术			
序号	姓名	申报地区或单位	项目名称
71	方新中	安徽省黄山市	徽州三雕（砖雕）
72	吴正辉		
73	冯有进	安徽省黄山市	徽州三雕（石雕）
74	王金生	安徽省黄山市	徽州三雕（木雕）
75	蒯正华		
76	曹永盛		
77	程兴红	安徽省阜阳市	剪纸（阜阳剪纸）
78	王文忠	安徽省阜南县	柳编（黄冈柳编）
79	王世福	安徽省望江县	挑花（望江挑花）
80	洪建华	安徽省黄山市徽州区	竹刻（徽州竹雕）
81	苏成军	安徽省舒城县	竹编（舒席）
82	潘同利	安徽省霍邱县	柳编（霍邱柳编）
83	洪观清	安徽省歙县	盆景技艺（徽派盆景技艺）
84	杜 平	安徽省阜阳市	刻铜（杜氏刻铜）
八、传统技艺			
序号	姓名	申报地区或单位	项目名称
85	王京胜	安徽省界首市	界首彩陶烧制技艺
86	卢群山		
87	杨光辉	安徽省芜湖市	芜湖铁画锻制技艺
88	储金霞		

403

八、传统技艺			
序号	姓名	申报地区或单位	项目名称
89	邢春荣	安徽省泾县	宣纸制作技艺
90	曹光华		
91	周美洪	安徽省歙县	徽墨制作技艺
92	汪爱军	安徽省绩溪县	
93	汪培坤	安徽省黄山市屯溪区	
94	吴水森	安徽省休宁县	万安罗盘制作技艺
95	曹阶铭	安徽省歙县	歙砚制作技艺
96	郑 寒	安徽省黄山市	
97	王祖伟	安徽省歙县	
98	蔡永江		
99	甘而可	安徽省黄山市屯溪区	徽州漆器制作技艺
100	张 苏	安徽省宣城市宣州区	宣笔制作技艺
101	张文年	安徽省宣城市	
102	佘征军		
103	王柏林	安徽省岳西县	桑皮纸制作技艺
104	刘同烟	安徽省潜山市	
105	谢四十	安徽省黄山市徽州区	绿茶制作技艺
106	储昭伟	安徽省六安市裕安区	绿茶制作技艺（六安瓜片）
107	方继凡	安徽省黄山市黄山区	绿茶制作技艺（太平猴魁）
108	胡公敏	安徽省黄山市	徽派传统民居营造技艺
109	刘 靖	安徽省巢湖市	纸笺加工技艺
110	王 昶	安徽省祁门县	红茶制作技艺（祁门红茶制作技艺）
111	杨 文	安徽省黄山市屯溪区	毛笔制作技艺（徽笔制作技艺）
112	杨舜天	安徽省淮南市	豆腐传统制作技艺

九、传统医药			
序号	姓名	申报地区或单位	项目名称
113	李济仁	安徽省黄山市	中医诊法（张一帖内科疗法）
114	张舜华		
115	郑铎	安徽省歙县	中医诊疗法（西园喉科医术）
十、民俗			
序号	姓名	申报地区或单位	项目名称
116	邵传富	安徽省肥东县	灯会（肥东洋蛇灯）
117	刘文昌	安徽省临泉县	抬阁（芯子、铁枝、飘色）（肘阁抬阁）
118	陈敦和	安徽省祁门县	祭祖习俗（徽州祠祭）
119	汪素秋	安徽省黄山市屯溪区	珠算（程大位珠算法）

安徽省国家级和省级风景名胜区

国家级风景名胜区（共 12 处）

序号	名称	所在地	序号	名称	所在地
1	黄山	黄山市	7	巢湖	合肥市
2	九华山	池州市	8	花山谜窟—渐江	黄山市屯溪区、歙县
3	天柱山	安庆市潜山市	9	太极洞	宣城市广德市 浙江省长兴县 江苏省宜兴市
4	琅琊山	滁州市	10	花亭湖	安庆市太湖县
5	齐云山	黄山市休宁县	11	龙川	宣城市绩溪县
6	采石	马鞍山市	12	齐山—平天湖	池州市

省级风景名胜区（共 29 处）

序号	名称	所在地	序号	名称	所在地
1	浮山	铜陵市枞阳县	16	大龙山	安庆市
2	天堂寨	六安市金寨县	17	颍州西湖	阜阳市
3	太平湖	黄山市黄山区	18	龙须湖	宣城市郎溪县
4	敬亭山	宣城市	19	铜锣寨	六安市霍山县
5	白崖寨	安庆市宿松县	20	大华山	六安市
6	西山	芜湖市南陵县	21	合肥环城公园—西郊	合肥市
7	秋浦仙境	池州市	22	紫蓬山	合肥市肥西县
8	石台溶洞群	池州市石台县	23	五柳	宿州市
9	小孤山	安庆市宿松县	24	凤凰山	铜陵市
10	凤阳山	滁州市凤阳县	25	司空山	安庆市岳西县
11	涂山—白乳泉	蚌埠市	26	大历山	池州市东至县
12	南岳山—佛子岭水库	六安市霍山县	27	龙子湖	蚌埠市
13	万佛山—龙河口水库	六安市舒城县	28	汤池	合肥市庐江县
14	皇藏峪	宿州市萧县	29	青龙湾	宣城市宁国市
15	八公山	淮南市			

安徽省国家级森林公园和省级森林公园

国家级森林公园（共 35 个）

序号	名称	所在地	序号	名称	所在地
1	安徽琅琊山国家森林公园	滁州市琅琊区、南谯区	19	安徽石莲洞国家森林公园	安庆市宿松县
2	安徽黄山国家森林公园	黄山市黄山区	20	安徽齐云山国家森林公园	黄山市休宁县
3	安徽天柱山国家森林公园	安庆市潜山市	21	安徽韭山国家森林公园	滁州市凤阳县
4	安徽九华山国家森林公园	池州市青阳县	22	安徽横山国家森林公园	宣城市广德市
5	安徽皇藏峪国家森林公园	宿州市萧县	23	安徽敬亭山国家森林公园	宣城市宣州区
6	安徽徽州国家森林公园	黄山市歙县	24	安徽八公山国家森林公园	淮南市八公山区、寿县
7	安徽大龙山国家森林公园	安庆市宜秀区	25	安徽万佛山国家森林公园	六安市舒城县
8	安徽紫蓬山国家森林公园	合肥市肥西县	26	安徽青龙湾国家森林公园	宣城市宁国市
9	安徽皇甫山国家森林公园	滁州市南谯区	27	安徽水西国家森林公园	宣城市泾县
10	安徽天堂寨国家森林公园	六安市金寨县	28	安徽上窑国家森林公园	淮南市大通区
11	安徽鸡笼山国家森林公园	马鞍山市和县	29	安徽马仁山国家森林公园	芜湖市繁昌区
12	安徽冶父山国家森林公园	合肥市庐江县	30	合肥大蜀山国家森林公园	合肥市蜀山区
13	安徽太湖山国家森林公园	马鞍山市含山县	31	合肥滨湖国家森林公园	合肥市包河区
14	安徽神山国家森林公园	滁州市全椒县	32	安徽塔川国家森林公园	黄山市黟县
15	安徽妙道山国家森林公园	安庆市岳西县	33	安徽老嘉山国家森林公园	滁州市明光市、定远县
16	安徽天井山国家森林公园	芜湖市无为市	34	安徽马家溪国家森林公园	宣城市旌德县
17	安徽舜耕山国家森林公园	淮南市田家庵区	35	安徽相山国家森林公园	淮北市相山区
18	安徽浮山国家森林公园	铜陵市枞阳县			

省级森林公园（共45个）

序号	名称	所在地	序号	名称	所在地
1	金紫山省级森林公园	安庆市潜山市	24	笄山省级森林公园	宣城市广德市
2	燕山省级森林公园	六安市金安区	25	龙井沟省级森林公园	六安市裕安区
3	南岳山省级森林公园	六安市霍山县	26	丫山省级森林公园	芜湖市南陵县
4	茅仙洞省级森林公园	淮南市凤台县	27	梅山省级森林公园	宿州市萧县
5	卧龙山省级森林公园	淮南市谢家集区	28	仙女寨省级森林公园	六安市舒城县
6	铜都省级森林公园	铜陵市铜官区、义安区	29	茅田山省级森林公园	宣城市广德市
7	天台山省级森林公园	池州市东至县	30	阳岱山省级森林公园	宣城市广德市
8	高井庙省级森林公园	宣城市郎溪县	31	浮槎山省级森林公园	合肥市肥东县
9	东庵省级森林公园	合肥市巢湖市	32	半岛省级森林公园	合肥市蜀山区
10	太白省级森林公园	马鞍山市当涂县	33	夏渡省级森林公园	宣城市宣州区
11	白鹭岛省级森林公园	滁州市来安县	34	百花寨省级森林公园	合肥市庐江县
12	南屏山省级森林公园	滁州市全椒县	35	鄣山省级森林公园	宣城市绩溪县
13	古黄河省级森林公园	宿州市砀山县	36	翚溪省级森林公园	宣城市绩溪县
14	小格里省级森林公园	芜湖市南陵县	37	峄山省级森林公园	宣城市宣州区
15	龙眠山省级森林公园	安庆市桐城市	38	黄尾省级森林公园	安庆市岳西县
16	大巩山省级森林公园	蚌埠市五河县	39	官亭省级森林公园	合肥市肥西县
17	目连山省级森林公园	池州市石台县	40	燕山省级森林公园	黄山市祁门县
18	安阳山省级森林公园	六安市霍邱县	41	九紫省级森林公园	合肥市庐江县
19	五溪山省级森林公园	黄山市黟县	42	九井溪省级森林公园	安庆市太湖县
20	庐州省级森林公园	合肥市庐阳区	43	鸳鸯湖省级森林公园	黄山市徽州区
21	杉山省级森林公园	池州市石台县	44	九华天池省级森林公园	池州市贵池区
22	龙窝寺省级森林公园	滁州市来安县	45	巨石山省级森林公园	安庆市宜秀区
23	红琊山省级森林公园	滁州市南谯区			

安徽省全国重点文物保护单位名单

序号	名　称	地　址	年　代	批　次	公布时间
古遗址（32）					
1	人字洞遗址	芜湖市繁昌区	旧石器时代	第六批	2006.5
2	陈山遗址	宣城市宣州区	旧石器时代	第五批	2001.6
3	和县猿人遗址	马鞍山市和县	旧石器时代	第三批	1988.1
4	毛竹山、官山遗址	宣城市宁国市	旧石器时代	第七批	2013.3
5	银山智人遗址	合肥市巢湖市	旧石器时代	第七批	2013.3
6	华龙洞遗址	池州市东至县	旧石器时代	第八批	2019.10
7	薛家岗遗址	安庆市潜山市	新石器时代	第四批	1996.11
8	凌家滩遗址	马鞍山市含山县	新石器时代	第五批	2001.6
9	尉迟寺遗址	亳州市蒙城县	新石器时代	第五批	2001.6
10	双墩遗址	蚌埠市淮上区	新石器时代	第七批	2013.3
11	禹会村遗址	蚌埠市禹会区	新石器时代	第七批	2013.3
12	石山孜遗址	淮北市烈山区	新石器时代	第七批	2013.3
13	小山口遗址	宿州市埇桥区	新石器时代	第七批	2013.3
14	古台寺遗址	宿州市埇桥区	新石器时代	第七批	2013.3
15	金寨遗址	宿州市萧县	新石器时代	第八批	2019.10
16	孙家城遗址	安庆市怀宁县	新石器时代至商	第七批	2013.3
17	张四墩遗址	安庆市宜秀区	新石器时代至周	第七批	2013.3
18	垓下遗址	蚌埠市固镇县	新石器时代、汉	第七批	2013.3
19	台家寺遗址	阜阳市阜南县	商	第八批	2019.10
20	汤家墩遗址	铜陵市枞阳县	商周	第八批	2019.10
21	牯牛山城址	芜湖市南陵县	西周至春秋	第七批	2013.3

续表

序号	名 称	地 址	年 代	批 次	公布时间
22	大工山—凤凰山铜矿遗址	芜湖市南陵县、铜陵市	西周—宋	第四批	1996.11
23	寿春城遗址	淮南市寿县	战国	第五批	2001.6
24	临涣城址	淮北市濉溪县	战国	第六批	2006.5
25	合肥曹魏新城遗址	合肥市庐阳区	三国	第八批	2019.10
26	寿州窑遗址	淮南市上窑镇	南朝至唐	第五批	2001.6
27	柳孜运河码头遗址	淮北市濉溪县	唐至宋	第五批	2001.6
28	榉根关古徽道	池州市石台县	唐至清	第七批	2013.3
29	繁昌窑遗址	芜湖市繁昌区	宋	第五批	2001.6
	骆冲窑遗址	芜湖市繁昌区	五代至宋	2019年，并入繁昌窑遗址	
30	古井贡酒酿造遗址	亳州市谯城区	宋至清	第七批	2013.3
31	徽杭古道绩溪段和古徽道东线郎溪段	宣城市绩溪县、郎溪县	宋至民国	第七批	2013.3
32	明中都皇故城及皇陵石刻	滁州市凤阳县	明	第二批	1982.2
	明中都城附属建筑（合并项目）	滁州市凤阳县	明	2006年，归入"明中都皇故城皇陵石刻"	
古墓葬（15）					
33	皖南土墩墓群	芜湖市南陵县、繁昌区	西周至春秋	第五批	2001.6
34	建平镇土墩墓群	宣城市郎溪县	西周至战国	第七批	2013.3
35	双墩春秋墓	蚌埠市淮上区	春秋	第七批	2013.3
36	六安汉代王陵墓地	六安市金安区	西汉	第七批	2013.3
37	淮南王刘安家族墓地	淮南市寿县	汉	第七批	2013.3
38	古城汉墓	淮北市濉溪县	东汉	第七批	2013.3

序号	名 称	地 址	年 代	批 次	公布时间
39	曹氏家族墓群	亳州市谯城区	东汉、三国	第五批	2001.6
40	朱然家族墓地	马鞍山市雨山区	三国	第五批	2001.6
41	洞阳东吴墓	马鞍山市当涂县	三国	第八批	2019.10
42	李白墓	马鞍山市当涂县	唐	第六批	2006.5
43	程端忠墓	六安市金寨县	宋	第七批	2013.3
44	化明塘严氏墓	蚌埠市五河县	明	第七批	2013.3
45	汤和墓	蚌埠市龙子湖区	明	第七批	2013.3
46	吴复墓	合肥市肥东县	明	第八批	2019.10
47	张廷玉墓	安庆市桐城市	清	第七批	2013.3
古建筑（88）					
48	安丰塘（芍陂）	淮南市寿县	春秋	第三批	1988.1
49	大运河（合并项目）	北京市、天津市、河北省、浙江省、江苏省、安徽省、山东省、河南省	春秋至中华人民共和国	与第六批全国重点文物保护单位京杭大运河合并。名称：大运河	
50	渔梁坝	黄山市歙县	唐至清	第五批	2001.6
51	黄山登山古道及古建筑	黄山市黄山区	唐至民国	第七批	2013.3
52	广教寺双塔	宣城市宣州区	宋	第三批	1988.1
53	水西双塔	宣城市泾县	宋	第五批	2001.6
54	蒙城万佛塔	亳州市蒙城县	宋	第六批	2006.5
55	黄金塔	芜湖市无为市	宋	第七批	2013.3
56	太平塔	安庆市潜山市	宋	第七批	2013.3
57	天寿寺塔	宣城市广德市	宋	第七批	2013.3
58	长庆寺塔	黄山市歙县	宋	第七批	2013.3

续表

序号	名　称	地　址	年　代	批　次	公布时间
59	仙人塔	宣城市宁国市	宋	第七批	2013.3
60	芜湖广济寺塔	芜湖市镜湖区	宋	第八批	2019.10
61	亳州古地道	亳州市谯城区	宋、元	第五批	2001.6
62	寿县古城墙	淮南市寿县	宋至清	第五批	2001.6
63	白崖寨	安庆市宿松县	元至清	第五批	2001.6
64	查济古建筑群	宣城市泾县	元至清	第五批	2001.6
65	潜口民宅	黄山市徽州区	明	第三批	1988.1
66	许国石坊	黄山市歙县	明	第三批	1988.1
67	老屋阁及绿绕亭	黄山市徽州区	明	第四批	1996.11
68	罗东舒祠	黄山市徽州区	明	第四批	1996.11
69	程氏三宅	黄山市屯溪区	明	第五批	2001.6
70	溪头三槐堂	黄山市休宁县	明	第六批	2006.5
71	振风塔	安庆市迎江区	明	第六批	2006.5
72	郑氏宗祠	黄山市歙县	明	第六批	2006.5
73	程大位故居	黄山市屯溪区	明	第七批	2013.3
74	黄村进士第	黄山市休宁县	明	第七批	2013.3
75	法云寺塔	安庆市岳西县	明	第七批	2013.3
76	贵池百牙山塔	池州市贵池区	明	第八批	2019.10
77	池河太平桥	滁州市定远县	明	第八批	2019.10
78	歙县太平桥	黄山市歙县	明	第八批	2019.10
79	屯溪镇海桥	黄山市屯溪区	明	第八批	2019.10
80	贵池清溪塔	池州市贵池区	明	第八批	2019.10

续表

序号	名　称	地　址	年　代	批　次	公布时间
81	滁州无梁殿	滁州市琅琊区	明	第八批	2019.10
82	龙川胡氏宗祠	宣城市绩溪县	明至清	第三批	1988.1
83	棠樾石牌坊群	黄山市歙县	明、清	第四批	1996.11
84	呈坎村古建筑群	黄山市徽州区	明、清	第五批	2001.6
	呈坎村古建筑群（扩展项目）	黄山市徽州区	明至民国		2013年，归入第五批全国文物保护单位呈坎村古建筑群
85	宏村古建筑群	黄山市黟县	明、清	第五批	2001.6
86	西递村古建筑群	黄山市黟县	明、清	第五批	2001.6
87	江村古建筑群	宣城市旌德县	明至清	第六批	2006.5
88	南屏村古建筑群	黄山市黟县	明至清	第六批	2006.5
89	祁门古戏台	黄山市祁门县	明至清	第六批	2006.5
90	桐城文庙	安庆市桐城市	明至清	第七批	2013.3
91	洪氏宗祠	黄山市歙县	明至清	第七批	2013.3
92	奕世尚书坊和胡炳衡宅	宣城市绩溪县	明至清	第七批	2013.3
93	寿县孔庙	淮南市寿县	明至清	第七批	2013.3
94	寿县清真寺	淮南市寿县	明至清	第七批	2013.3
95	太平山房	池州市青阳县	明至清	第七批	2013.3
96	姥山塔	合肥市巢湖市	明清	第八批	2019.10
97	屏山舒氏祠堂	黄山市黟县	明清	第八批	2019.10
98	蜀源牌坊群	黄山市徽州区	明清	第八批	2019.10
99	稠墅牌坊群	黄山市歙县	明清	第八批	2019.10
100	巴慰祖宅	黄山市歙县	明清	第八批	2019.10

续表

序号	名 称	地 址	年 代	批 次	公布时间
101	石潭吴氏宗祠	黄山市歙县	明清	第八批	2019.10
102	三阳洪氏宗祠	黄山市歙县	明清	第八批	2019.10
103	洪坑牌坊群及洪氏家庙	黄山市徽州区	明清	第八批	2019.10
104	歙县许氏宗祠	黄山市歙县	明清	第八批	2019.10
105	许村古建筑群	黄山市歙县	明至民国	第六批	2006.5
106	棠樾古民居	黄山市歙县	明至民国	第七批	2013.3
107	九华山祇园寺	池州市青阳县	明至民国	第七批	2013.3
108	上庄古建筑群	宣城市绩溪县	明至民国	第七批	2013.3
109	花戏楼	亳州市谯城区	清	第三批	1988.1
110	黄田村古建筑群	宣城市泾县	清	第六批	2006.5
111	世太史第	安庆市迎江区	清	第六批	2006.5
112	竹山书院	黄山市歙县	清	第六批	2006.5
113	九华山化城寺	池州市青阳县	清	第七批	2013.3
114	九华山月身殿	池州市青阳县	清	第七批	2013.3
115	安庆南关清真寺	安庆市迎江区	清	第七批	2013.3
116	济阳曹氏宗祠	池州市青阳县	清	第七批	2013.3
117	上章李氏宗祠	池州市青阳县	清	第七批	2013.3
118	九华山百岁宫	池州市青阳县	清	第七批	2013.3
119	旌德文庙	宣城市旌德县	清	第七批	2013.3
120	北岸吴氏宗祠	黄山市歙县	清	第七批	2013.3
121	员公支祠	黄山市歙县	清	第七批	2013.3
122	昌溪周氏宗祠	黄山市歙县	清	第七批	2013.3

序号	名　　称	地　　址	年　代	批　次	公布时间
123	北岸廊桥	黄山市歙县	清	第七批	2013.3
124	兴村程氏宗祠	黄山市黄山区	清	第七批	2013.3
125	南京巷钱庄	亳州市谯城区	清	第七批	2013.3
126	太白楼	马鞍山市雨山区	清	第七批	2013.3
127	唐模檀干园	黄山市徽州区	清	第八批	2019.10
128	大阜潘氏宗祠	黄山市歙县	清	第八批	2019.10
129	昌溪太湖祠	黄山市歙县	清	第八批	2019.10
130	亳州薛阁塔	亳州市谯城区	清	第八批	2019.10
131	休宁登封桥	黄山市休宁县	清	第八批	2019.10
132	绩溪文庙	宣城市绩溪县	清	第八批	2019.10
133	泾县张氏宗祠	宣城市泾县	清	第八批	2019.10
134	休宁同安堂	黄山市休宁县	清	第八批	2019.10
135	歙县鲍氏宗祠	黄山市歙县	清	第八批	2019.10
石窟寺及石刻（8）					
136	天柱山山谷流泉摩崖石刻	安庆市潜山市	宋至清	第五批	2001.6
137	齐云山石刻	黄山市休宁县	宋至清	第六批	2006.5
138	琅琊山摩崖石刻及碑刻	滁州市南谯区	唐至民国	第七批	2013.3
139	浮山摩崖石刻	铜陵市枞阳县	唐至民国	第七批	2013.3
140	齐山摩崖石刻	池州市贵池区	唐至民国	第七批	2013.3
141	黄山摩崖石刻群	黄山市黄山区	唐至中华人民共和国	第七批	2013.3
142	汪由敦墓石刻	黄山市休宁县	清	第八批	2019.10

续表

序号	名　　称	地　　址	年　　代	批　次	公布时间
143	阮鹗墓石刻	铜陵市枞阳县	清	第八批	2019.10
近现代重要史迹及代表性建筑（32）					
144	李氏庄园	六安市霍邱县	清	第六批	2006.5
145	刘铭传旧居	合肥市肥西县	清	第六批	2006.5
146	李氏家族旧宅	合肥市庐阳区	清	第七批	2013.3
147	洪家大屋	黄山市祁门县	清	第七批	2013.3
148	芜湖天主堂	芜湖市镜湖区	清至民国	第七批	2013.3
149	英驻芜领事署旧址	芜湖市镜湖区	清至民国	第七批	2013.3
150	安徽大学红楼及敬敷书院旧址	安庆市大观区	清至民国	第七批	2013.3
151	张治中故居	合肥市巢湖市	1890 年	第八批	2019.10
152	安庆天主堂	安庆市迎江区	1893 年	第七批	2013.3
153	怀远教会建筑旧址	蚌埠市怀远县	1903 年、1909 年	第七批	2013.3
154	戴安澜故居	芜湖市无为市	1904 年	第八批	2019.10
155	王稼祥故居	宣城市泾县	1906 年	第七批	2013.3
156	圣雅各中学旧址	芜湖市镜湖区	1910 — 1936 年	第七批	2013.3
157	津浦铁路淮河大铁桥	蚌埠市蚌山区	1911 年	第八批	2019.10
158	老芜湖海关旧址	芜湖市镜湖区	1919 年	第八批	2019.10
159	独山和金寨革命旧址群（合并项目）	六安市金安区、金寨县	1929 — 1934 年	2006 年归入"鄂豫皖革命根据地旧址"	
160	红 28 军重建旧址	六安市金寨县	1933 年	第八批	2019.10
161	芜湖内思高级工业职业学校旧址	芜湖市镜湖区	1934 年	第八批	2019.10
162	冯玉祥旧居	合肥市巢湖市	1936 — 1937 年	第六批	2006.5

序号	名　称	地　址	年　代	批　次	公布时间
163	中共皖浙赣省委驻地旧址	黄山市休宁县	1936 — 1937 年	第八批	2019.10
164	岩寺新四军军部旧址	黄山市徽州区	1938 年	第七批	2013.3
165	新四军军部旧址	宣城市泾县	1938 — 1941 年	第一批	1961.3
166	侵华日军淮南罪证遗址	淮南市大通区	1938 — 1943 年	第七批	2013.3
	九龙岗老火车站碉堡	淮南市大通区	1938 — 1945 年		2019 年，并入侵华日军罪证遗址
167	半塔保卫战旧址	滁州市来安县	1941 年	第六批	2006.5
168	野寨抗日阵亡将士公墓	安庆市潜山市	1943 年	第八批	2019.10
169	陈独秀墓	安庆市大观区	1947 年	第七批	2013.3
170	淮海战役总前委和华东野战军指挥部旧址	淮北市濉溪县、宿州市萧县	1948 年	第六批	2006.5
171	渡江战役总前委旧址	合肥市肥东县	1949 年	第四批	1996.11
172	佛子岭水库连拱坝	六安市霍山县	1954 年	第八批	2019.10
173	安徽省博物馆陈列展览大楼	合肥市庐阳区	1956 年	第七批	2013.3
174	涡河一桥	蚌埠市怀远县	1964 年	第八批	2019.10
175	小岗村旧址	滁州市凤阳县	1978 年	第八批	2019.10

417

安徽省历史文化名城（名镇、名村、街区）名录

类别	数量	所在市县（区）	名称
国家级历史文化名城	7座	黄山市	歙县
		淮南市	寿县
		亳州市	亳州
		安庆市	安庆
		宣城市	绩溪
		黄山市	黟县
		安庆市	桐城
中国历史文化名镇	11个	六安市	毛坦厂镇
		合肥市肥西县	三河镇
		宣城市宣州区	水东镇
		黄山市休宁县	万安镇
		黄山市歙县	许村镇
		宣城市泾县	桃花潭镇
		黄山市徽州区	西溪南镇
		铜陵市郊区	大通镇
		六安市裕安区	苏埠镇
		池州市青阳县	陵阳镇
		池州市东至县	东流镇
中国历史文化名村	24个	黄山市黟县	西递
		黄山市黟县	宏村
		宣城市旌德县	江村
		黄山市歙县	渔梁村
		黄山市歙县	棠樾村
		黄山市徽州区	唐模村
		黄山市黟县	屏山村

类别	数量	所在市县（区）	名称
中国历史文化名村	24 个	黄山市徽州区	呈坎村
		黄山市黟县	南屏村
		宣城市泾县	查济村
		黄山市黟县	关麓村
		黄山市休宁县	黄村村
		宣城市泾县	榔桥镇黄田村
		宣城市绩溪县	瀛洲镇龙川村
		黄山市歙县	雄村乡雄村
		滁州市天长市	铜城镇龙岗村
		黄山市徽州区	呈坎镇灵山村
		黄山市祁门县	闪里镇坑口村
		黄山市黟县	宏村镇卢村
		黄山市歙县	昌溪村
		黄山市歙县	瞻淇村
		宣城市绩溪县	上庄镇石家村
		宣城市绩溪县	家朋乡磡头村
		池州市贵池区	棠溪镇石门高村
省级历史文化名城	9 座	滁州市	凤阳
		安庆市	潜山
		亳州市	涡阳
		亳州市	蒙城
		马鞍山市	和县
		宣城市	宣州（宣城）
		池州市	贵池（池州）
		滁州市	滁州
		黄山市	黄山

419

续表

类别	数量	所在市县（区）	名称
省级历史文化名镇	10 个	淮北市濉溪县	临涣古镇
		安庆市岳西县	响肠镇
		黄山市徽州区	潜口镇
		安庆桐城市	孔城镇
		亳州市谯城区	城父镇
		池州市九华山风景区	九华镇
		宣城市郎溪县	梅渚镇
		宣城市宁国市	胡乐镇
		淮南市寿县	正阳关镇
		六安市裕安区	独山镇
省级历史文化名村	21 个	宣城市绩溪县	上庄—冯村
		蚌埠市固镇县	垓下村
		合肥市肥东县	瑶岗村
		蚌埠市蚌山区	蚌山孙家圩子村
		黄山市休宁县	右龙村
		合肥市肥西县	小井庄村
		蚌埠市龙子湖区	长淮卫村
		合肥市肥西县	启明村—新光村—鸽子笼村
		滁州市凤阳县	小岗村
		黄山市黄山区	永丰乡永丰村
		黄山市祁门县	历口镇历溪村
		黄山市祁门县	芦溪乡芦溪村
		宣城市广德县	卢村乡甘溪村
		宣城市宣州区	水东镇东胜小胡村
		宣城市郎溪县	姚村乡姚村
		宣城市绩溪县	伏岭镇湖村
		池州市东至县	花园乡南溪古寨村
		池州市青阳县	陵阳镇所村村
		池州市九华山风景区	九华乡老田吴村

续表

类别	数量	所在市县（区）	名称
省级历史文化名村	21个	池州市贵池区	墩上街道渚湖姜村
		淮南市谢家集区	李郢孜镇赖山村
中国历史文化街区	1片	黄山市屯溪区	屯溪老街历史文化街区
省级历史文化街区	36片	安庆市桐城市	东大街历史文化街区
		安庆市桐城市	南大街历史文化街区
		安庆市桐城市	胜利街历史文化街区
		安庆市桐城市	北大街历史文化街区
		黄山市黟县	古城历史文化街区
		黄山市黟县	麻田历史文化街区
		黄山市黟县	郭门后街历史文化街区
		池州市东至县	东流老街历史文化街区
		蚌埠市五河县	顺河街历史文化街区
		黄山市歙县	鲍家庄历史文化街区
		黄山市歙县	斗山历史文化街区
		黄山市歙县	府衙历史文化街区
		宣城市绩溪县	西山历史文化街区
		宣城市绩溪县	中正坊—白石鼓历史文化街区
		亳州市谯城区	北关历史文化街区
		淮南市寿县	留犊祠—状元巷历史文化街区
		淮南市寿县	北过驿巷历史文化街区
		安庆市迎江区	倒扒狮历史文化街区
		安庆市大观区	大观亭历史文化街区
		滁州市琅琊区	北大街历史文化街区
		滁州市琅琊区	金刚巷历史文化街区
		滁州市琅琊区	遵阳街历史文化街区
		黄山市祁门县	东街历史文化街区
		黄山市祁门县	西街历史文化街区
		黄山市休宁县	万安老街历史文化街区

421

续表

类别	数量	所在市县（区）	名称
省级历史文化街区	36 片	黄山市休宁县	海阳齐宁街历史文化街区
		宣城市宣州区	孙埠老街历史文化街区
		宣城市宁国市	河沥溪老街历史文化街区
		池州市贵池区	老池口历史文化街区
		安庆市潜山市	天宁寨—龙井巷历史文化街区
		马鞍山市和县	篾匠街历史文化街区
		滁州市凤阳县	门台子历史文化街区
		亳州市涡阳县	新华街历史文化街区
		亳州市蒙城县	北大街历史文化街区
		黄山市屯溪区	隆阜老街历史文化街区
		六安市舒城县	晓天老街历史文化街区